学科核心素养测评丛书

普通高中学科核心素养测评：命题、测量与分析
体育与健康

汪晓赞◎主　编

北京师范大学出版集团
BEIJING NORMAL UNIVERSITY PUBLISHING GROUP
北京师范大学出版社

图书在版编目（CIP）数据

普通高中学科核心素养测评：命题、测量与分析.
体育与健康 / 汪晓赞主编. -- 北京：北京师范大学出
版社，2025.3. --（学科核心素养测评丛书）.
ISBN 978-7-303-30400-4

Ⅰ. G633

中国国家版本馆 CIP 数据核字第 20244WE370 号

出版发行：北京师范大学出版社 https://www.bnupg.com
　　　　　北京市西城区新街口外大街 12-3 号
　　　　　邮政编码：100088
印　　刷：保定市中画美凯印刷有限公司
经　　销：全国新华书店
开　　本：787 mm×1092 mm　1/16
印　　张：18.25
字　　数：385 千字
版　　次：2025 年 3 月第 1 版
印　　次：2025 年 3 月第 1 次印刷
定　　价：54.00 元

丛书策划：胡　宇　　　　　策划编辑：胡　宇
责任编辑：孟　浩　　　　　美术编辑：王　蕊　　胡美慧
责任校对：陈　荟　　　　　责任印制：孙文凯

学科核心素养测评丛书
总编委会

丛 书 序

2018 年，普通高中课程标准(2017 年版)正式发布，标志着中国基础教育课程改革进入新阶段。新阶段的标志是以发展学生核心素养为导向和切入口，落实立德树人根本任务，全面推进素质教育，实现育人方式的变革，提高基础教育质量。

2019 年，联合国教科文组织发布了系列推动课程改革的文件，包括《重新定义和定位 21 世纪的课程》《未来的素养和课程的未来》《教学、学习和评价变革》，反映了全世界对学生核心素养发展的重视。为实现育人方式的变革，普通高中课程标准修订工作在 20 年基础教育课程改革实践的基础上，合理吸收国际成功经验，结合中国国情，在两大方面取得突破：一是以核心素养为纲，构建了普通高中 20 门学科的课程标准，每门学科凝练了学科核心素养；二是创建了基于学科核心素养的学业质量标准。

普通高中课程标准提出的核心素养不是简单的知识或技能，而是以学科知识、技能为基础，运用学科观念、思维模式和探究技能，在分析情境、提出问题、解决问题、交流结果的过程中所表现出来的综合性品质；是整合了情感、态度和价值观在内的，能够满足特定现实需求的综合性表现。核心素养是后天教育的结果，有别于人的潜在能力。

学生核心素养的培养必须与学校教育紧密相连，并落到实处。为建立核心素养与课程的内在联系，充分挖掘各学科课程对于学生成长和终身发展的独特贡献，各学科课程标准修订组基于学科本质和对核心素养本质的理解，凝练了本学科的学科核心素养。学科核心素养是学生面对复杂的、不确定情境或挑战时，综合运用所学的学科知识、观念、方法解决实际问题所表现出来的正确价值观、必备品格和关键能力，是核心素养在特定学科的具体化，是学生学习一门学科之后所形成的、具有学科特点的关键成就，也是学科育人价值的集中体现。

学科核心素养的提出，体现了学科知识观的根本转型，明确要求学习方式和教学方式必须进行变革。基于核心素养的教学，要创设与现实生活紧密关联的真实问题情境；提出以问题解决为导向的学习任务；开展项目学习、研究性学习等自主、合作、探究的建构式学习，让学生通过亲身参与学科实践而学习学科，在此过程中理解学科重要概念，发展学科实践力。同时，对学生学习成就的关注，由过分关注结果走向更加关注过程，也使教学从只关注学生对具体而零散的知识点的掌握，转向关注学生对学科重要概念的理解。

传统的学科教育过分关注学科知识，纠结于学科知识的容量、难度；对所教学科的知识点和训练点烂熟于心，而对学科的本质和教育价值却往往忽视；对学生通过本学科的学习要形成哪些核心素养以及怎样形成这些素养不甚了解。学科核心素养正是破解这个问题的钥匙，即由原来追求学科知识全覆盖，转化为对学科重要概念的深度理解，让学生在真实问题情境中，持续探究，深化对学科概念的理解，并将学科知识转化为解决问题和创新的能力。

"学科核心素养"是学业质量标准研制的关键，涉及四个方面的要素：一是核心素养和学科课程目标的关系；二是学科核心素养的确定和命名；三是每个学科核心素养的界定和阐述；四是每个学科核心素养的主要表现。将上述四个方面的要素梳理、阐述清楚，就为学科核心素养的水平划分奠定了基础。素养水平的划分，是根据学生在学科核心素养上质的螺旋上升来确定各水平的具体描述，而不是传统地、简单地用"非常、比较、一般"等副词来描述水平的差异。素养水平的划分，应该采取一种整体观。不同水平是深度和广度上的差异，而不是部分和整体的关系，水平的差异还应对应问题或情境复杂程度的不同。不同素养水平之间应有着螺旋上升的递进关系。

普通高中课程标准(2017年版)提出的"学业质量标准"，不是传统意义上所认为的"学业"标准，它不是完全采用讲授法进行教学所获得的学业成就，不是只考评孤立的学科知识点的多少或技能的深浅，也不是采用现有纸笔考试的理念和形式进行的评价等。课程标准关于学业质量的定义是，学生在完成本学科课程学习后的学业成就表现。某学科学业质量标准，是综合了本学科不同核心素养的水平特征，结合本学科课程内容，对学生学业成就表现的总体刻画。学业质量水平必须基于学科核心素养的水平，依据结构化的课程内容，以学科核心素养及其水平为纲，以学科内容为目，结合各部分具体教学内容，描述学生学习的典型行为，并依据学科核心素养的水平，对学业质量进行水平划分，形成基于学科核心素养的学业质量标准。

学业质量标准既是指导学生自主学习和评价，教师开展日常教学设计、命题和评价的重要依据，也是用于高中毕业的学业水平考试和用于高等院校招生录取的选拔性考试命题的重要参照。在日常教学中，教师应依据学业质量标准，把握人才培养要求，把握教学的深度和广度，提高教学设计和实施水平；帮助学生学习，进行过程性学业评价。同时，学业质量标准也为各级各类考试和评价研制工具，提供上位的理论框架和水平依据。

学科核心素养是否可测可评，以及水平划分的适切性，关系到学业质量标准的科学性和实用性，需要通过大规模测试来验证。受教育部基础教育司委托，教育部基础教育课程教材专家工作委员会承担了普通高中学科核心素养的测评工作。测评的科目是语文、数学、英语、思想政治、历史、地理、物理、化学、生物学、信息技术、通用技术、音乐、美术、艺术、体育与健康、日语、俄语、德语、法语、西班牙语20门学科。组建了学科核心素养测评综合组和20个学科核心素养测评组，综合组是测评工作的顶层设计者和具体测评工作的组织者，参与该测评的专家有260人。2015

年 7 月至 2016 年 5 月开展了各学科核心素养的测评工作。

第一次探索关于学科核心素养的测评，面临着创新的挑战。特别是用纸笔测试的方式去测素养，对其局限性和片面性有着清醒的认识，但是，也不能判定纸笔测试在素养测评方面完全不适用。创立一个基于新的知识观、质量观的学业质量标准系统，需要探索、挖掘各种测评方法和技术在素养测评上的可能性。纸笔测试即为其中一种，也是极为重要的一种。但鉴于其局限性，对于纸笔测试结果数据的解释与运用，要有清晰的界定，不能滥用。同时，也要创造性地开发非纸笔测试。为统一认识，强调测评工作要突出体现立德树人的导向，重点考查学生运用所学知识分析问题和解决问题的能力，围绕如何测评素养，创新试题形式，特别是在加强情境设计，联系社会生活实际，通过试题考查和判断学生素养发展的典型性行为表现等方面，展开了深入研究和大胆探索。

为保证测评工具的有效性，各学科核心素养测评组研制了学科核心素养测评框架和命题指南，明确了学科测评目的、测评依据、命题要求、题目信息表、样题示例等。同时，从学科核心素养、学科内容、测评情境、任务类型、题目数量等角度整体架构，保证命题思想和命题结构的科学性。为保证命题质量，学科核心素养测评组命制不少于 3 倍题量，通过内审、预测试、学生访谈等方式进行筛选和打磨，力求测评工具的科学性。

为保证命题质量，特邀请教育部考试中心，对各学科书面测试题目进行政治性、科学性和规范性等方面的审核。其中 14 门学科的试题由教育部考试中心统一组织外审，6 门学科按要求自行外审。试题外审的结论认为：绝大部分题目都体现了较高的质量，建立了以核心素养为目标的测评体系，优化了试题的情境设计，问题呈现准确、简明、适度，所选内容符合课程标准的要求等。同时，也反映出，某些题目还存在命题情境设计的代表性不够、试题难度高、评分标准有待完善等问题。

为保证样本的代表性，测评采用不等概率二阶段分层抽样方案设计。选取浙江、甘肃两省 60 所学校高二年级学生，为语文、数学、英语、物理、化学、生物学、历史、地理、思想政治、信息技术、通用技术、音乐和美术 13 门统一测评学科的测评对象；为增强代表性，还增加了北京、上海、江苏、浙江、甘肃等地 10 所高中的高三年级全部学生，纳入统一测评。日语、俄语、德语、法语、西班牙语、艺术、体育与健康、通用技术 8 门自行测评学科，根据学科需求，选取了 19 个省（自治区、直辖市）的 60 所学校。正式测评使用的纸笔试卷共 100 套，涉及 3.6 万余人次；非纸笔试卷 45 套，涉及 2000 余人次。

为聚焦验证学科核心素养具体描述的准确性和水平划分的合理性，开创性地开展了"盲审"工作，即邀请了一批不了解学科核心素养描述的外部专家，对该学科核心素养，按自己的见解，重新描述其素养特性，以寻求既有学科核心素养描述与外部专家对该核心素养描述两者之间的一致性。盲审专家根据学生测试实际表现的水平，重建了对学科核心素养水平的描述。在此基础上，学科核心素养测评组和学科课程标准修订组专家，将盲审专家的描述与课程标准预设的描述进行了比较，发现总体上双方的描述高度一致，对一致性较差的部分做了进一步修改完善，使学科核心素养的具体描述和水平划分获得更为广泛的认同。

通过近一年的努力，测评工作完成破冰之旅，为普通高中课程标准修订，也为基础教育课程改革，做出了具有历史意义的贡献。其间，综合组和各学科核心素养测评组专家夜以继日，勤奋拼搏，敢于创新，勇于实践，体现了专业工作者高水平的学术素养和崇高的教育情怀。学科核心素养的测评研究工作，是保证学科课程标准科学性和适切性的实证研究，是完善普通高中课程标准的坚实基础；也是中华人民共和国成立以来课程标准研制工作中首次开展的实证研究，是为未来基于学科核心素养进行评价考试改革而开展的、具有中国特色的先期探索。

教育部基础教育司在此过程中对测评工作给予了高瞻远瞩的指导和大力的支持，教育部基础教育课程教材发展中心做了大量的组织协调工作；深圳市海云天科技股份有限公司、北京宝旺印务有限公司为测评工作提供了精湛的专业技术支持和热诚的服务。

我作为参与普通高中课程标准修订工作的一员，亲身经历了长达四年的修订工作，亲眼见证了中国基础教育课程改革团队在改革的征途上一往无前、披荆斩棘、再创辉煌的精神和卓越的贡献。在此，致以崇高的敬意！

朱慕菊

2020 年 12 月

前　言

我国从 2004 年开始执行普通高中各学科课程标准(实验)。随着时代的发展、实践的深入,在教育部的统一部署下,普通高中各学科对 2003 年版的课程标准进行了修订,形成普通高中课程标准(2017 年版)。普通高中课程标准(2017 年版)以核心素养培养为主线,对育人目标、学科本质、课程价值、课程结构、课程内容、学业要求、考试评价等皆做了调整。为促进核心素养培养的落地,探索各核心素养及其水平划分的科学性,以及如何对核心素养进行合理测评等,在教育部教材局和教育部基础教育课程教材发展中心的大力支持下,学科核心素养测评组于 2015 年组建,随后开展了核心素养测试的探索性工作。

修订后的普通高中体育与健康课程标准提出了运动能力、健康行为和体育品德三大学科核心素养,并且以此为基础制定了明确的学业质量标准,完成了较为全面、细致的顶层设计。为了让这一设计真正成为进一步推动普通高中体育与健康课程深化改革的蓝图,教育部组织全国部分专家学者和一线教师开展了普通高中体育与健康学科核心素养测试工作。

普通高中体育与健康学科核心素养测评组(简称体育测评组)由汪晓赞(普通高中体育与健康课程标准修订组核心成员、华东师范大学教授)负责,分为核心组和命题组。核心组负责测试目标、测试框架、多维细目表等的研制工作,相关成员有季浏(普通高中体育与健康课程标准修订组组长、华东师范大学教授),耿培新(人民教育出版社),王晖(山东师范大学),牛晓(重庆市教育科学研究院),张军(江苏常熟中等专业学校)。命题组负责试题命制及标准答案制定等工作,由王晖、张军负责,相关成员有刘晋(深圳市教育科学研究院)、周珂(河南大学)、杨浩(江苏省教育科学研究院)、杨阳(华东师范大学)、刘永利(深圳市盐田区教育科学研究院)、田雷(长春师范大学)、张震伟(苏州市吴江区黎里中学)、麦锦城(广州市中小学卫生健康促进中心)、吕兴琦(郑州市第十一中学)、吴永钧(华南理工大学)、常亮(深圳市宝安区实验学校)、李兴盈(华东师范大学)、何耀慧(华东师范大学)。此外,还有很多高校和中学体育与健康教师提供试题资源、组织学生试测、参与阅卷等,保证了测评工作的顺利开展。

普通高中体育与健康学科核心素养测评工作大致分为七个阶段:第一阶段(2015年 7 月—8 月)为普通高中体育与健康学科测评框架研制阶段,主要从整体上把握,制订计划；第二阶段（2015 年 9 月—10 月）为命题研制阶段，主要分两次征选题目，并在每次征选题目后聘请专家对征选的题目进行质量审核，选择质量较高、符合此次测试要求的题目；第三阶段（2015 年 11 月—12 月）为预测试和题目重审阶段，选取少量样本进行试测、评分、分析，再次审核题目质量，修改或替换相关题目；第四阶段（2016 年 1 月—2 月）为组卷阶段，根据预测试情况重新组卷，修改相关题目的评分规则，制定题目信息表，研制参考答案与评分规则，设计答题卡等；第五阶段（2016 年 3 月）为正式测试阶段，研制试测方案，研制阅卷手册，进行阅卷评分、数据处理，根据阅卷进行反思；第六阶段（2016 年 5 月）为盲审阶段，组建盲审专家队伍，选取盲审题目，组织盲审工作，提交盲审材料；第七阶段（2016 年 5 月）为总结阶段，总体分析数据和盲审材料，撰写测试研究报告。

　　基于前期的研究工作，本书编写组进一步梳理普通高中体育与健康学科核心素养的内涵及水平划分，研读学科核心素养测评框架及相关测量理论，解释基于学科核心素养的命题特征及评分标准，说明学科核心素养测评的组织与评卷方法，分析学科核心素养的测评结果，提供学科核心素养测评的咨询参考及对教学实践的启示等，在此基础上完成了本书的撰写。撰写本书的有关人员及其分工如下。

　　主编：汪晓赞

　　副主编：张军、李兴盈、王晖

　　各章执笔者：

汪晓赞（前言、第一章）	张军、王晖、李兴盈（第二章）
刘永利、刘晋（第三章）	王晖、麦锦城、 田雷 （第四章）
周珂、张震伟（第五章）	杨浩、何耀慧（第六章）
吴永钧、孔琳（第七章）	牛晓、文双全（第八章）
杨阳、吕兴琦（第九章）	林程慧、刘晋、常亮（第十章）
李兴盈、张君孝（第十一章）	

　　统稿：汪晓赞、张军、李兴盈

　　定稿：汪晓赞

　　除上述编者外，下列成员参与了试题及其评分标准的研制及评审等工作，为本书的撰写做出了贡献。他们是潘绍伟、庄弼、陈雁飞、郭建军、邓星华、孟文砚、刘春燕、谭华、张志勇、张金生、石冰冰、金燕、张李强、陈美媛、程金霞。还有组织试测和参与阅卷的几十位中小学体育与健康教师和众多研究生。因人数偏多，不再逐一列出。

　　测评的研究和本书的撰写还获得了国家社科基金重大项目"中国儿童青少年体育健身大数据平台建设研究"（项目编号：16ZDA228）和国家社科基金重点项目"双减政策背景下学校体育高质量发展研究"（项目编号：22ATY005）的支持。在此一并表示由衷的感谢！

　　普通高中体育与健康课程标准的修订和测评不仅是对体育与健康核心素养是否可表达、可教、可学、可观察、可评价的验证，也是对本学科命题和评价技术的摸索和研究，对于检验学业质量标准水平划分、各水平表述的精确性和现实性，探索如何对学科核心素养进行合理测评具有积极意义。由于时间关系和编者水平有限，本书不足之处在所难免，敬请读者批评指正，帮助我们一起把课程改革工作进一步推进。

目　录

1

第一章 学科核心素养测评概述

一、学科核心素养的内涵与意义

核心素养是学生在接受相应学段的教育过程中，逐步形成的适应个人终身发展和社会发展需要的必备品格与关键能力。[1] 核心素养的培养要通过具体不同学科的教学来展开，学科教学是提升学生能力、传授学生知识与技能的基本途径。培养学生的核心素养需要通过培养不同的学科核心素养来共同实现。[2]

学科核心素养与核心素养相辅相成。学科核心素养展现的是核心素养在学科课程与学科教学过程中的关键性要求，是核心素养在学科育人意义上的延伸。[3] 学科核心素养是学科育人价值的集中体现，是通过学科学习而逐步形成的正确价值观念、必备品格与关键能力。[4] 学科核心素养不是先天形成的，主要是通过学习获得和形成的；学科核心素养不仅指获得的知识和技能，还包括与知识和技能同样重要的价值观念、品格和能力；学科核心素养不仅需要体现学生发展核心素养(文化基础、自主发展、社会参与)的共性要求，还强调通过学科教学后学生所形成的、具有学科特性的正确价值观念、必备品格与关键能力，并且运用本学科知识解决实际问题的能力。[5]

学科核心素养是衔接立德树人根本任务与学科课程标准的核心环节。学科课程标准的各部分内容(包括课程目标、课程结构、课程内容、学业质量、教学实施、学习评价等)都应紧紧围绕学科核心素养确定，以保证学科内部体系的完整性、一致性，促进学生形成学科核心素养。因此，学科核心素养引领课程目标，课程目标是学科核心素养的具体化。如果说学科的课程目标要体现知识与技能、过程与方法、情感态度与价值观三维课程目标的思想，那么学科核心素养自身就是对三维课程目标的综合表现。从本质追求上讲，学科核心素养与课程目标是完全一致的。课程目标再具体化为学习目标，就能保证学生学科核心素养的培养贯穿整个教学过程。

学科核心素养的提出旨在引导对学科育人价值的反思，明确学科育人目标，转变

---

[1] 林崇德：《中国学生核心素养研究》，载《心理与行为研究》，2017(2)。

[2] 王光明：《基于学科素养的课程改革路向探究》，载《教学与管理》，2019(9)。

[3] 赵富学、王云涛、汪明春：《体育学科核心素养的研究进展及其启示》，载《北京体育大学学报》，2019(1)。

[4] 中华人民共和国教育部：《普通高中体育与健康课程标准(2017年版)》，5页，北京，人民教育出版社，2018。

[5] 季浏、钟秉枢：《普通高中体育与健康课程标准(2017年版)解读》，83～88页，北京，高等教育出版社，2018。

学科学习方式和育人模式。开展学科核心素养的测评，需要深刻理解这一属性，明确其理论依据及要关注的关键问题。①

二、体育与健康学科核心素养的提炼与结构

促进学生学科核心素养的形成是《普通高中体育与健康课程标准（2017 年版）》的核心精神和关键要求，是深化我国普通高中体育与健康课程改革的发展方向，也是实施体育与健康课程的主线，有助于落实立德树人根本任务和体现体育与健康课程的健身育人功能，有助于促进学生身心健康、体魄强健、全面发展。即使学生离开了学校走向社会，随着时间的推移和年龄的增长，许多体育与健康的知识和技能逐步被淡忘，但在学校中形成的学科核心素养随之沉淀下来，与时间和年龄同行，且会对学生一生的工作和生活产生持久长远的影响。我国课程专家组根据国际体育课程关于核心素养的研究成果，并在广泛调研的基础上，把体育与健康学科核心素养提炼为运动能力、健康行为、体育品德三个方面。

运动能力是体能、技战术能力和心理能力等在身体活动中的综合表现，是人类身体活动的基础。运动能力分为基本运动能力和专项运动能力。基本运动能力是从事生活、劳动和运动所必需的能力；专项运动能力是参与某项运动所需要的能力。

健康行为是增进身心健康和积极适应外部环境的综合表现，是提高健康意识、改善健康状况并逐渐形成健康文明生活方式的关键。健康行为包括养成良好的锻炼、饮食、作息和卫生习惯，控制体重，远离不良嗜好，预防运动损伤和疾病，消除运动疲劳，保持良好心态，适应自然和社会环境的能力等。

体育品德是指在体育运动中应当遵循的行为规范以及形成的价值追求和精神风貌，对维护社会规范、树立良好的社会风尚具有积极作用。体育品德包括体育品格、体育精神和体育道德。体育品格包括文明礼貌、相互尊重、团队合作、社会责任感、正确的胜负观等；体育精神包括自尊自信、勇敢顽强、积极进取、超越自我等；体育道德包括遵守规则、诚信自律、公平正义等。

虽然从不同的维度分别对体育与健康学科核心素养进行了描述，但它们之间相互联系、相互作用，具有关联性和整体性的特征。教师在体育与健康教学实践中不能将三者割裂开，应把它们作为有机联系的整体贯穿教学过程，以求促进学生全面健康的发展。

三、体育与健康学科核心素养水平的预设与呈现

体育与健康教学应以核心素养为引领，体育与健康学业质量是评价学生学科核心

---

① 杨向东：《指向学科核心素养的考试命题》，载《全球教育展望》，2018(10)。

素养达成情况的等级评价要求。[1] 也就是说体育与健康学业质量是以体育与健康学科核心素养为纲，整合了体育与健康课程领域的知识、技能、方法或观念，对学生体育与健康学业成就的整体描述和界定。[2] 体育与健康学业质量实际上反映的是学生经过一段时间的体育与健康学习后学科核心素养处于哪一级水平，是对学生体育与健康学科核心素养达成情况的具体呈现。

　　体育与健康学业质量标准根据学科特点分为必修必学和必修选学两个部分。每个部分根据学科核心素养要求和学年安排预划分为五级水平：水平一为最低水平，水平五为最高水平。其中，水平二为高中毕业生在本学科应该达到的合格要求。不管是哪一级水平，都是从运动能力、健康行为和体育品德三个方面来综合考虑的。必修必学部分是对学生学习体能或健康教育模块之后学科核心素养表现的总体描述。必修选学部分的每个运动项目每个学年都有相应的阶段性学业质量标准，是对学生通过各个学年的学练后学科核心素养表现的总体描述。

　　也有专家和一线体育教师认为划分三级水平可以体现区分度，而五级水平难以区分；特别认为运动能力方面五级水平之间可以区分，而诸如意志品质、情绪调控、合作能力、遵守规则、社会责任感等健康行为和体育品德方面就难以进行五级水平的区分。客观而言，划分三级水平显然过于宽泛，就是好、中、差。此外，国外发达国家的体育课程标准也值得参考。比如，德国萨克森州的体育课程标准就把学生的学业质量划分为七级水平。实际上，我国传统上一直是把学生的学业成绩按照优、良、中、及格、不及格五级水平来进行区分的。在运动技能的"技评"方面，我们往往是采用定性评价或主观性评价。这种评价依然适用于健康行为与体育品德方面的评价。

　　对于一些无法量化的评价内容，如学生是否能够调控个人情绪、在运动过程中个人对于团队和成员的接纳和服务意识等，则可以通过行为观察和记录等，将健康行为和体育品德由隐性表现转化为显性表现，从而提高这些评价内容的可观测性和可操作性。

四、体育与健康学科核心素养测评的原则与方法

（一）体育与健康学科核心素养的测评原则

1. 明确测评目标

　　此次高中课程标准修订的关键在于提炼各学科核心素养，研制基于学科核心素养的学业质量标准，并使其贯穿课程内容、教学和评价建议诸环节。对学科核心素养的测评既是修订后高中课程标准贯彻落实的关键，也是此次测试工作需要集中精力攻关的难点。各学科测试框架和命题指南的编制必须合理处理学科核心素养、学科内容、问题情境之间的关系，突出对学科核心素养的测评，树立以学科核心素养发展为本的

---

[1]　季浏：《我国〈普通高中体育与健康课程标准（2017年版）〉解读》，载《体育科学》，2018（2）。
[2]　杨向东：《指向学科核心素养的考试命题》，载《全球教育展望》，2018（10）。

评价理念，直接评价有价值的学业成就。

2. 严控测评过程

我们应准确把握核心素养内涵和学业质量标准，确定系统明确的评价目标，构建核心素养本位的评价框架；专注能够合理测试的核心素养内涵，在某些关键技术或领域上重点突破。[①] 鉴于在时间、经费、测试方式、研究基础等方面的限制，此次测试工作很难实现对所有学科核心素养完整内涵的科学考查。学科测评组要结合本学科的实际情况，鉴别分析采用目前命题技术或测试方式能够合理考查的素养内涵，要充分利用国内外学科核心素养测评研究的最新成果和先进技术，关注能够揭示和收集学生素养表现的任务类型和设问方式，探索基于复杂现实情境的开放性试题及其相应等级性评分标准的研制，积极探索在纸笔测试和实践测试形式下科学有效测评学科核心素养的命题技术、施测模式和评分规则，为完善学业质量标准水平描述收集丰富的信息。

(二)体育与健康学科核心素养的测评方法

根据体育与健康学科特点和课程标准要求，本次普通高中体育与健康课程标准测试题主要包括体能、健康教育以及选修的运动项目三个部分。由于体育运动项目种类繁多，因此很难针对学生可能选择的每一个运动项目进行命题。我们主要选择课程标准内容模块部分列举的供学生选修的运动项目进行命题，包括篮球、跳远、健美操、蛙泳、防身术、花样跳绳六个模块。即每名学生都要参加体能和健康教育的考评，再参与自己所选运动项目的考评(此次参评学生所选学的模块为上述六个模块之一)。

1. 命题内容指向体育与健康学科核心素养

本次测评主要针对运动能力、健康行为和体育品德三大学科核心素养展开，试题命制时要求紧紧围绕三大学科核心素养的各维度进行设计。运动能力主要包括体能状况、运动认知与技战术运用、体育展示与比赛三个维度；健康行为主要包括体育锻炼意识与习惯、健康知识掌握与运用、情绪调控、环境适应四个维度；体育品德覆盖体育品格、体育精神、体育道德三个维度。

2. 根据项目特点设置命题情境

每个运动项目都有着不同的运动特点，其所对应的运动情境也不尽相同。例如，在本次命题所选的运动模块中，篮球模块的主要应用情境是运动比赛；防身术模块的主要应用情境是遇到歹徒时的防护与脱身。

3. 试卷命题以实践测试形式为主

体育与健康课程是一门实践性非常强的必修课程。因此，与其他课程不同，体育与健康课程的试卷命题主要包括纸笔测试和实践测试两种类型的试题，且实践测试的题量占总命题量的80%以上。

---

① 杨向东：《核心素养测评的十大要点》，载《人民教育》，2017(Z1)。

第二章　高中体育与健康学科核心素养测试的命题与组织

学科核心素养是学生通过学科学习而逐步形成的正确价值观念、必备品格与关键能力，而不是简单的知识再现和复述。《普通高中体育与健康课程标准(2017年版)》明确指出学科核心素养是学科育人价值的集中体现，不仅是课程设计的逻辑起点，还是学业质量评价的焦点。学科核心素养应符合学生的身心发展特点，表现出可表达、可教授、可学习、可评价的特点。目前，对于我国教育界而言，学科核心素养的确定和评估是一个崭新的、富有挑战性的课题，没有任何经验可以借鉴。但时代和社会的发展已经对学校教育提出了更高的要求。因此，高中体育与健康学科核心素养测评组在普通高中学科核心素养测评组的指导下，由测评组组长汪晓赞教授牵头，结合学科特点和学生的身心发展规律，根据测评目的收集资料并学习讨论，攻坚克难，披荆斩棘，前后历时10个月，顺利完成了高中体育与健康学科核心素养的测评任务。

第一节　体育与健康学科核心素养测评框架的构建与意义

高中体育与健康学科核心素养测评框架是整个测评过程中的纲领性文件，不仅是整个测评工作的导向，也是测评过程必须遵循的依据。普通高中体育与健康学科核心素养测评组结合自己的学科特点，明确测评目的，紧扣学科核心素养，按照解读学科核心素养、设计命题、组织测评的顺序对测评过程中各因素和相互关系进行了深入的思考和提炼，制定了普通高中体育与健康学科核心素养测评框架。测评组在测评过程中不断学习总结，根据出现的困难和问题，不断修改和完善测评框架，以获得最佳的问题解决方案。

一、体育与健康学科核心素养测评框架的构建

测评框架是测评的行动指南，主要包括测评目的、测评依据、题目提交说明、总体工作安排、命题要求五个部分。其中，测评目的部分是要明确本次测评活动究竟要完成什么样的任务，为测评活动提供了明确的靶向和指导作用。测评依据部分对体育与健康学科核心素养进行了解读；解释了体育与健康学科核心素养与课程内容、学习

和应用情境之间的关系；明确了测评框架的关键维度，厘清了体育与健康学科核心素养的表现形式和表现维度，要求命题的设计贴近生活、具有较强应用性的情境，根据学科特点采用纸笔测试和实践测试两种形式。题目提交说明部分明确了每个题目需提交的信息与提交形式。总体工作安排部分根据测试组的要求制订了详细的时间表，确保工作有序进行。命题要求部分规定了纸笔测试和实践测试的试题比例，明确指出以实践试题为主，并分别对纸笔测试和实践测试提出了明确的命题要求。构建测评框架的步骤如下。

(一)解读体育与健康学科核心素养

体育与健康学科核心素养是个体面对复杂的、不确定的体育比赛或者现实生活情境时，借助多年体育学习过程中所积累的知识和经验，在解决问题的过程中表现出来的综合素质和修养，主要包括运动能力、健康行为和体育品德。其中，运动能力核心素养对于利用适宜的运动方法体验生活乐趣、享受健康生活具有积极意义；健康行为核心素养能帮助学生在不同阶段运用相关健康知识维护个人或者家庭成员的健康；体育品德核心素养有助于学生在体育运动中形成体育精神、规则意识和优良的意志品质并迁移到现实生活中。体育与健康学科核心素养必须是依据学生现有的身心水平和特点，经过一定的努力可以达到的预期目标，具有可表达、可教授、可学习、可评价的特点。对体育与健康核心素养的测评重在考查学生通过体育与健康学习后获得的能力和品格。

(二)明确学科核心素养是命题的关键

1. 明确体育与健康学科核心素养与课程内容、学习和应用情境之间的关系

体育与健康课程以身体活动为主要学习手段，其主要学习内容为体育与健康的知识、技能和方法，强调的是体能的增强、技能的掌握、态度行为以及体育品格的形成等，与其他的文化课程有着本质的不同；学科本身所具有的互动性、社会性、实践性的特点为学生三大学科核心素养的形成提供了丰富的资源和条件。学生在学习过程中体验的竞争、合作、成功、失败以及不可避免的疲劳感受，都会对学生健康行为和体育品德核心素养的形成产生深刻而丰富的影响；学生在学习过程中所感受的肌肉本体感觉和动作记忆、身体所承受的运动负荷，对学生运动能力核心素养的形成也具有积极的意义。

体育与健康学科核心素养是通过系统学习课程内容而获得的。课程内容是对相对静态的各门学科知识加以动态的处理、选择和建构的结果。在设计课程内容的时候所面临的首要任务是为学习者创设一种情境。在这种情境中，学习者所需要的不仅是"知其然""知其所以然"，还要了解"如何知"。换言之，也就是除了了解"是什么"，还要了解"怎么做"，在内容、方法、知识、能力等各方面都有要求。

体育与健康学科核心素养不仅是简单的学科知识呈现，还包括以各种身体练习为载体，在不同的运动情境中形成的学生内在素养。体育与健康课程的开放性、互动性

和社会性使体育课堂教学存在许多变化的学习情境。这些情境中常常存在各种"冲突"，而这些"冲突"恰恰为学生学科核心素养的形成提供了真实的情境。此外，学生的生活空间也提供了许多真实的生活化的情境，如个体的学习锻炼、社团活动、家庭成员互动，通过学生在这些真实情境中的表现才能对他们的学科核心素养进行评估和判断。体育是人们文化生活的重要组成部分。通过运动认知学习形成的体育素养不仅能够帮助学生对真实情境中的体育事件或者体育文化现象做出正确的分析和评价，而且对帮助学生体验运动乐趣和促进健康都具有积极意义。

另外，学科核心素养的提出也会促进课程内容的精选、学习过程的优化、学习情境的创设。教学内容的选择不会再拘泥于一个运动技术的教学，更多会转向如何提高学生对于运动知识技能的运用水平；教学设计更会考虑学科本身所具有的一些情境特点，让学生在学习过程中更多关注环境的适应、人际的合作、困难的克服等。

综上所述，体育与健康学科核心素养和课程内容、学习和应用情境的关系是双向互动的：一方面，课程内容、学习和应用情境是形成学科核心素养的重要载体与条件；另一方面，学科核心素养的提出也必然会促进课程内容、学习和应用情境的发展与变革。

2. 厘清体育与健康学科核心素养的表现形式和表现维度

体育与健康学科核心素养在表现形式上是核心素养、核心素养内涵和核心素养的表现维度。其中的表现维度具有一定的概括性，不能作为条件满足学科核心素养的测评要求。所以必须针对每一个学科核心素养的表现维度，结合课程标准的具体内容和要求，进行学科核心素养表现形式的挖掘，厘清体育与健康学科核心素养的具体表现形式，并以此结合具体的任务情境进行学科核心素养的测评。

3. 设计贴近生活、应用性较强的命题情境

对于学科核心素养的测评离不开情境和学科知识。在具体的任务情境中，学生利用已学的知识分析问题和解决问题的能力反映了学生体育与健康学科核心素养的水平。体育与健康问题情境的设计根据学生的生活空间范围划分为学校、家庭和社会三个维度，同时根据参与情况划分为个人和社团两个维度。"参与情况"和"生活空间"共同形成了体育与健康的多维命题情境。每个维度再结合体育与健康学科核心素养的教育价值、健身价值、娱乐欣赏价值，可以设置出许多真实的、贴近生活的、具有较强应用性的命题情境（见表 2-1），用于考查学生的学科核心素养。

表 2-1　体育与健康核心素养的命题情境示例

形式	内容	学校	家庭	社会
个人	技能学习	体育课学习	家庭成员运动技能传授	各种运动培训班等
	运动竞赛	学校体育竞赛的参与和组织		社区亲子活动、社区运动会等
	日常锻炼	校内课外体育活动	在家里进行的自我锻炼，如俯卧撑、瑜伽；有条件进行的锻炼，如游泳、台球等	在社会公共场所进行的体育锻炼，如健身房活动、高尔夫、台球、保龄球、游泳等
	体育欣赏	观看体育赛事 观看电视转播 欣赏其他体育表演或者体育文化作品	在家里观看体育赛事电视转播，或者欣赏体育视频、音乐、绘画、杂志和其他体育文化作品	现场观看体育赛事 在公共场所观看电视转播 欣赏其他体育表演或者体育文化作品
	理论学习	课堂体育与健康理论学习 体育讲座 其他理论学习	阅读体育与健康理论资料	体育讲座 参加体育文化沙龙等交流活动
	运动康复	运动按摩、放松等积极性休息 运动损伤的紧急自救		
团队	技能学习	体育课堂上的团队合作学习	与家庭成员一起进行运动技能学习	各种运动培训班等
	运动竞赛	校内的体育竞赛 体育社团竞赛		参加或者组织各种体育竞赛 体育社团活动
	日常锻炼	校内的体育活动 体育社团活动	与家人一起锻炼	以体育为媒介进行的各种交流活动 社区体育俱乐部
	体育欣赏	观看校内的体育竞赛	与家人一起观看电视转播	球迷协会活动
	理论学习	体育与健康知识的教学与讨论		社会体育讲座 社区健康咨询活动
	运动康复	救助伤者，陪伴康复		

4. 选择并确定实用可测的测评内容

普通高中体育与健康课程内容包括必修必学和必修选学两部分。其中，必修必学部分包括体能和健康教育两个模块。必修选学部分包括球类运动、田径类运动、体操类运动、水上或冰雪类运动、武术与民族民间传统体育类运动、新兴体育类运动六个运动项目。每名学生根据自己的运动兴趣和爱好，在这六个运动项目中选择所喜欢的运动模块，接受模块教学。

(三)明确学科核心素养测试的基本结构

1. 基于学科核心素养设计命题内容

本次测评主要针对运动能力、健康行为和体育品德三大学科核心素养展开，命题时也要紧紧围绕三大学科核心素养的各维度进行设计。除了健康行为学科核心素养下的体育锻炼意识与习惯难以通过一次测试予以考评外，每套试卷必须能够覆盖其他学科核心素养的表现维度。

2. 基于模块特点设置命题情境

每个运动模块都有着不同的运动特点，因此其所对应的运动情境也不尽相同。例如，在本次命题所选的运动模块中，健美操与花样跳绳运动的应用情境主要侧重创编、展示或表演；跳远与游泳运动的应用情境主要侧重技术学习或者生活中问题的解决等。

3. 基于学生行为表现确定评价标准

试题的评价标准要求必须针对学科核心素养不同维度的行为表现，聚焦学生对于知识技能的运用程度，而不是拘泥于单个技术的呈现；聚焦学生在具体情境中面对复杂任务时的态度、情感、意志力等的表现，而不是简单进行物理量的测量。评价标准应紧密联系学科核心素养，表述清晰具体；评价标准的每个得分点都是采用五级评分，测评结束后再根据制定的评分表对学科核心素养进行五级水平的评定。

4. 基于预测试结果提高命题质量

无论是对于学科组专家还是测评的学生来说，本次学科核心素养测评都是全新的接触。学科组专家在研究探索如何基于学科核心素养进行命题的同时还要考虑学生对于这样的命题表述是否能够理解，预设的评价标准对于学生而言是否适宜。预测试环节主要就是对命题的可操作性、评价标准的准确性进行验证。学科组专家根据预测试反馈的信息再对试题进行筛选和修改，进一步提高命题的质量。

5. 基于测评内容选择测试形式

高中体育与健康课程以身体练习为主要手段，具有鲜明的实践性和综合性的特征。因此，除了部分内容可以通过纸笔测试进行测评以外，更多的内容必须放在真实的任务情境中进行测试，重在考查学生对体育与健康知识技能的运用能力和内在品质。在明确了学科核心素养的具体表现、可测内涵、情境维度后，我们形成了体育与健康学科核心素养测评路径，如图 2-1 所示。

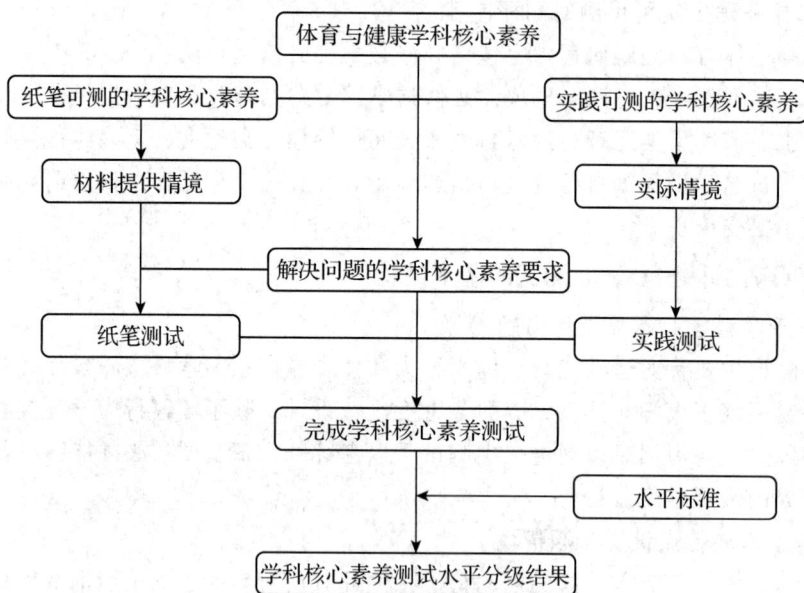

图 2-1　体育与健康学科核心素养测评路径

(四)坚持命题的实践导向

体育与健康课程是一门实践性非常强的必修课程，坚持命题的实践导向，具体命题形式如下。

①作为必修必学的健康教育模块的命题以纸笔测试为主。

②作为必修必学的体能模块以纸笔测试和实践测试相结合的形式命题。

③作为必修选学的运动项目的命题以实践性试题为主，占总量的 80% 左右。

学科核心素养测评框架从无到有、从粗糙到完善的过程，不仅记录了我国首次学科核心素养测评的艰难过程，也为我国学科核心素养测评摸索了方法、积累了经验，为我国后续的课程深化改革提供了可复制的经验。2015 年的高中学科核心素养的预设与测评是我国课程改革的重要里程碑。

二、体育与健康学科核心素养测评框架的意义

(一)测评框架是对测评组学习成果的检验

学科核心素养测评对于测评组成员而言是一个全新的课题。所有测评组成员必须经过认真的学习、思考、讨论，才可能形成符合测评要求的统一认识。高中体育与健康学科核心素养测评框架就是高中体育与健康学科核心素养测评组经过学习后形成的，既包含测评组对测评工作的理解和认识，如对学科核心素养的解读，对学科核心素养、学科内容、问题情境之间关系的理解；也包括对测评过程环节的思考和构建，

如应用情境的确定、测试形式的确定等。这有利于测评组对各组的前期学习状况和测评过程的构建进行评估，以便于发现问题，及时补缺完善。

(二)测评框架是测评组测评的基本依据

学科核心素养测评框架的编制是基于学科核心素养水平及其表述开展实际测评工作的关键环节。学科核心素养测评框架的读者是测评组全体成员。它是整个测评过程的计划书，有利于测评组内部统一认识、协调分工，遵循对学科核心素养测评关键问题的共同理解来开展相应的测评工作。

(三)测评框架制定与完善为后续测评工作提供了经验

测评框架的制定和完善为我国后续不断深入开展的学科核心素养测评工作提供了宝贵的经验。不仅如此，测评框架中的许多思路和方法为教育研究的其他领域提供了借鉴，对于促进我国中小学教育领域的深化改革具有积极意义。

第二节　体育与健康学科核心素养测评试题的命制

体育与健康学科核心素养的测评不同于以往的体育考试。它不是简单知识的重现，也不是单个运动技能的展示，更不是简单利用物理量度对体能水平的衡量，而是在真实的情境中评价学生解决问题的能力。这个能力取决于学生多个因素的叠加。例如，以前的篮球考试只是考评学生的技术动作的准确性，或者考评单位时间内利用某种技术动作投篮的命中个数。而基于学科核心素养的篮球测评则不仅要考查学生运动技能的运用能力，还要考查团队内学生能否根据自己的特点进行合理的角色分配，再通过小组对抗赛的方式，根据测评的要点对学生在比赛中的表现进行评估，最后对每名学生做出学科核心素养水平的判断。

学科核心素养测评的首要任务是根据学科核心素养命制试题，再通过学生在真实情境中的表现检验学科核心素养的准确性，并且对测评的可操作性进行检验。因此，只有深刻了解学科核心素养的内涵，再选择不同的运动项目在真实具体的情境中观察学生的表现，才能对学生的学科核心素养水平进行划分与评价，运用统计方法对数据进行分析，进而对学科核心素养的科学性、可操作性做出客观评估。这个过程也是对各学科学业水平评价的大胆改革和尝试，力图促进学习评价的变革，最终实现以学生学科核心素养的测评带动课程教学的改革。

学科核心素养测评的过程包括测评试题的命制、测评的组织等诸多环节。但是学科核心素养测评没有任何经验可以借鉴。所以测评团队只能学习讨论出方案，修改颠覆再构建，先后破解了一个又一个的难题，终于完成了测评任务。下面就根据测评工作的环节，按照测评的逻辑顺序，把体育与健康学科核心素养测评工作进行清晰的再现。

一、体育与健康学科核心素养是试题命制的关键

（一）以课程标准为基础，突出学科核心素养的核心作用

体育与健康学科核心素养是个体面对复杂的、不确定的体育比赛或者现实生活情境时，在解决问题的过程中表现出来的在多年体育与健康学习过程中所形成的综合素养。在试题命制的过程中，要以课程标准所提出的主要精神、目标要求和内容为基础，紧紧围绕体育与健康学科核心素养来设计题目，以突出学科核心素养的核心作用。所设计的题目内容和形式应该尽可能多样化，能够覆盖体育与健康学科核心素养的所有方面。每一道题目所涉及的学科核心素养不宜过多，应明确、精练，突出主题。

（二）强调测试的应用情境和开放性

体育与健康学科核心素养具有全面、多维和重在应用的特性，要求学生能够将体育与健康知识、技能和方法运用到体育学习、课外锻炼、运动竞赛及日常生活之中。因而在进行体育与健康学科核心素养测评时，应当与实际的运动和生活情境紧密结合。试题的设计强调对学生所学知识和技能的运用，重视对学科核心素养表现维度的评估，不能是单个体育与健康知识和技能的碎片化呈现。例如，体能模块的测试应重在评估如何利用适合的方法，制订科学的锻炼计划，促进自己和他人体能的发展，而不仅仅是评估个人的体能水平。需要注意的是，问题设置应与情境相对应，应符合情境所要表达的主题，避免问题与情境脱节。

体育与健康测试的开放性表现在确定学科核心素养可评价性的基础上，研究与探索合理的测评方式、方法，改变以往的评价中只针对体能、运动技能等方面进行物理测量的方式，研制基于复杂现实情境的开放性试题。它具体表现在以下两个方面。一是对于以身体运动为主要形式的测试内容，可以在设置情境时尽量模拟真实的体育比赛场景，考查在一些不确定、瞬间变化的情境中学生的运动能力、体育品德等学科核心素养，而不是在封闭情境下单调的、重复性的运动技术展现或者体能测试。二是对于一些与生活经验紧密相关的测试内容，可以借助情境提出生活化的问题，表现为对测评的结果有要求，但无固定呈现形式和标准答案。学生可以运用所学的相关知识去分析和解决问题。

（三）紧密联系生活实际，突出体育学习的作用与价值

体育与健康课程标准对于学生经过体育学习后应具有的学科核心素养做了明确的细化和具体化。这些学科核心素养的养成可以帮助学生运用所学的体育与健康知识和技能来构建和管理自己的健康行为，引导学生成为一个符合社会道德规范的人。因此，测评试题的设计必须充分发挥体育与健康课程的育人价值，紧密联系生活实际，服务生活。

(四)问题设置符合学生的认知水平，根据学生的身心发展规律设置测评标准

无论是纸笔测试还是实践测试，不仅要与学生的生活实际和比赛情境紧密结合，而且要根据学生的认知水平提高题目的新颖性，以提高学生测评时的专注度。尤其要注意问题的设计是否具有实际意义。比如，是否能帮助学生增长体育相关知识；是否能改变学生对体育的认识；是否能激发学生更加积极地去参与体育运动或者了解体育相关知识；是否能为学生提供一些实用的方法或建议；是否能有助于学生的健康发展等。

命题的水平标准必须尽量覆盖学生回答可能出现的所有方面。因此，每一道题目都必须从学生的身心发展规律出发，设想学生可能回答的所有答案；标准必须是具体的、明确的、可测量的，而不是含糊不清的、笼统宏观的；标准要确保水平设置的阶段性、连续性和系统性等。命题时还应注意等级水平划分是否体现了质的变化，水平间的距离设置是否合理，标准是否具有明显的等级与层次之分。也就是说，每一个水平标准必须具有明显差异，有显著的区分特征。

二、体育与健康学科核心素养试题的命制

(一)考查目标

1. 在具体运动项目中验证体育与健康学科核心素养的可评价性和可实现度

普通高中体育与健康学科核心素养是课程的逻辑起点，也是整个课程设计、落实和学业质量水平测试的依据。在具体的课程实施过程中，必然会选择许多具体的运动项目作为课程载体去实现课程目标，应促进学生学科核心素养的形成，并且在最后的学习评价中测出学生的学科核心素养。如果在具体课程载体的学习评价中无法测出学科核心素养，或者测出但无法进行水平的区分，那么这样的逻辑起点就是虚无的，是不可取的。

2. 在具体运动项目中探索指向体育与健康学科核心素养的测评方法

普通高中体育与健康学科核心素养的提出对学科的培养目标提出了更高的要求。体育与健康课程要改变学生碎片化的知识与技术的学习状态，让学生在具体的运动情境中学习结构化的技术动作并形成运动能力，在享受运动乐趣的过程中激发兴趣、发展特长；让学生在日常的生活中能够利用所学的知识构建和维护健康的生活。要对学生的这些学科核心素养进行测评，就必须清楚这些学科核心素养在具体运动项目中的特征行为是什么，知道运用何种方法对学生在具体情境中的行为表现进行特征行为的提取和水平区分。这些方法和能力的缺失成了教育事业发展的瓶颈。在具体运动项目中探索学科核心素养的评价方法已是迫在眉睫。

(二)试题情境

学科核心素养的测评离不开情境和学科知识。在具体的任务情境中，学生利用已

学的知识分析问题和解决问题的能力反映了其学科核心素养的水平。表 2-2 为体育与健康试题内容、情境分布示例。

表 2-2　体育与健康试题内容、情境分布示例

试卷号	必修必学（健康教育）	必修必学（体能）	必修选学	情境
体能 A		体能模块 3		日常生活中的体能锻炼
体能 B		体能模块 2		日常生活中的体能监测
体能 D		体能模块 3		日常生活中的体能锻炼
体能 F		体能模块 6		日常生活中的体能锻炼
体能 Z		体能模块 3		日常生活中的体能锻炼
健康教育 A	健康教育模块 5、8			个人健康认知
健康教育 B	健康教育模块 1、9			个人生活锻炼
健康教育 C	健康教育模块 8、1			个人生活锻炼
健康教育 D	健康教育模块 7、8			个人生活锻炼
健康教育 Z	健康教育模块 5、1			个人生活锻炼
篮球 A			篮球模块 6、8、9、10	团体合作运动竞赛
篮球 F			篮球模块 7、8、9、10	团体合作运动竞赛
跳远 B			跳远模块 8、9、10	个体在运动竞赛中
跳远 E			跳远模块 2、4、7、10	个体在运动竞赛中
健美操 A			健美操模块 10	团队合作展示
健美操 B			健美操模块 3、8	团队合作学习
蛙泳 B			蛙泳模块 9、10	模拟救护
蛙泳 C			蛙泳模块 5、8	团队合作运动竞赛
防身术 C			防身术模块 1、7、10	个人模拟场景
防身术 D			防身术模块 1、2、4、5、8、9	个人模拟场景
花样跳绳 E			花样跳绳模块 4	团队合作运动竞赛
花样跳绳 F			花样跳绳模块 4、8	个人学习展示

（三）试题类型

1. 健康教育模块采用纸笔测试的形式

作为必修必学的健康教育模块的命题以纸笔测试为主，根据试题内容辅以少量的实践测试。

2. 体能和运动项目采用实践测试的形式

体能和运动项目的命题要求必须以实践测试为主。

(四)试题水平

该试题测试的主要目的是能够在比赛、学习或者生活情境中有效地测量学生的学科素养水平表现。该试题适用于所有测试对象，测试要能够有效区分不同学生之间学科核心素养水平的差异，所以在题目命制中设置了不同的难度。根据预测试的学生水平分布结果，调整试题的难度、区分度及评分标准，确保每名学生的表现都能有合理的解释和等级评价区间。最终根据学生的测试表现，将评价标准划分为水平一至水平五的五级水平，其中水平五表现最好。

三、试题结构

试题的设计是一个严谨的过程，不仅要体现学科核心素养的要求，还要针对学生的学习过程选用适宜的内容和方式，让学生表现出阶段性的学习效果。因此试题除了包括用于最终测试的题目之外，还包括其他内容。

(一)题目类型

体育与健康课程以身体练习为主要手段、实践性强的特点决定了试题应以实际运动情境中的实践测试为主，而不能单纯依赖纸笔测试。

(二)答题要求

实践测试需要使用合适的场地器材，同时要特别重视测试过程中的安全性。实践测试主要是写所需场地器材的要求(也就是答题环境的要求)和相关注意事项(如安全防护等)；纸笔测试主要是命题者根据自己的命题初衷，对于答题的逻辑思路和答题要点进行阐述。

(三)考查的学科核心素养

试题要明确说明重点考查的学科核心素养，如运动能力、体能状况、体能发展能力等。

(四)涉及的课程内容

试题要依据体育与健康课程标准填写具体的模块内容。例如，试题涉及的课程内容为体能模块——了解体能练习中的适度负荷和循序渐进原则，理解体能对增进健康的作用等；学会测试和评价体能水平的科学方法；了解靶心率的概念和在实际体能锻炼中的应用方法。

(五)涉及的情境

试题要根据学生的生活空间范围划分学校、家庭和社会三个维度的情境，同时根据参与情况划分个人和社团两个维度的情境。例如，试题涉及的情境为个人在社会中的日常锻炼。

四、评分标准研制

我们选取部分高中开展试题的预测试。预测试结束之后，汇总所有数据，对试题进行重新评估和修改，完善试题的科学性、靶向性和可操作性。对照五级评分标准，分析测试结果的分布情况。如果出现偏态分布，则重新审核与修订评分标准；如果学生的回答与预设情形差异很大，则应该对命题进行修改。修改之后进行第二轮预测试，汇总测试结果并对其进行修改完善。具体要求如下。

①评分标准是针对每个题目的每个小题，通过预判断，进行五级标准划分，必须尽量覆盖学生回答可能出现的所有方面。

②评分标准要具体、明确、可测量，而不是含糊不清、笼统宏观、适用于所有的题目。每一个水平标准必须具有明显的差异，有显著的区分特征，要使别人能够做出明确判断。

③评分标准设计结束后，进行集中讨论和修改，使试题和评分标准进一步完善。

④根据预测试的反馈对评分标准进行适当调整。

五、题目质量审核与组卷

(一)学科命题的质量审核

在命题过程中，命题的审核工作主要由题目审核组专家和外审组专家负责。题目审核组专家对于命题的审核集中在命题的设计和预测试上；外审组专家主要对测评组和审题组审核合格的命题进行质量审核。

1. 题目审核

(1)组建题目审核组

题目审核组共由 9 名专家构成，主要来自高校和教研机构，主要包括熟悉体育与健康教育测量技术的高校专家以及在高中体育领域耕耘多年且熟悉高中体育课程内容和高中生学习体验的教研员、一线教师，他们都具有多年的命题和测试经验。

(2)题目审核组专家指出问题及修改方案

题目审核组专家主要考查以下几个方面：情境设置是否贴近学生的生活、服务具体测评；问题设计是否具有综合性，体现了学科核心素养；对于学科核心素养的覆盖是否准确和全面；评价标准设置与问题和学科核心素养是否一致。题目审核组专家经过审核提出了以下修改方案。

①针对学科特点进行组卷形式的设计。体育与健康学科核心素养测评试题以组卷的形式呈现，包含必修必学的健康教育和体能 2 个部分以及 1 个必修选学的运动项目，组成了"2＋X"的形式。每套试卷必须包含健康教育试卷、体能试卷、运动项目

试卷。其中，运动项目试卷针对课程标准中所提及的跳远、篮球、蛙泳、防身术、健美操、花样跳绳 6 个项目分别进行试题设计。健康教育试卷以纸笔测试为主，体能试卷和运动项目试卷都以实践测试为主。

②每套试卷要实现对学科核心素养九个维度的覆盖。每套试卷由三部分试卷组成，每部分试卷根据自己的特点有针对性地进行学科核心素养维度的覆盖。由于健康行为核心素养中的体育锻炼意识与习惯维度难以通过一次测试予以测评出来，因此本次测评对此维度暂不考虑。

③根据学科特点提高实践类题型的所占比例。体育与健康课程是一门实践性非常强的必修课程。首先，作为必修选学的运动项目的命题要求必须是实践测试；其次，作为必修必学的体能模块的命题必须以实践测试和纸笔测试并重，以实践测试为主；最后，作为必修必学的健康教育模块的命题必须以纸笔测试为主，根据试题内容辅以少量的实践测试。

④试题的设计要体现出学科核心素养的广度和深度。本次测评是一项富有创新性和挑战性的工作。试题的命制坚决杜绝对识记知识的简单回顾，但又不是对于知识的拒绝，而是重在测评对这些知识的传授和整合能否让学生在复杂任务环境中表现出判断问题、解决问题的综合品质与能力。因此，试题的命制必须紧紧结合课程标准和学科核心素养。根据试题类型的不同，试题的设计要表现出广度和深度。例如，健康教育模块的命题主要侧重健康行为核心素养中健康知识掌握与运用的维度；运动项目的命题侧重对于运动能力、健康行为、体育品德三大学科核心素养中的八个维度进行设计。利用不同类型试题的组合和搭配，努力去测评学生在经过学习后究竟获得了什么样的发展。

⑤根据项目特点进行题目情境设置。每个运动项目都有其不同的运动特点，因此其所对应的运动情境也不相同。篮球模块的主要应用情境是运动比赛；防身术模块的主要应用情境是防护与脱身；健美操模块与花样跳绳模块的主要应用情境侧重表演、展示与动作技术的创编；跳远模块与游泳模块的主要应用情境侧重技术动作的运用。

⑥题目的具体内容指向学科核心素养。本次测评的试题在命制的时候要紧紧围绕学科核心素养的各维度。为了保证试题尽可能均衡地覆盖三大学科核心素养的具体维度，每道题目在命制的时候都要充分考虑其学科核心素养的指向性，确保每道题目能够覆盖 1～2 个表现维度。因此，在设计试题之前，首先要考虑清楚每个任务模块可以考核学科核心素养的哪些维度，如何体现，然后再设计题目。

⑦在试题命制过程中要将具体的问题、学科核心素养和评价标准紧密结合。只有将它们紧密结合起来，才能确保试题整体的逻辑性和严密性，避免试题的设计偏离学科核心素养的发展方向，同时确保问题的设计和评价标准指向一致。

⑧根据试题类型的不同对评价标准的表现形式提出不同的要求。在试题命制过程中不难发现，健康教育模块的试题对于学科核心素养的覆盖程度远小于运动项目各模

17

块的覆盖程度。这就对评价标准的表现形式提出了不同的要求。对于以纸笔测试为主的健康教育模块试题，要求评价标准的表现形式以文字描述为主；对于以实践测试为主且对学科核心素养维度覆盖很广的试题，要求以表格形式先进行具体行为的评价，最后再根据总分进行不同水平等级的评定。

⑨评价标准的设计要呈现学科核心素养的关键行为。评价标准的设计要根据具体任务和学科核心素养呈现具体行为，并对具体行为进行若干不同等级的划分。有些可以划分为五个不同等级，而有的只能划分为三个不同等级。对于具体行为的表述要具体，而不能只是用简单的"很好""较好""一般"之类的程度副词进行评价。

在综合题目审核组专家的意见后，命题组所有成员集中讨论，对所有试题进行颠覆性的修改。经过近半个多月的攻坚，他们完成了试题的修改任务，并通过了题目审核组的审核，进入下一轮的外审环节。

2. 外审专家审核

(1)组建外审专家组

测评组对外审专家的资质提出了明确的条件，要求必须是具有丰富专业知识的大学或考试机构的有关专家和了解高中教学情况的教师或教研员，要求未参与本次测试命题工作。根据测评组的要求，由两位教授和一位特级教师组建了外审专家组，对命题进行审查。

(2)外审专家组的审题意见

外审专家组经过认真细致的审核，一致认为学科核心素养测评试题的测量目标与学科核心素养基本保持一致；选择的试题材料能够反映所要测量项目的学科核心素养，有利于准确检测学生的学科核心素养。以下几方面尤其值得注意。

①建立以学科核心素养为目标的内容体系。

②优化试题情境设计。

③问题呈现准确、简明与适度。

④所选内容符合课程标准的要求。

外审专家组同时指出内容表述还需要进一步斟酌，技能试题部分的评价标准中体能评价指标和方法应稍加细化和明确。

(二)学科命题的组卷

1. 采取必修必学和必修选学"2＋X"组卷的形式

如前所述，体育与健康学科核心素养测评试题最终是以组卷的形式呈现的，如图2-2所示。其中必修选学的运动项目主要涉及篮球、跳远、健美操、蛙泳、防身术、花样跳绳 6 项内容。

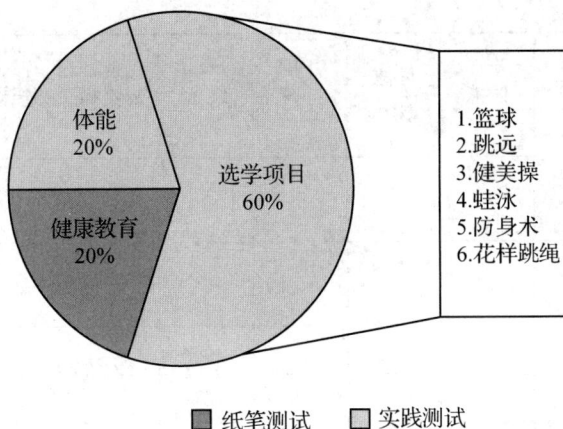

图 2-2　试题组卷形式

2. 每套试卷必须全面覆盖学科核心素养的可测维度

体育与健康学科核心素养测评试题一定要精心选择，要求每套试卷实现体育与健康学科核心素养的全面覆盖，即健康教育、体能和运动项目三部分试题要能够考查体育与健康学科核心素养的九个可测维度。一般而言，健康教育模块主要覆盖健康行为核心素养中的健康知识掌握与运用维度；体能模块主要覆盖运动能力核心素养中的体能状况维度；运动项目部分可以覆盖体能状况、运动认知与技战术运用、体育展示与比赛、情绪调控、环境适应、体育品格、体育精神、体育道德八个维度。要特别说明的是，健康行为核心素养中的体育锻炼意识与习惯维度难以通过一次测试予以测评，因而本测评对此维度暂不考虑。

表 2-3 为体育与健康各模块试题覆盖学科核心素养情况。但是由于题目数量有限，对各个维度的覆盖情况不够均衡，在今后的工作中应该结合各模块的特点，建立基于体育与健康学科核心素养各个维度的题库。

表 2-3　体育与健康各模块试题覆盖学科核心素养情况

学科核心素养	表现维度	体能	健康教育	篮球	跳远	健美操	蛙泳	防身术	花样跳绳
运动能力	体能状况	√		√	√	√	√	√	√
	运动认知与技战术运用			√	√	√	√	√	√
	体育展示与比赛			√	√	√	√	√	√

19

续表

学科核心素养	表现维度	体能	健康教育	篮球	跳远	健美操	蛙泳	防身术	花样跳绳
健康行为	体育锻炼意识与习惯								
	健康知识掌握与运用		√	√	√	√	√	√
	情绪调控			√	√	√			√
	环境适应			√	√	√	√		
体育品德	体育品格			√	√	√	√	√	√
	体育精神	√		√	√	√	√	√	√
	体育道德			√	√	√		√	

3. 侧重具体情境中的任务解决

基于学科核心素养的命题侧重具体情境中的任务解决。每套试卷中的三份试卷都指向学科核心素养中的不同内容，同时每份试卷都针对不同的情境提出了具体的任务。健康教育模块试卷侧重个人的健康认知，如怎样预防艾滋病、在生活中如何面对艾滋病患者、如何在火海逃生等；体能模块试卷侧重对日常生活中锻炼方法的掌握，如怎样用简单实用的方法促进自己的体能发展；运动项目试卷侧重个体或团体的不同性质和形式的运动。三份试卷的设计基本涉及学生的学习生活情境。

测评组经过将近四个月的努力，在许多专家的支持和帮助下，针对必修必学的健康教育、体能和必修选学的篮球、跳远、健美操、蛙泳、防身术、花样跳绳 8 项内容，分别设计出了 6 道题目，共 48 道题目。这些题目都以知识与技能为基础，但是评估侧重学生在真实情境中对于知识与技能的运用能力、解决问题的主观能动性和社会适应能力。例如，体能模块试卷让学生展示徒手的、利用简单器械的锻炼方法；篮球模块试卷通过随机分组，让学生根据各自的能力进行角色分工，并且相互团结、包容，努力在对抗中表现出小组的最佳能力；防身术模块试卷模拟遭遇背后攻击如何摆脱困境；健美操模块试卷让学生在规定时间内分组创编并展示……这些题目涉及学生生活学习的真实情境，不仅对学科核心素养实施了全覆盖，而且对于体育与健康课程学习评价的改革也具有促进意义。

第三节　体育与健康学科核心素养测评的组织

体育与健康学科核心素养测评采用的是"2＋X"模式，让每名学生参与健康教育模块、体能模块以及运动项目测试，并非针对三类不同试卷选择不同的学生进行测试。

一、测评对象的筛选

众所周知，高中体育与健康课程提倡目标引领内容的模块教学。也就是针对同一个目标，不同的学校可以根据自己的办学条件和特点选择不同的教学内容。又因为地域和经济的差异，各地的办学水平也是参差不齐的。这会导致不同地区的学校虽然选择相同的运动项目进行模块教学，但所教内容的广度和深度存在很大的差异。这些都是选择测评对象需要考虑的问题。

我们应有针对性地选择测试学校和学生。根据测评组对于测试要求以及体育与健康课程的模块教学的实际特点，必须选择模块教学开展效果好、开设时间长、开设运动项目较多，并严格按照课程标准的要求以及模块计划进行教学的学校；测试对象也尽可能选择连续 3 年在同一个项目学习的学生进行测试。然而实际情况并非如此。根据预测试的调查发现，具备这样条件的学校和学生非常少。在高中三年，学生至少会有三次选择的机会，根据自己的兴趣和爱好，在体育与健康课程的学习过程中进行多次选择，从而出现在某一运动项目上持续参与学习的学生人数并不多的现象。这样导致学生对于学习运动项目的理解和掌握有很大的差异。另外，对于一些传统体育项目如花样跳绳，则更因为师资的缺乏表现出小众化的特色。而且由于没有系统的教材，同一地区同样进行花样跳绳教学的不同学校也存在很大的质量差异。针对这些实际情况，为确保测试的有效性，建议每套试卷拟测试学生的有效人数应不少于 30 人。为了避免在测评当天个别学生因为身体不适不能参与测评，要求各校每套试卷拟测试学生实际上报 35 人。

此外，测评组要求选择高三年级的学生参与测试。但由于测试是在寒假之后，学生的体能处于相对较低的水平，而且体育与健康的实践测试具有一定的身体对抗性，为了避免在测试过程中出现意外伤害影响学生高考，最后决定选择高二年级的学生参与体育与健康学科核心素养测评。

经过预测对比和调查，最终决定主要在模块教学实施相对比较好的广东省选择测试学校和学生。由于防身术和花样跳绳模块都是比较小众化的模块，因此防身术模块选择在郑州市进行测试，花样跳绳模块选择在深圳市进行测试。在初步确定学校后，根据测评内容设计了学情调查表，再根据学情调查结果的反馈确定了参与测评的学校，并且根据学情调查反馈结果对每所学校的测评项目进行了分配。最后根据教育部对于测试规模的控制要求，对所选学校和学生进行了大幅度的删除，把测试学生从 1470 人调整到 360 人。

二、测评队伍的培训

由于本次测评的目的、任务具有很强的创新性和挑战性，测评人员需要深刻理解课程标准精神、所考核的学科核心素养的内容以及相应的评价标准，熟练掌握测评方法，才能提高测评的信度和效度，因此具体的测评工作需要在当地抽调一定数量的体育骨干教师辅助参与。对抽调教师进行测评培训是不可缺少的重要环节。培训内容是学习学科核心素养，了解试题测评目的，掌握评价标准和方法。其中学科核心素养和测评目的的学习是集中进行的，评价标准和方法是分组培训的。

三、测评的流程

(一)测试内容

①健康教育模块：纸笔测试；每名学生都要参与测试。

②体能模块：综合性测试，既有纸笔测试，也有实践测试；每名学生都要参与测试。

③运动项目：主要包括篮球、跳远、健美操、蛙泳、防身术、花样跳绳。学生根据自己的选学运动项目参与测试，即实践测试。

(二)测试时间

①三项测试必须在一天内完成，上午完成两项测试，下午完成一项测试。

②第一项测试是健康教育模块，后面两项测试的顺序根据当天的具体情况进行安排。

③健康教育模块的测试时间是 30 分钟，体能模块和运动项目的测试时间由于试卷内容的不同有所不同。

④上午的第一项测试为健康教育模块，8：00 准时开始；第二项测试从 9：00 开始。下午的测试从 13：30 开始。

(三)测试环境的准备

由于测试的运动项目较多，还得考虑在测试过程中避免出现测试信息泄露的问题，因此对测试环境也提出了许多要求。例如，对各个运动项目的测试，许多信息都是一过性的，所以要求体能模块和运动项目的测评都要配备摄像机，对学生考试的过程进行全程录像，便于后续评价使用。同时，要确保测试环境的安全性。在具体运动项目的测试过程中，身体接触和对抗是不可避免的。所以，对于场地要细致检查，尤其对于防身术护具要准备充足，并在测试过程中要求学生穿着专门服装或者佩戴护具，要求"点到为止"。

最终，在教育部的统一指挥下，在各所测评学校的积极配合下，所有测评工作按照计划圆满完成。测评之后，许多参与测评的学生由之前的忐忑变得兴奋，他们之前以为这次测评又是"痛苦且枯燥"的体能测试。与之截然相反的是本次测评形式新颖有趣，测评内容富有挑战性，测评过程让每名学生都充分展示了自己的能力；所有抽调的体育教师都对测评过程予以了高度的肯定，统一认同测评为今后的教学带来了启发。

第三章 体能模块的命题示例与分析

　　体能是人类适应生活、工作、学习等活动应具备的各种身体能力，一般分为与竞技相关的体能和与健康相关的体能，即竞技体能和健康体能。体能模块是普通高中体育与健康课程内容的重要组成部分，主要包括体能发展的基本原理与方法、测量与评价体能水平的方法、体能锻炼计划制订的程序与方法、有效控制体重与改善体形的方法等内容。根据体能模块核心素养测评框架的具体要求，体能模块以核心力量、体质指数、肌肉力量、柔韧性为试题命制的示例，重点测评学生在体能敏感期学习发展体能的知识、方法和掌握学科核心素养在体能模块中的具体化运用方法的情况，为促使学生发展运动能力、养成健康行为和培养学生的体育品德提供实践指导。

　　体能模块共命制了 4 套试题，试题内容包括测试对象、测试内容、测试方法、试题正文和题目以及评分标准。测试选取了核心力量（A 卷）、体质指数（B 卷）、肌肉力量（C 卷）、柔韧性（D 卷）作为试题样例，注重理论与实践的结合，由纸笔测试和实践测试两个部分组成。其中，纸笔测试部分由学生针对体能模块试题内容进行纸笔作答。测评组专家依据评分标准进行阅卷打分。实践测试部分由测评组专家依据学生在实践现场的真实行为表现进行记录并打分。总体来看，体能模块各命题质量较高，各题目之间的难易程度较为均衡，区分度不高。因此，本章从如何根据学科核心素养对体能模块进行试题设计出发，通过试题命制、测试数据分析、测试结果运用，体现学科核心素养在体能模块中的具体化，以期为指导教学实践提供参考价值。

第一节 体能模块试题设计的示例

　　体能模块命题的内容要紧紧围绕体育与健康学科核心素养的各个维度进行设计，根据体能特点和具体表现设计具有可操作性的命题情境，使体能模块试题的设计和测试实施过程能够科学地、有针对性地考查学生的学科核心素养。

一、学科核心素养在体能模块的具体化

　　学科核心素养在体能模块的具体化体现在把发展学生体能的课程内容及其教学过程中的表现维度和具体形式加以明确，进而针对具体的任务情境进行测评。体能模块结构的主体是体能知识学习和体能练习。学生在具体的学习过程中需要掌握体能知识、原理和练习原则及其方法；在不同情境下能够运用所学的体能知识原理和练习方

法为个人、家庭成员、同学或邻居制订和改善锻炼计划；掌握并运用体能测试方法和评价方法，合理评价体能练习效果；养成运用科学的体能方法锻炼的习惯；在体育展示和比赛中提高体能水平，奠定学习运动技能的基础；掌握体能练习中的安全防护知识；在体能练习中保持良好心态，适应各种练习环境，表现出情绪稳定、包容豁达、乐观开朗，善于与他人交往与合作；在体能练习和比赛对抗中表现出自尊自强、克服困难、勇敢顽强、积极进取、挑战自我、追求卓越等。以上所有的行为表现都是在体能模块教学过程中对体能模块的学习与学科核心素养的不同维度紧密结合的结果，反映了学生的学科核心素养。

二、体能模块试题的设计思路

体能模块试题的设计首先要设定相应的体能测评情境，以保证情境的真实性，其次要在具体情境中选用合适的体能内容对学科核心素养的表现维度进行评估，既要验证学科核心素养是否可表达、可教、可学、可观察、可评价，也要检验体能学业质量标准水平划分、各水平表述的精确性和现实性。

(一)命题内容设计

体能模块的命题内容结合自身的特点，通过试题判断学生在体能学习和发展过程中运动能力、健康行为和体育品德的形成情况，挖掘学生在体育与健康课程中体能学习的潜能，为学生提供展示自己能力、水平和个性的机会，发展学生自我认识、自我教育及自我发展的能力。

纸笔测试内容的选择与设计主要是倾向于对与健康相关的体能和与动作技能相关的体能的分类和内涵的了解、理解和认知程度。其一，设计体能对于个人生活、学习和健康的重要性的了解、理解和认知程度的测试题目；其二，设计对体能发展的基本原理、体能练习的原则和不同体能练习的作用的理解程度的测试题目，以考查学生学习的态度和情感体验、健康知识的识记和灵活运用水平、健康意识和锻炼习惯的养成。

实践测试内容的设计侧重考查学生是否掌握并运用发展心肺耐力的基本原理和多种练习方法；是否掌握并运用发展上肢、下肢、肩部、腰腹和躯干柔韧性的基本原理和多种练习方法；是否掌握并运用发展肌肉力量和肌肉耐力的基本原理和多种练习方法；是否掌握并运用发展灵敏性的基本原理和多种练习方法；是否掌握并运用发展平衡能力的基本原理和多种练习方法；是否掌握并运用发展协调性的基本原理和多种练习方法；是否掌握并运用发展力量的基本原理和多种练习方法；是否掌握并运用发展速度的基本原理和多种练习方法；是否掌握并运用发展反应能力的基本原理和多种练习方法等。它的重点在于考查学生对体能知识的学习与方法的掌握情况、学习达到的程度、与他人合作和对他人健康行为的影响，从而对学生体能学习所形成的核心素养进行诊断和评价。

(二)测试情境创设

我们利用在真实情境下的学生表现来考查学生在课堂中的体能模块学习以及参与

课外体能锻炼的效果，对学生课内外的体能模块学习行为以及体能教学目标的达成程度进行判断，对体能模块的教学进行诊断、反馈、引导和激励，不断完善体能模块教学。例如，在测评现场创设利用杠铃、哑铃、体操垫、拉力器、健身球等器材开展日常体能锻炼的真实情境，考查学生的体能状况以及掌握并运用发展体能的基本原理和练习方法的情况；结合学生自己的体能状况和发展需求，考查学生独立或合作制订体能锻炼计划并不断改进的能力以及掌握并运用体能测试方法和评价方法的情况，合理评价练习效果。

在肌肉力量的测试过程中，教师可以要求学生列举出所学或所了解的肌肉力量练习方法，并利用器材展示出核心力量的练习方法，尽自己的能力进行仰卧起坐进阶测试的四个级别动作，充分展现自己的核心力量。在这个真实情境下，教师可以考查学生对核心力量的了解程度，是否学会发展核心力量的练习方法和技巧，是否理解核心力量锻炼的身体部位，是否学会肌肉力量的训练方法和技巧，是否理解肌肉力量锻炼的身体部位。

在核心力量的测试过程中，教师可以要求学生在展示核心力量进阶测试的四个级别动作后，进行自我评估以及结合自己的情况制定符合提高自己核心力量的最佳方案，然后完成体能的臀围—腰围比例、体质指数值的自测自评；考查学生是否了解测量身高、体重、腰围、臀围的方法；考查学生能否通过计算腰围臀围比、体质指数，再用量表综合评价身体状况，根据测试结果给自己制订一份相应改善身体状况的锻炼计划；考查学生能否对自己的身体状况有较为全面的了解，是否能够掌握并运用体能测试方法和评价方法合理评价练习效果，以及独立或合作制订体能锻炼计划并不断改进。

(三)考试环境设置

在体能模块的命题过程中，首先要呈现题目的背景材料，如核心力量锻炼的关键和核心肌肉群的作用等；然后要求学生根据所掌握的核心肌群力量的相关知识表述尽可能多的核心力量锻炼方法，展示并简单阐述所掌握的核心肌群力量练习方法；通过仰卧起坐进阶练习，测试对自己脊柱和骨盆的控制力，评估核心力量水平，依据测试为自己制定提高核心力量的健身方案。根据题目的情境要求分别让学生在实践测试前后在教室进行纸笔测试；在实践测试现场准备体操垫、杠铃、杠铃片、哑铃、壶铃、拉力器、健身球等器材，让学生依次进入测试现场，按照题目要求进行展示与阐述。教师应准备好纸笔和相关表格记录相关过程。在让学生展示核心力量、肌肉力量、柔韧性练习和进阶测试练习的真实情境下，考查学生的体能状况以及掌握发展体能的知识和方法的情况；考查学生是否在练习过程中注意器材的使用安全，轻拿轻放，不重摔、重扔器材，以及使用器材中贯彻循序渐进等练习原则；考查学生在体能练习中的安全防护意识、体能锻炼习惯；考查学生是否能够适应各种练习和测试环境，根据现场题目要求稳定情绪、保持良好心态，在体能练习中是否能够克服困难、勇敢顽强、积极进取、挑战自我。

（四）评价方式运用

测评的方式多种多样，可以通过纸笔测试、实践测试、调查问卷、测试量表等进行多元评价；可以通过学生、教师、家长和社会团体等多主体，多途径、多手段地收集学生的日常体能锻炼学习信息等，了解学生的体能学习和发展过程，及时采用口头反馈、QQ 群反馈、微信群反馈、成绩单反馈、自我反馈、同学反馈、家长反馈等不同形式进行反馈，充分发挥学习评价的反馈、导向、激励和改进功能，激励学生对学习过程进行调整与改进；还可以通过选择和运用相应的绝对性评价标准和相对性评价标准，关注学生的努力程度和进步幅度，关注对学生的培养和个体差异。

第二节　体能模块的测评与结果运用

体能模块测评主要是围绕学生在体能模块学习中表现出的体育与健康学科核心素养的各个方面，围绕学生能否根据个人特点设计和实施个人体能发展计划，较为全面、深刻地理解并掌握发展体能的基本原理和多种练习方法而展开的。本测评共命制了 A，B，C，D 四套试题。以下以普通高中体育与健康学科的体能测试 A 卷"姿态优美，身体稳定——核心力量锻炼"为例进行阐述。

一、试题命制

（一）试题呈现

姿态优美，身体稳定
——核心力量锻炼

一个人美不美、帅不帅，看起来有没有气质，多数是通过这个人的坐、卧、站或走等姿势来判断的。所有这些姿势不光需要自信，更需要通过身体肌肉力量来表现。尤其是良好的核心肌群对于人们外在气质的体现更为重要。核心力量的练习可以让我们站如松、坐如钟、行如风。另外，强有力的核心肌群可以帮助人们维持运动中的身体姿势，在运用各种运动技能和专项技术动作的时候对身体起到稳定和支持作用，并有效增强身体的控制力和平衡力。所谓"核心"是人体的中间环节，就是肩关节以下、髋关节以上包括骨盆在内的区域，是由腰、骨盆、髋关节形成的一个整体。核心肌群担负着稳定重心、传导力量等作用，是整体发力的主要环节，对上下肢的活动、用力起着承上启下的枢纽作用。凡是姿态优美挺拔、身体控制力和平衡力强的人，其核心肌群一定拥有较强的力量。核心力量是一种能力，是由附着在腰椎、髋部和骨盆联合周围的肌肉和韧带产生的力量。

请根据你所掌握的核心力量的相关知识回答以下问题。

题目一：你知道哪些核心力量的锻炼方法？请展示并简单阐述你所掌握的核心力量的练习方法。

题目二：通过仰卧起坐进阶练习，测试你对自己脊柱和骨盆的控制力，评估你的核心力量水平。

题目三：在题目二的基础上为自己制定提高核心力量的健身方案。

(二)试题分析

本题目属于开放性实践测试题。它要求学生结合上述材料，运用已学体能知识和日常练习体验，在仰卧起坐进阶练习中勇于挑战自我，充分展现自己的核心力量，结合自己的体能状况和发展需求制订适合自己的核心力量锻炼计划。

测评内容一：根据所学的体能发展的基本原理与方法，展示并简单阐述增强肌肉力量和肌肉耐力的原理及多种练习方法，如仰卧起坐、俯卧撑、双杠上曲臂伸、单杠引体向上的原理和极限强度法、退让练习法等。

测评内容二：模拟真实的体能发展情境，通过仰卧起坐进阶练习考查测量与评价体能水平的方法。

测评内容三：能够根据自身核心力量水平的情况，制订提高核心力量的锻炼计划。

测评内容一可以用于观察学生运动能力中体能状况的行为表现，并结合测评内容二、测评内容三的综合考查，较为具体地反映学生在掌握体能发展的基本原理与方法、测量与评价体能水平的方法、体能锻炼计划制订的程序与方法等方面的行为表现。测评内容二能够重点反映学生的体育品德，体现出学生在面临有难度的任务和挑战时能够顽强拼搏、超越自我的体育精神。测评内容一、测评内容二以及测评内容三能较为全面地评价学生体能模块的核心素养水平。

(三)评分维度与预设标准

确定评分维度与预设标准是保证测评工作有效实施的重要环节。我们根据学业质量标准研制当前的体能任务标准，将学业质量标准结合当前的任务加以具体化。体能模块测评过程中的行为表现是确定各个评分维度水平的重要依据。运动能力包括阐述并简单展示核心力量的练习方法、在仰卧起坐进阶测试中展现自己的核心力量水平、根据自己的测试结果为自己制订体能锻炼计划等；体育品德表现为面临有难度的任务和挑战时能够顽强拼搏、超越自我等。评价标准紧密联系学科核心素养，表述清晰具体；评价标准的每个得分点都是采用五级评分，以便于进行评价操作。体能测试 A 卷试题考查的学科核心素养详见表 3-1。体能测试 A 卷题目一、题目二、题目三的评分标准见表 3-2 至表 3-4。

表 3-1　体能测试 A 卷试题考查的学科核心素养

题目类型	学科核心素养	维度	具体表现
题目一	运动能力	体能状况	阐述并且简单展示核心力量的练习方法

题目类型	学科核心素养	维度	具体表现
题目二	运动能力	体能状况	在仰卧起坐进阶测试中展现自己的核心力量水平
	体育品德	体育精神	在面临有难度的任务和挑战时能够顽强拼搏、超越自我
题目三	运动能力	体能状况	根据自己的测试结果为自己制订体能锻炼计划

表 3-2　体能测试 A 卷题目一的评分标准

学科核心素养	维度	水平等级	具体表现
运动能力	体能状况	水平一	能展示 1 种核心力量的锻炼方法，动作存在错误或者动作要点的讲解有错误
		水平二	能展示 2 种核心力量的锻炼方法；动作基本正确，只能从练习目的、练习负荷、动作规范等中的 1 个方面比较准确地讲解练习要点
		水平三	能展示 3 种核心力量的锻炼方法，锻炼 2 个以上的部位，锻炼形式比较丰富；动作正确，能从练习目的、练习负荷、动作规范等中的至少 3 个方面全面、准确地讲解练习要点
		水平四	能展示 3 种核心力量的锻炼方法，锻炼 3 个以上的部位，锻炼形式丰富；动作正确，能从练习目的、练习负荷、动作规范等中的至少 2 个方面准确讲解练习要点
		水平五	能展示 4 种以上核心力量的锻炼方法，锻炼 3 个以上的部位，锻炼形式丰富，有所创新；动作正确，能从练习目的、练习负荷、动作规范等中的至少 3 个方面准确讲解练习要点

表 3-3　体能测试 A 卷题目二的评分标准

学科核心素养	维度	水平等级	具体表现
运动能力	体能状况	水平一	不能完成动作
		水平二	完成第一级动作
		水平三	完成第二级动作
		水平四	完成第三级动作
		水平五	完成第四级动作

学科核心素养	维度	水平等级	具体表现
体育品德	体育精神	水平一	进阶挑战时有畏惧情绪
		水平二	进阶挑战时有畏惧情绪
		水平三	进阶挑战时信心比较足、比较投入
		水平四	进阶挑战时信心比较足、比较投入
		水平五	进阶挑战时信心十足，非常投入

表 3-4　测试 A 卷题目三的评分标准

学科核心素养	维度	水平等级	具体表现
运动能力	体能状况	水平一	能够以个人核心力量测试结果为基础，制订的锻炼计划内容适宜、强度合理、练习时间和频率符合实际、体现循序渐进和全面发展的原则、安排放松练习；体现并正确表述个人核心力量发展计划中内容、强度、时间、频率、原则的 1 个要点
		水平二	能够以个人核心力量测试结果为基础，制订的锻炼计划内容适宜、强度合理、练习时间和频率符合实际、体现循序渐进和全面发展的原则、安排放松练习；体现并正确表述个人核心力量发展计划中内容、强度、时间、频率、原则的 2 个要点
		水平三	能够以个人核心力量测试结果为基础，制订的锻炼计划内容适宜、强度合理、练习时间和频率符合实际、体现循序渐进和全面发展的原则、安排放松练习；体现并正确表述个人核心力量发展计划中内容、强度、时间、频率、原则的 3 个要点
		水平四	能够以个人核心力量测试结果为基础，制订的锻炼计划内容适宜、强度合理、练习时间和频率符合实际、体现循序渐进和全面发展的原则、安排放松练习；体现并正确表述个人核心力量发展计划中内容、强度、时间、频率、原则的 4 个要点
		水平五	能够以个人核心力量测试结果为基础，制订的锻炼计划内容适宜、强度合理、练习时间和频率符合实际、体现循序渐进和全面发展的原则、安排放松练习；体现并正确表述个人核心力量发展计划中内容、强度、时间、频率、原则的 5 个要点

二、测试数据分析

本测评采用专家现场实测的方法和室内笔试方法。评委根据不同学生的测试行为表现，根据预设评分标准对学生的行为表现进行文字归纳和描述，并进行学科核心素养表现维度评分。

题目一是展示核心力量的练习手段和方法，从动作数量、练习部位、运用器材、练习方法、语言描述、特殊表现6个方面打分。题目二是展示核心力量进阶测试的4个级别动作及自我评估，从进阶程度和自我评估2个方面打分。题目三是根据自己的情况制定出符合提高自己核心力量的健身方案，从方案中的锻炼目的、锻炼内容、锻炼强度、锻炼时间、锻炼进度、锻炼频率以及锻炼原则，包括准备与放松活动以及注意事项9个方面打分。达成1个内容计1分，合计三道题目的打分项得出总分，举例如下（见表3-5）。命题制定预设标准时尚未获取学生行为表现信息的数据，暂由测评组依据学业质量标准5个等级水平进行拟定。因此，在测评结束后，需要对实际测评数据进行整理与分析，并根据分析结果重新核对评价标准，对核心素养不同维度的5个等级水平进行修订和完善。

表3-5　体能测试A卷的学科核心素养评分

姓名	性别	题目一						题目二		题目三									总分	水平
		动作数量	练习部位	运用器材	练习方法	语言描述	特殊表现	进阶程度	自我评估	锻炼目的	锻炼内容	锻炼强度	锻炼时间	锻炼进度	锻炼频率	锻炼原则	准备与放松活动	注意事项		
A	男	2	2	3	4	0	0	3	1	0	1	1	1	0	1	0	0	0	19	水平四
B	男	1	3	3	3	0	0	3	1	1	1	1	1	0	1	0	0	0	19	水平四
C	男	1	2	2	2	0	0	3	0	0	1	1	1	0	1	0	0	0	14	水平二
D	男	2	4	2	2	0	0	3	1	0	1	1	1	0	1	0	0	0	18	水平三

(一)明确评价等级

教师结合实际测试结果，通过统计学的方法测算出5个水平等级所对应的分值区间。一是检测原有评价标准的水平划分是否准确；二是根据测评的结果对原有评价标准进行校对或修改，以得出一个更为准确的评价标准，便于对每名学生的学科核心素养进行综合性评定（见表3-6）。

表 3-6 体能测试 A 卷的学科核心素养水平等级评价标准

水平等级	运动能力/体能状况
水平一	$X \leqslant 12$
水平二	$12 < X \leqslant 16$
水平三	$16 < X \leqslant 18$
水平四	$18 < X \leqslant 21$
水平五	$X > 21$

注：X 为所测学生的实际分数。

(二)核对各维度水平等级的行为描述

测试现场准备杠铃、杠铃片、哑铃、体操垫、拉力器供学生使用。观察学生能否运用器材进行核心肌群练习，展示并简单阐述所掌握的核心力量的练习方法和练习动作；观察学生进行仰卧起坐进阶练习的动作过程，现场记录不同水平学生的真实行为表现，对学生的学科核心素养水平进行文字描述并给予对应的等级(见表 3-7)。

表 3-7 学生核心力量的水平描述样例

等级	姓名：宋×× 性别：男
水平一	进阶练习水平：轻松完成前三级动作，在做四级动作时较为勉强
水平二	杠铃：没有使用杠铃进行任何练习
水平三	哑铃：没有使用哑铃进行任何练习
水平四	杠铃片：使用杠铃片做出了 1 个上举杠铃片动作
水平五	体操垫：在体操垫上做了 5 个动作，有仰卧抬腿、两头起、仰卧抬腿转体、平板支撑、后踢腿
水平六	拉力器：没有使用拉力器进行任何练习
水平七	对什么是核心力量的回答：能完整回答
水平八	询问为什么不用杠铃和哑铃：回答不知如何使用
水平九	询问为什么不用拉力器：回答不知如何使用
水平十	共做了 6 个动作
水平描述	能展示 6 种或者 6 种以上核心力量的锻炼方法，动作正确；对什么是核心力量的回答完整
评判水平	根据评分标准的特征表述：给该生评判为水平五

基于测试结果，结合预设评分标准，对学生的学科核心素养水平进行重新评价，并根据新的评价水平对学生各维度水平进行描述和汇总(见表 3-8)。以 E 学生为例，题目一涉及 8 个练习方法；题目二能够让学生比较正确地认识自己；题目三包括原因分析、锻炼目的、锻炼内容、锻炼强度、锻炼时间、锻炼进度、锻炼频率以及锻炼原则。因此，E 学生的最终综合得分为 23 分，综合水平等级为水平五。

表 3-8　体能测试 A 卷学生各维度学科核心素养水平描述

学生	题目一	题目二	题目三
A	1. 负重仰卧起坐：在仰卧起坐基础上手举哑铃 2. 仰卧转体：固定上身，双腿 90° 弯曲，缓缓向左右摆动 3. 仰卧抬腿：固定上身，脚尖内压，伸直腿部，靠下腹将下半身抬起	1. 在进行四级动作练习时稍微吃力 2. 对盆骨部位的控制力还不够好	1. 平板支撑，每组 1 分钟，做 3 组 2. 侧面支撑，左右各 30 秒为 1 组，做 3 组 3. 斜面仰卧起坐，1 组 20 个，做 3 组 4. 隔一天进行一次
	综合得分：19；综合水平等级：水平四		
B	1. 仰卧起坐 2. 俯卧撑 3. 平躺直推杠铃 4. 平板支撑 5. 平躺双腿离地一上一下不触地 6. 双手举着哑铃深蹲，双手直平举着下蹲	做完三级动作很吃力，但是感觉可以坚持，四级做不了	1. 每天做 5 组仰卧起坐，一组 20 个，10 秒内完成 2. 每天做 5 组俯卧撑，一组 10 个 3. 慢跑 10 分钟 4. 引体向上 5～20 个
	综合得分：19；综合水平等级：水平四		
C	1. 仰卧起坐，可以锻炼腹部肌肉，增强腰部力量 2. 俯卧撑，可以锻炼胸肌部分力量和背部力量 3. 平躺于地面，下半身向上反复抬起至垂直于地面，可以增强腰部力量 4. 使用弹力器，通过反复拉开拉力器锻炼背部肌肉，增强背部力量	无	1. 利用提高训练等级来达到健身目的 2. 先做一级的仰卧起坐 15 次，再做二级 10 次，三、四级都为 10 次 3. 每天逐级增加强度
	综合得分：14；综合水平等级：水平二		
D	1. 仰卧起坐 2. 双手肘撑地，身体笔直，坚持一会儿 3. 深蹲 4. 双手撑地，交叉步	大概在中等偏上，因为对一至四级测试不觉得难，且都能较轻易完成	1. 每天早上先跑 2 圈 2. 后做 3 组深蹲，每组 10 个，间隔半分钟 3. 每天傍晚重复 4. 回宿舍后做仰卧起坐 3 组，每组 20 个
	综合得分：18；综合水平等级：水平三		

学生	题目一	题目二	题目三
E	1. 收腹跳 2. 举哑铃并蹲下起立 3. 仰卧起坐 4. 俯卧撑 5. 立卧撑 6. 平板支撑 7. 拉杆 8. 长跑	前三种仰卧起坐进阶练习应对较为轻松，对最后一种应对吃力，核心力量水平为中等偏上	腰腹两侧肌肉力量不足，腰腹核心力量可加强 1. 每天早间做 2 组仰卧起坐训练，一组 60 个，限时 1 分 5 秒 2. 每天做一组转体运动，锻炼人鱼肌和腰腹力量 3. 一星期打 3 次篮球和做 2 次拉杆，巩固每周锻炼的核心力量 4. 一星期跑步 1 千米 2 次，增强耐力和意志力
	综合得分：23；综合水平等级：水平五		

(三)提取各维度水平等级的行为表现特征

根据同一水平不同学生的行为表现，提取行为表现特征，整合并归纳所有学生的行为表现特征并修订五个水平评分标准(见表 3-9)。最终通过将测试获取的真实数据与命题预设的评分标准对比，为确定评分标准提供科学的依据。体能测试 A 卷的学科核心素养测试均为男生行为特征提取。

表 3-9　体能测试 A 卷题目一、二、三的行为表现特征提取

水平等级	行为表现	特征提取	修订后的标准
水平一	1. 仰卧起坐，双腿放平，不借助外力；俯卧撑，背负轻物完成一般，仍需锻炼 一级困难，二、三级容易，四级一般 每天做 50 个一级仰卧起坐；一个月后换为二级，以后每月同理 (综合得分：9) 2. 坚持做仰卧起坐、俯卧撑等运动 仰卧起坐：双手抱头，双腿弯曲，由腰、屁股、肩膀发力起坐，用肘关节碰腿；俯卧撑：双手撑地，身体伸直，通过双臂的力量支撑身体，双臂弯曲再伸直重复动作；练习长跑、舞蹈、武术、引体向上、坐位体前屈	动作数量：2 个 练习部位：1 个 运用器材：1 个 练习方法：1 种 语言描述：无 特殊表现：无 进阶程度：四级 自我评估：有 锻炼目的：无 锻炼内容：有 锻炼强度：有 锻炼时间：有 锻炼进度：无	对动作数量、练习部位、运用器材、练习方法、语言描述、特殊表现、进阶程度、自我评估、锻炼目的、锻炼内容、锻炼强度、锻炼时间、锻炼进度、锻炼频率、锻炼原则、准备与放松活动、注意事项的表现进行评价，综合得分小于或等于 12

续表

水平等级	行为表现	特征提取	修订后的标准
	坚持练习舞蹈，提高身体的平衡度；每天练习长跑，仰卧起坐每天 50 个；空闲时间去健身房 （综合得分：10）	锻炼频率：无 锻炼原则：无 准备与放松活动：无 注意事项：无	
水平二	1. 仰卧起坐：仰卧时腿部弯曲，起床时不借助外力，脚跟触地，可以双臂交叉置于胸前，可以双臂伸直与身体呈直线；平板撑：身体与地面呈 40°，可以强化部位负重；举哑铃：根据自身的承受能力选择重量完成第一级 应从基础简单难度开始训练，可先进行简单的仰卧起坐，慢跑以加强自己的体能和体质（综合得分：13） 2. 仰卧起坐、俯卧撑、坐位体前屈、瑜伽、健美操、扎马步、劈叉、打太极 腰部力量较弱，对骨盆的控制力不强，水平偏低 练瑜伽、转呼啦圈、睡前做仰卧起坐（每天坚持）；做健身操，"金鸡独立"每天坚持 10 分钟 （综合得分：14） 3. 仰卧起坐：每天坚持做 50 个仰卧起坐，力求姿势标准，不偷懒；跑步：坚持每天绕操场跑两圈，并逐渐提高速度；打太极：每天打太极有利于活络筋骨，强身健体，锻炼核心力量；健美操：做健美操，增加柔韧度；俯卧撑：每天坚持做 20 个 仰卧起坐进阶测试完成第四级；对脊柱和骨盆的控制力基本合格，核心力量水平基本合格 每天坚持做 50 个仰卧起坐；每天绕操场跑 2 圈 （综合得分：16）	动作数量：3 个 练习部位：2 个 运用器材：2 个 练习方法：1 种 语言描述：有 特殊表现：无 进阶程度：一级 自我评估：无 锻炼目的：无 锻炼内容：有 锻炼强度：无 锻炼时间：无 锻炼进度：有 锻炼频率：无 锻炼原则：有 准备与放松活动：无 注意事项：无	对动作数量、练习部位、运用器材、练习方法、语言描述、特殊表现、进阶程度、自我评估、锻炼目的、锻炼内容、锻炼强度、锻炼时间、锻炼进度、锻炼频率、锻炼原则、准备与放松活动、注意事项的表现进行评价，综合得分大于 12，小于或等于 16

水平等级	行为表现	特征提取	修订后的标准
水平三	1. 仰卧起坐：双手抱头，保持身体稳定，通过起坐锻炼腰部力量，可以适当增加难度，如双手抱臂等；俯卧撑：双手撑地保持身体紧绷、笔直，可以锻炼腰部力量，可以根据身体素质采用单手俯卧撑或双手离地等；举重：双手将杠铃举过头，做蹲起，可以锻炼盆骨、髋关节；练习体操：体操中转体，弹跳动作都需要重心稳定和强大的平衡力，可以锻炼核心肌群；跑步：长跑和短跑都能锻炼身体控制力，增强腰部、盆骨力量；瑜伽：通过形体锻炼增强身体控制力和平衡力；蹲马步：增强对盆骨、腰、髋关节的锻炼 对脊柱和骨盆的控制力较弱；趋于一般 练习三级的俯卧撑，提升对脊柱和骨盆的控制力；多练习瑜伽，保持形体优美；多跑步，多蹲马步；增强腰部力量 （综合得分：17） 2. 仰卧起坐（四种变式训练）：屈膝，双臂置于体侧；双手掌心向下置于大腿面，双腿伸直；双臂交叉置于胸前，双腿伸直；双臂伸直与身体呈直线；双腿伸直、跑步、引体向上、俯卧撑、体操、举重完成第四级 每天慢跑 1 千米，做仰卧起坐 50 个，利用坐位体前屈等提高柔韧度 （综合得分：18）	动作数量：6个 练习部位：3个 运用器材：1个 练习方法：1种 语言描述：有 特殊表现：无 进阶程度：三级 自我评估：有 锻炼目的：有 锻炼内容：有 锻炼强度：无 锻炼时间：无 锻炼进度：无 锻炼频率：无 锻炼原则：无 准备与放松活动：无 注意事项：无	对动作数量、练习部位、运用器材、练习方法、语言描述、特殊表现、进阶程度、自我评估、锻炼目的、锻炼内容、锻炼强度、锻炼时间、锻炼进度、锻炼频率、锻炼原则、准备与放松活动、注意事项的表现进行评价，综合得分大于 16，小于或等于 18
水平四	1. 仰卧起坐、俯卧撑、平躺直推杠铃、平板支撑、平躺双腿离地一上一下不触地、双手举着哑铃深蹲、双手平直举着下蹲完成三级；做完三级动作很吃力，但是感觉可以坚持，四级动作做不了		

续表

水平等级	行为表现	特征提取	修订后的标准
水平四	每天做5组仰卧起坐，一组20个，10秒内完成；每天做5组俯卧撑，一组10个；慢跑10分钟；每天做引体向上5～20个 （综合得分：19） 2. 仰卧起坐，双手肘撑地，身体笔直，坚持一会儿；深蹲、双手撑地，交叉步 大概在中等偏上水平，因为对一至四级测试不觉得难，且能较轻易完成 每天早上先跑2圈；后做3组深蹲，每组10个，间隔半分钟；每天傍晚重复；回宿舍后做仰卧起坐3组，每组20个 （综合得分：19） 3. 仰卧起坐：两脚贴地，用腹部力量让身体与头一起起来；拉拉力器：左右拉拉力器，最好靠着胸部；高抬腿：脚掌放平，来回向上缩，最好顶到底；俯卧撑：两手张开，与肩同宽，双脚并拢，随肘弯曲而向下；俯身爬行：两手与肩同宽，脚伸直，来回跑（脚不可屈）；举杠铃：身体平躺，利用杠铃下贴，上下举动 脊柱和骨盆的控制力还好，但是骨盆似乎有点突出，而且有点痛，无法完全控制好 每天跑步3～5圈，调整一下细胞呼吸作用，增加肺活量；然后进行俯仰撑，扩大到胸和肩，再换高抬腿，可以一边爬山一边抬腿跑；做仰卧起坐，以15个为1组；每一次做完其他运动，都做仰卧起坐2组；以俯身爬行结束，做4组，每组20个；拉拉力器，5个为1组，做3组；举杠铃，5个为1组，做2组；除此之外，杠铃还要每周期加重1次，其他也是每周期加5个，多做1组 （综合得分：19）	动作数量：6个 练习部位：3个 运用器材：3个 练习方法：1种 语言描述：有 特殊表现：无 进阶程度：三级 自我评估：有 锻炼目的：无 锻炼内容：有 锻炼强度：有 锻炼时间：有 锻炼进度：无 锻炼频率：有 锻炼原则：有 准备与放松活动：无 注意事项：无	对动作数量、练习部位、运用器材、练习方法、语言描述、特殊表现、进阶程度、自我评估、锻炼目的、锻炼内容、锻炼强度、锻炼时间、锻炼进度、锻炼频率、锻炼原则、准备与放松活动、注意事项的表现进行评价，综合得分大于18，小于或等于21

水平等级	行为表现	特征提取	修订后的标准
水平五	1. 举杠铃并上下进行深蹲，锻炼腰部以及肩部的力量；把哑铃举在胸前并向两侧扩张，主要练胸部肌肉和手部肌肉；拿圆盘进行旋转，练腰部；练习仰卧起坐，锻炼腰部肌肉 完成四级的仰卧起坐感觉很轻松 练习高强度的仰卧起坐，多加一些动作，要求难度提高；进行肌肉练习；进行更多的跑步训练，扩大肺活量；适当做一些举重训练，可以锻炼腰部以及小腿的力量；练习深蹲加上哑铃前推，更好地锻炼手部肌肉 （综合得分：25） 2. 举哑铃深蹲、高抬腿、仰卧起坐、平板支撑、扎马步、举杠铃、拉臂力器、下腰、伏地起身 从一到三级较轻松，四级有些吃力，动作不是很标准，核心力量水平应该是中等偏上的 平板支撑，5～15分钟，1次1组，做3组；举哑铃深蹲，30次1组，1次3组；高抬腿，1分钟50次，50次1组，做3组；举杠铃，10次1组，做3组；仰卧起坐（进阶训练），100次1组，做3组；扎马步，10分钟；伏地起身，50个1组 （综合得分：22） 3. 收腹跳、举哑铃并蹲下起立、仰卧起坐、俯卧撑、立卧撑、平板支撑、拉杆、长跑 三种仰卧起坐进阶练习应对较为轻松，对最后一种应对吃力，核心力量水平为中等偏上 腰腹两侧肌肉力量不足，腰腹核心力量可加强 每天早间做2组仰卧起坐，一组60个，限时1分5秒；每天做一组转体运动，锻炼人鱼肌和腰腹力量；一星期打3次篮球和做2次拉杆，巩固每周锻炼的核心力量；一星期跑步1千米2次，增强耐力和意志力 （综合得分：23）	动作数量：9个 练习部位：4个 运用器材：4个 练习方法：1种 语言描述：有 特殊表现：无 进阶程度：三级 自我评估：有 锻炼目的：无 锻炼内容：有 锻炼强度：有 锻炼时间：有 锻炼进度：无 锻炼频率：有 锻炼原则：有 准备与放松活动：无 注意事项：无	对动作数量、练习部位、运用器材、练习方法、语言描述、特殊表现、进阶程度、自我评估、锻炼目的、锻炼内容、锻炼强度、锻炼时间、锻炼进度、锻炼频率、锻炼原则、准备与放松活动、注意事项的表现进行评价，综合得分大于21

三、测试结果运用

我们通过测评数据分析构建了运动能力、健康行为与体育品德学科核心素养各水平的具体评价标准和学生样例。每个水平等级对应具体的评价标准（表3-10）。

表 3-10　学科核心素养各水平的评价标准和学生样例

水平等级	评价标准和学生样例
水平一	标准：对动作数量、练习部位、运用器材、练习方法、语言描述、特殊表现、进阶程度、自我评估、锻炼目的、锻炼内容、锻炼强度、锻炼时间、锻炼进度、锻炼频率、锻炼原则、准备与放松活动、注意事项的表现进行评价，综合得分小于或等于12
	样例：1. 仰卧起坐，双腿放平，不借助外力；俯卧撑，背负轻物 2. 完成一般，仍需锻炼；一级困难，二、三级容易，四级一般 3. 每天做50个一级仰卧起坐；一个月后换为二级，以后每月同理 （综合得分：9）
水平二	标准：对动作数量、练习部位、运用器材、练习方法、语言描述、特殊表现、进阶程度、自我评估、锻炼目的、锻炼内容、锻炼强度、锻炼时间、锻炼进度、锻炼频率、锻炼原则、准备与放松活动、注意事项的表现进行评价，综合得分大于12，小于等于16
	样例：1. 仰卧起坐，仰卧时腿部弯曲，起床时不借助外力，脚跟触地，可以双臂交叉置于胸前，可以双臂伸直与身体呈直线；平板撑中，身体与地面呈40°，可以强化部位负重；举哑铃时，根据自身承受能力选择重量 2. 完成一级，应从基础简单难度开始训练，可先进行简单仰卧起坐，慢跑加强自己的体能和体质 （综合得分：13）
水平三	标准：对动作数量、练习部位、运用器材、练习方法、语言描述、特殊表现、进阶程度、自我评估、锻炼目的、锻炼内容、锻炼强度、锻炼时间、锻炼进度、锻炼频率、锻炼原则、准备与放松活动、注意事项的表现进行评价，综合得分大于16，小于或等于18
	样例：1. 仰卧起坐（四种变式训练），包括屈膝，双臂置于体侧；双手掌心向下置于大腿面，双腿伸直；双臂交叉置于胸前，双腿伸直；双臂伸直与身体呈直线 2. 双腿伸直、跑步、引体向上、俯卧撑、体操、举重完成二级 3. 每天慢跑1千米，做仰卧起坐50个，练习坐位体前屈等提高柔韧度 （综合得分：18）

水平等级	评价标准和学生样例
水平四	标准：对动作数量、练习部位、运用器材、练习方法、语言描述、特殊表现、进阶程度、自我评估、锻炼目的、锻炼内容、锻炼强度、锻炼时间、锻炼进度、锻炼频率、锻炼原则、准备与放松活动、注意事项的表现进行评价，综合得分大于18，小于或等于21
	样例：1. 仰卧起坐、俯卧撑、平躺直推杠铃、平板支撑、平躺双腿离地一上一下不触地、双手举着哑铃深蹲、双手平直举着下蹲 2. 完成三级，做完三级动作很吃力，但是感觉可以坚持，四级做不了 3. 每天做 5 组仰卧起坐，一组 20 个，10 秒内完成；每天做 5 组俯卧撑，一组 10 个；慢跑 10 分钟；每天做引体向上 5~20 个 （综合得分：19）
水平五	标准：对动作数量、练习部位、运用器材、练习方法、语言描述、特殊表现、进阶程度、自我评估、锻炼目的、锻炼内容、锻炼强度、锻炼时间、锻炼进度、锻炼频率、锻炼原则、准备与放松活动、注意事项的表现进行评价，综合得分大于21
	样例：1. 收腹跳、举哑铃并蹲下起立、仰卧起坐、俯卧撑、立卧撑、平板支撑、拉杆、长跑 2. 三种仰卧起坐进阶练习应对较为轻松，对最后一种应对吃力，核心力量水平为中等偏上 3. 腰腹两侧肌肉力量不足，腰腹核心力量可加强 每天早间做 2 组仰卧起坐，一组 60 个，限时 1 分 5 秒；每天做 1 组转体运动，锻炼人鱼肌和腰腹力量；一星期打 3 次篮球和做 2 次拉杆，巩固每周锻炼的核心力量；一星期跑步 1 千米 2 次，增强耐力和意志力 （综合得分：23）

注：学生样例为各水平中选择的一名学生的具体行为表现。

第四章　健康教育模块的命题示例与分析

健康教育是通过信息传播和行为干预，帮助个人和群体掌握卫生保健知识，树立健康观念，自愿采纳有利于健康行为和生活方式的教育活动与过程。其目的是消除或减轻影响健康的危险因素，预防疾病，促进健康和提高生活质量。[①] 健康教育是普通高中体育与健康课程必修必学的内容，对于促进学生掌握健康知识与方法、养成良好的体育锻炼意识与习惯、提高增加心理健康的意识和能力、增强社会适应能力具有重要的作用。从以上内容来看，健康教育和高中体育与健康学科核心素养中的健康行为有着密切的关系，其测量也往往与健康行为紧密相关。

健康教育模块试题有 14 道，包括 11 道纸笔测试题、2 道实践测试题、1 道综合测试题。总体来看，健康教育模块的试题质量较好，但个别试题质量得分明显低于其他题目，仍具有一定的提升空间。现以部分试题为例呈现健康教育模块的测评过程与结果运用，以期为指导教学实践提供一定的参考。

第一节　健康教育模块试题设计的示例

基于学科核心素养的试题设计是实现体育与健康学科核心素养测评目标的基本前提。试题质量的高低决定了学科核心素养测评的信度和效度，直接关乎学科核心素养在健康教育模块教学中的培养。我们要依据高中体育与健康课程标准，基于学科核心素养测评框架科学设计试题，从而最大限度地评价学生的学科核心素养。

一、学科核心素养在健康教育模块的具体化

准确理解所需考查学科核心素养的具体内涵是开展健康教育模块测评命题的关键。《普通高中体育与健康课程标准（2017 年版）》明确了体育与健康学科核心素养的内涵界定和主要表现。学业质量标准具体描述了健康教育模块不同水平的表现特征，为确定学科核心素养的具体呈现提供了明确依据。健康教育模块内容的主要表现是健康行为，具体表现形式为体育锻炼意识与习惯、健康知识掌握与运用、情绪调控、环境适应。在具体的学习过程中，学生需要掌握各种健康的基本知识、原理以及方法，养成体育锻炼的意识与习惯；在各种真实情境下，运用所学的健康知识与技能满足实

---

① 王健、马军、王翔：《健康教育学》第 2 版，1～25 页，北京，高等教育出版社，2012。

际的应用需求；理解不良情绪对健康的危害，并能用一定的方法和手段调控不良情绪；学会环境适应的方法与手段，掌握进行自救与避险的基本方法等。因此，在命题时，命题人员需要在此基础上进一步确定哪些内容是体育锻炼意识与习惯，哪些内容是健康知识掌握与运用等。只有对这些问题有清晰的界定和理解，才可能在情境创设、条件界定、问题设置等方面有着清晰的指向。

二、健康教育模块试题的设计思路

本次测评旨在通过学生的具体表现，测量学生在健康行为核心素养各个维度的发展水平。基于学科核心素养在健康教育模块的内涵和表现特征，结合健康教育模块的特点设计命题内容，创设合理的、依托真实情境的具体任务，选择适宜的支撑性材料或内容，进行有效的测评。

(一)命题内容设计

健康教育模块的命题内容设计应依据课程标准的学习内容范围和当前所要考查的学科核心素养来展开。健康教育模块主要是培养健康行为、养成良好的生活方式。首先，命题内容设计应密切围绕学生的健康行为，设置真实的生活应用场景，选择与之相契合的测试内容进行评估。其次，以学生个人课外的健康规划和管理情境，来考查学生的体育锻炼意识与习惯；通过了解常见传染性疾病的传播途径和预防措施的内容设计，考查学生健康知识的掌握与运用；通过考试前出现焦虑情绪的情况，考查学生的情绪调控能力；通过设计个人在生活中遇到溺水突发事件案例，考查学生的环境适应与应急处理的相关知识和能力等，皆在为测评学生的健康行为提供具体命题内容选择。最后，健康教育模块试题必须覆盖健康行为的所有表现维度。

(二)测试情境创设

测试情境创设是引发学生学科核心素养表现的重要前提。健康教育模块主要通过纸笔测试考查学生在实际生活中所学的健康知识与技能的运用，从而反映学生的学科核心素养水平。因此，健康教育模块试题需要结合真实案例设计合理的情境与任务，如艾滋病的防护、火海逃生、运动损伤预防与处理、安全救护溺水者等，来考查学生对于各种健康知识与技能的掌握与运用情况。与此同时，在选择用于评价的真实情境时，不仅要关注当前情境与现实生活中目标情境的相似性或真实程度，还要关注依托该情境而创设的评价任务在引发学生学科核心素养表现上的有效性，能够指向学生在实际案例中所表现出的健康知识、能力和观念的整合或重组，以及探究能力、健康问题解决的能力。

(三)试题类型设置

健康教育模块的试题主要涉及纸笔测试，根据内容辅以少量的实践测试和综合测试。纸笔测试题主要是陈述题(在今后的探索中还可以开发更多的题型)。为了便于收集和揭示学生学科核心素养在问题解决中的表现，本次测评多采用开放性试题，并尽可能采用题组的方式提交，在同一个情境中设置多个问题。这些问题既可测评不同的学科核心素养内容，也可以测评同一学科核心素养的不同水平。每个问题应该具有相对的独立性，既不依赖于其他问题是否作答，也不影响作答其他问题。题目可以单一设问，也可以多重设问，但应避免因设问过多而增加学生的阅读量。可适当命制能覆盖几个素养的综合题目，但要把该题目所指向的每个测试点都解释清楚。实践测试可参考必修选学内容的考试环境设置，所有考试环节设置应力求在真实情境中反映学生的健康行为水平。

第二节　健康教育模块的测评与结果运用

我们根据健康教育模块的试题设计思路命制试卷，测评学生健康行为核心素养的发展水平。我们初步获得了关于学科核心素养测评的突破与收获，如完成了多套健康教育模块试题命制，探索了较为完整的测评过程，了解了学生学科核心素养的整体水平，研制了等级性评分标准。鉴于同一内容测评具有较强的相似性，我们选择以普通高中体育与健康学科的健康教育测试 C 卷"生命在于运动，运动要讲科学"为例，呈现健康教育模块的测评过程。

一、试卷命制

本试题根据健康教育模块科学体育锻炼的相关知识，从科学体育锻炼的原则，运动内容的选择，运动的强度、时间、频率，运动效果的自我评估等方面进行设计，考查学生对适宜运动增进健康的原则与方法以及对健身效果进行健康评估的掌握与运用。

(一)试题呈现

生命在于运动，运动要讲科学

生命离不开运动，运动是生命的守护神。人体只有经常参与有规律的运动，才能保持生命的活力。随着社会发展，人类的生活方式发生剧烈变化。便捷的生活方式使人们的运动量越来越少，运动强度也越来越低，这无法满足身体生长发育以及健康对运动的需求。运动不足及久坐已经成为威胁人类健康的重要危险因素。

运动要讲科学，以满足健康的需要。如果不尊重科学、不因人因地制宜，盲目地进行运动，不但健身效果不佳，达不到预期的效果，而且容易导致伤病。由于性别、年龄、身体条件等的差异，每个人所适宜的运动项目、运动时间、运动强度也有所不同。我们必须学会掌握科学体育锻炼的基本原则、知晓锻炼方法的合理运用、了解科学体育锻炼时间与运动强度等基本知识，除此之外还要掌握锻炼效果的简单评价方法。下面的实例会告诉我们科学锻炼的重要性。

1. 了解科学体育锻炼的知识

(1)增进健康的原则与方法

增进健康的原则与方法包括能够对科学体育锻炼的原则，运动内容的选择，运动的强度、时间、频率，运动效果具有一定认识。

(2)健康评估的方法

健康评估的方法包括能够通过掌握健康知识对自身的健康状况进行评估。

2. 案例呈现

小明从小体质弱，每次学校体质健康测试都很难达标，进入高中以后更是苦恼。为了解决这一问题，他去请教自己的体育老师。体育老师了解他的情况后，便建议他每天至少运动 1 小时。于是，他连续 3 个月每天坚持步行上下学，每天 1 小时。眼看着新一轮的体质健康测试即将来临，想到自己已经坚持锻炼了这么久，小明对此次测试充满了信心。然而，最终的结果不甚理想(见表 4-1)。这使小明陷入了深深的痛苦之中：自己每天锻炼了 1 小时，体质健康测试为什么又不达标呢？

表 4-1　小明的体质健康测试成绩

测试项目	肺活量(毫升)	体前屈(厘米)	50 米(秒)	立定跳远(厘米)	引体向上(个)	1000 米(秒)
测试成绩	2700	2.2	9.6	190	2	275
及格标准	3000	3.2	9.2	205	9	315
得分	50	50	40	30	10	40

请根据上述背景材料回答以下问题。

题目一：请问小明的体质健康测试为什么又不达标呢？

题目二：请为小明设计一个科学锻炼计划。

(二)试题分析

本试题的类型为开放性纸笔测试题，通过案例解析的方式进行测试。由于健康行为的养成是基于健康知识认知的前提实现的，因此学生应当根据健康教育模块学习相关的科学体育锻炼知识，从科学体育锻炼的原则，运动内容的选择，运动的强度、时间、频率，运动效果的自我评估等方面进行分条叙述。

测评内容一：根据材料和所学的健康教育知识，分析小明体质健康测试又不达标的原因。

测评内容二：根据材料和所学的健康教育知识，为小明设计一个科学锻炼计划。

通过测评内容一，教师可以借助学生对体质测试不达标原因的回答，了解学生对健康知识的掌握程度。通过测评内容二，教师可以借助对科学锻炼计划表的规划，了解学生知识运用的程度。

(三)评分维度与预设标准

学生测试过程中的行为表现是确定评分维度内容的重要依据，健康教育模块主要是测评学生的健康行为。本试题通过学生掌握与运用健康知识，对学生的健康行为水平进行评估。具体考查的学科核心素养详见表 4-2。首先，测评专家根据学业质量标准引出当前试题的表现标准，将学业质量标准中的不同水平表述结合当前的任务加以具体化。其次，预设学生对试题任务的各种反馈，归纳不同个体的关键特征和理解方式，制定相应的评分点，将其初步作为当前试题的评分标准(见表 4-3 和表 4-4)。我们针对健康行为维度预设了五级评分标准，以便于进行具体评价操作。

表 4-2　健康教育测试 C 卷题目一和题目二考查的学科核心素养

学科核心素养	维度	具体表现
健康行为	健康知识掌握与运用	通过适宜运动增进健康，会运用多种技能发展身体素质，并能对健身效果进行简单评估

表 4-3　健康教育测试 C 卷题目一的评分标准

学科核心素养	维度	评分点	具体表现	分值	评价
健康行为	健康知识掌握与运用	1. 运动强度不够 步行属于中小强度运动，而心肺功能的提高需要借助中高强度的运动	答对 1~2 个要点，但不进行具体阐述	1	
		2. 锻炼部位不全面 走路主要使下肢得到有效锻炼，但身体的各大肌肉群和上肢都未得到有效锻炼	答对 1~2 个要点，并进行具体阐述	2	
		3. 锻炼形式过于单一 走路属于有氧运动，缺乏抗阻力练习；保持身体的健康既需要健身走、跑步等有氧运动方式，也需要选择力量、柔韧性运动等多种运动方式	答对 3~5 个要点，但不进行具体阐述	3	
		4. 久坐造成的体质下降会抵消锻炼对身体健康的益处 因此，久坐时间尽量不要超过 1 小时	答对 3~5 个要点，并进行具体阐述	4	
		5. 运动要与科学合理的膳食搭配 要想达到良好的锻炼效果，运动的同时一定要注意科学合理的膳食搭配	在答对 4 个要点的基础上，还能结合自身经历和体验进行拓展	5	

表 4-4　健康教育测试 C 卷题目二的评分标准

学科核心素养	维度	评分点	具体表现	分值	评价
健康行为	健康知识掌握与运用	科学体育锻炼的基本原则	1. 自觉性原则：明确健身目的，培养长期健身的兴趣 2. 全面性原则：部位全面（身体上肢、下肢、腰腹，身体左侧、右侧），既要锻炼身体前群肌肉，如腹部、胸部，也要锻炼后群肌肉，如背肌、腰部等；种类全面（有氧运动、抗阻力运动、柔韧性运动、平衡、协调、灵敏、移动速度等）；同时考虑运动和合理膳食，最终满足健康的需要 3. 渐进性原则：学习健身技能和方法时应由易到难、由简到繁；安排运动量时要由小到大；安排运动强度要由弱到强，逐渐增加 4. 经常性原则：运动健身要持续，持之以恒才会有效果 5. 区别对待原则：针对健身人群的年龄、性别、爱好、身体条件、职业特点、锻炼基础等诸方面因素，区别对待，制订运动计划 6. 安全无害原则：是运动健身效果的保证；运动健身前要做好热身，即练前的准备活动，使机体各器官、系统机能进入活动状态，以保证机体运动需要；在运动健身过程中要集中精力，全身心投入，防止运动损伤	12	
		选择合适的体育锻炼内容	1. 有氧运动：改善心血管功能、提高呼吸机能、控制与降低体重、改善血脂、调节血压、改善糖代谢和脂代谢；长跑、有氧操、自行车 2. 无氧运动：增加肌肉体积、提高肌肉力量、促进骨骼发育、预防骨质疏松、提高平衡能力；短跑、举重、拳击 3. 柔韧性运动：维持关节的活动范围，放松肌肉，促进神经和血管的健康；拉伸、瑜伽	6	

学科核心素养	维度	评分点	具体表现	分值	评价
健康行为	健康知识掌握与运用	科学体育锻炼的方法	1. 运动强度的控制 (1)心率控制 一般常用运动中的实际心率数和最大心率百分数控制运动强度 最大心率(次/分)＝220－年龄(岁)，与其对应的百分数如下：110 次/分，50％；120 次/分，60％；140 次/分，70％；160 次/分，80％；180 次/分，90％；60％以下为小强度运动，80％以上为大强度运动 (2)谈话试验 ①小强度运动：在运动中可以顺利、无困难地与同伴维持正常交谈 ②中等强度运动：在运动中微微气喘，但还能勉强与同伴维持正常交谈，可以勉强表述完整的句子 ③大强度运动：讲话时只能间隔讲短句子，不能完整表述长句子 ④最大强度运动：运动中呼吸急促，无法与他人交谈 (3)主观体力感觉控制(RPE) 人体运动过程中的主观体力感觉可分为 6～20 个等级 6 级及以下为正常安静状态下的感觉；小强度运动的主观体力感觉为 10～12 级；中等强度运动为 13～14 级；大强度有氧运动为 15～16 级；剧烈运动为 17～19 级；力竭状态下的主观感觉为 20 级，无法继续坚持运动；RPE 指数乘以 10 接近于当时的心率 2. 运动时间的控制 运动时间一般根据运动强度而定；每次 10 分钟以上都属于有效范围；青少年可采用大强度、短时间的练习；体弱者宜采用小强度、长时间的练习；条件允许的话以 30 分钟至 1 小时为宜 对于经常参加体育锻炼的人，推荐每天有效运动时间为 30～60 分钟；中等强度有氧运动时间应该在 30 分钟以上；大强度运动时间为 15 分钟 3. 运动频度 健康的效果与运动的量呈正相关关系，即运动时间长，获得的健康效果大；建议每天运动，每周至少有 3 次大强度运动；每周进行 3 天或 3 天以上的体育活动，运动健身效果明显；养成运动习惯后，采用同样的运动方式和运动强度，没有明显的疲劳感；为了获得更好的健康效果，应该进一步提高运动强度	11	

学科核心素养	维度	评分点	具体表现	分值	评价
健康行为	健康知识掌握与运用	发展身体素质的常用方法	1. 肌肉素质 (1)上肢肌肉力量 俯卧撑、双杠臂屈伸、单杠引体向上、支撑移行、哑铃练习、仰卧悬垂臂屈伸 (2)腰、腹、背肌力量 仰卧起坐、收腹举腿、后振躯干、左右转体、仰卧两头起 (3)下肢力量 深蹲起，连续跳跃(单脚跳、蛙跳、跳台阶)、纵跳摸高，立定跳远 2. 速度素质 原地快速高抬腿或支撑高抬腿、仰卧两腿快速交替做高抬腿练习、快速小步跑、变速高抬腿跑、踏标记高频快跑、左右腿交叉跳、后蹬跑 3. 耐力素质 重复爬坡跑、连续半蹲跑、连续跑台阶、逆风跑或负重耐力跑、原地间歇高抬腿跑、连续换腿跳平台、长距离多级跳、半蹲连续跳、连续深蹲跳、双摇跳绳 4. 灵敏素质 弓箭步转体、快速折回跑、手触膝、屈体跳、腾空飞脚、交叉步侧跨步、滑步、障碍跑和变换跳转髋、交叉步跑和滑跳、交叉步跑、转身滑步跑、追逐游戏、抢占空位 5. 平衡素质 俯平衡、搬腿平衡、侧平衡、头手倒立、肩肘倒立、闭目原地连续转 5～8 周、绕障碍曲线转体跑；原地跳转 180°、360°、720°，落地站稳 6. 协调素质 双人跳绳、连续前滚翻或后滚翻、侧手翻	13	
		健身运动效果评定的常用指标	1. 体质指数 体质指数＝体重/身高^2；正常体质指数为 20～24 2. 腰围臀围 男性腰臀比应小于 0.9，女性腰臀比应小于 0.85 3. 心率 安静时正常心率为 60～80 次/分；每分钟超过 90 次为心动过速，每分钟低于 60 次为心动过缓 4. 其他指标 肺活量、血压、血糖、血脂、血液一般化验指标	8	

二、测试数据分析

健康教育测试包括题目一、题目二两项内容。测试过程中采用专家评分的方法。专家根据每一名学生在健康教育测试中学科核心素养的具体表现进行判断与评分（见表4-5和表4-6）。由于本次测评在国内是首次测评，在制定预设标准时没有学生行为表现信息进行参考，暂由测评组依据学科核心素养不同维度的五个等级水平进行拟定。因此，在测评结束后，需要对实际测评数据进行整理与分析，并根据分析结果重新修订和完善评价标准、学科核心素养不同维度的五个等级水平。

表 4-5 健康教育测试 C 卷题目一的学科核心素养评分

学生	健康行为
	健康知识掌握与运用
	分析体质不达标的原因（5分）
邱××	3
戴××	2
萧××	3
曹×	2
肖××	3
程×	3
李××	3
黄××	1
李××	2
邓××	2

表 4-6 健康教育测试 C 卷题目二的学科核心素养评分

学生	健康行为				
	健康知识掌握与运用				
	科学体育锻炼的基本原则（12分）	选择合适的体育锻炼内容（6分）	科学体育锻炼的方法（11分）	发展身体素质的常用方法（13分）	健身运动效果评定的常用指标（8分）
邱××	12	5	10	11	7
戴××	10	4	9	10	5
萧××	9	3	7	8	4

学生	健康行为				
	健康知识掌握与运用				
	科学体育锻炼的基本原则（12分）	选择合适的体育锻炼内容（6分）	科学体育锻炼的方法（11分）	发展身体素质的常用方法（13分）	健身运动效果评定的常用指标（8分）
曹×	9	4	9	9	4
肖××	10	5	9	9	5
程×	9	5	9	8	5
李××	12	5	10	11	6
黄××	10	4	6	6	4
李××	9	4	9	9	4
邓××	10	4	9	9	4

（一）明确评价等级

我们根据实际测试结果，运用统计学的方法，根据正态分布结果获取了五个水平等级所对应的分值区间（见表4-7和表4-8）。明确评价等级主要有以下两个目的：一是检验预设评价标准的划分是否准确；二是根据测评的结果对预设评价标准进行校对或修改，以得出更为准确的评价标准，便于对学生的学科核心素养进行综合性评定。例如，学生根据预先制定的评价表，其健康行为状况是水平二。但根据正态理论进行计算调整后，其健康行为状况可能会变为水平三。

表4-7　健康教育测试C卷题目一的学生水平等级

学科核心素养		健康行为
维度		健康知识掌握与运用（分值）
水平等级	水平一	1
	水平二	2
	水平三	3
	水平四	4
	水平五	5

表 4-8   健康教育测试 C 卷题目二的学生水平等级

学科核心素养		健康行为
维度		健康知识掌握与运用
水平等级	水平一	得分＜30
	水平二	30≤得分＜35
	水平三	35≤得分＜40
	水平四	40≤得分＜45
	水平五	45≤得分≤50

(二)核对各维度水平等级的行为描述

我们通过统计学方法确定了评价标准，结合现场测评对学生各维度的行为表现进行水平描述，并对行为表现给予对应的分值和等级。举例如下(见表 4-9 和表 4-10)。

表 4-9   健康教育测试 C 卷题目一的学生各维度水平描述

学科核心素养	健康行为
维度	健康知识掌握与运用
邱××	因为每天步行 1 小时的运动量太少，而且步行无法锻炼爆发力和持久力，所以当进行测试时，无法达标 体质要达标不能只靠步行 1 小时，要有针对性的目标；而且体质标准不合格，要想打高分首先要让自己瘦下来
综合得分	30≤得分＜35
综合水平等级	水平二

表 4-10   健康教育测试 C 卷题目二的学生各维度水平描述

学科核心素养	健康行为
维度	健康知识掌握与运用
邱××	每天坚持跑步 1 小时；每天做体前屈两组，一组 2 分钟；坚持训练短跑，50 米为一组，每天坚持两组；每天坚持立定跳远训练，每天 2 组，一天 5 组；每天坚持做引体向上，每天 5 组，一组 10 个 训练程度与训练量：先绕学校操场跑步，坚持大概 10 分钟；再做引体向上，消耗手部的力量；再拉筋骨，放松腿部和手部；接下来做一组俯卧撑 20 个和仰卧起坐 60 个即可
综合得分	35≤得分＜40
综合水平等级	水平三

（三）提取各维度水平等级的行为表现特征

完成相应的水平调整后，整合分值分布处于同一水平等级的行为表现并提取行为特征，根据特征提取修订评价标准。具体维度、不同等级的行为表现和得分区间情况举例如下（见表 4-11 和表 4-12）。最后，根据测试获取的真实数据修订评分标准，为等级性评分标准的调整与修订提供科学依据。

表 4-11　健康教育测试 C 卷题目一的行为表现特征提取

学科核心素养	维度	水平等级	行为表现	特征提取	修订后的标准
健康行为	健康知识掌握与运用	水平一	小明的锻炼方法不对；结合小明的成绩，可以看出他的耐力已经有了很大的提升，但别的方面仍然十分薄弱	指出其锻炼方法不对	答对（运动强度不够，锻炼部位不全面，锻炼形式过于单一，久坐造成的体质下降会抵消锻炼对身体健康的益处，运动要与科学合理的膳食搭配）1～2 个要点，但不进行具体阐述
			人只有经常参与有规律的运动才能保持生命活力；小明连续 3 个月步行上下学，每天 1 小时；运动要讲究科学，如果盲目进行运动不但健身效果不佳，达不到锻炼效果，而且容易导致受伤	指出其锻炼的盲目性	
		水平二	因为小明每天步行 1 小时的运动量太少，而且步行无法锻炼爆发力和持久力，所以当进行测试时小明无法达标	指出其运动强度不足，锻炼部位不全面	答对（运动强度不够，锻炼部位不全面，锻炼形式过于单一，久坐造成的体质下降会抵消锻炼对身体健康的益处，运动要与科学合理的膳食搭配）1～2 个要点，并进行具体阐述
			体质健康测试要达标不能只靠步行 1 小时，要有针对性的目标；而且小明的体质指数不达标，要想得高分首先要让自己瘦下来	锻炼要有针对性，关键要控制体重	

续表

学科核心素养	维度	水平等级	行为表现	特征提取	修订后的标准
健康行为	健康知识掌握与运用	水平三	运动量小，达不到青少年所需的运动量；久坐易致肥胖，饮食方面不合理	指出运动量小、久坐、饮食不合理	答对(运动强度不够，锻炼部位不全面，锻炼形式过于单一，久坐造成的体质下降会抵消锻炼对身体健康的益处，运动要与科学合理的膳食搭配)3~5个要点，但不进行具体阐述
		水平四	小明的运动强度过低，且运动时间不足；小明的体质不符合标准，没做到科学运动	指出运动强度不足、针对性不强、缺乏科学性	答对(运动强度不够，锻炼部位不全面，锻炼形式过于单一，久坐造成的体质下降会抵消锻炼对身体健康的益处，运动要与科学合理的膳食搭配)3~5个要点，并进行具体阐述
		水平五	1. 小明没有按个人适宜的运动项目进行合理的安排 2. 小明每天坚持锻炼，但只是坚持每天步行上学，没有对其他项目进行训练；体质健康测试成绩是综合的，小明并没有意识到这一点 3. 小明的运动强度不够，每天也只是步行1小时，远远没有跑步运动效果好	指出运动项目安排不合理，锻炼形式过于单一，运动量不足、强度不足，有简单的阐述	在答对(运动强度不够，锻炼部位不全面，锻炼形式过于单一，久坐造成的体质下降会抵消锻炼对身体健康的益处，运动要与科学合理的膳食搭配)4个要点的基础上，还能结合自身经历和体验进行拓展
			小明没有长时间的运动，只是听从体育老师的建议才步行3个月上下学；而且运动强度不大，每次运动时间也不长，无法满足身体生长发育以及健康对运动的需求 小明所认为的"锻炼"对强身健体的效果也不是很明显 除此之外，高中后学习压力越来越大，休息的时间很少，小明的体能可能受此影响 因此，小明要提高锻炼强度，合理安排饮食，调整作息时间，这样体质健康测试才有望达标	指出运动强度不足、时间不足、学习压力大，作息不合理影响体质，并有相对合理的阐述	

表 4-12　健康教育测试 C 卷题目二的行为表现特征提取

学科核心素养	维度	水平等级	行为表现	特征提取	修订后的标准
健康行为	健康知识掌握与运用	水平一	无	无	得分＜30
		水平二	除继续坚持步行上下学外，要坚持每天早上晨练，开始阶段为20 分钟，后面逐渐加量	科学体育锻炼的基本原则（9分） 选择合适的体育锻炼内容（3分） 科学体育锻炼的方法（7分） 发展身体素质的常用方法（8分） 健身运动效果评定的常用指标（4分）	30≤得分＜35
			每天慢跑 1 小时，慢跑结束后做放松运动，按摩小腿的肌肉	科学体育锻炼的基本原则（7分） 选择合适的体育锻炼内容（3分） 科学体育锻炼的方法（8分） 发展身体素质的常用方法（8分） 健身运动效果评定的常用指标（4分）	
		水平三	1. 每天坚持跑步 1 小时 2. 每天做体前屈两组，一组 2 分钟 3. 坚持训练短跑，50 米为一组，每天坚持两组 4. 每天坚持立定跳远训练，每天 2 组，一天 5 组 5. 每天坚持做引体向上，每天 5 组，一组 10 个 6. 训练程度与训练量结合自己亲身经历确定，再制订详细计划	科学体育锻炼的基本原则（9分） 选择合适的体育锻炼内容（4分） 科学体育锻炼的方法（8分） 发展身体素质的常用方法（10分） 健身运动效果评定的常用指标（4分）	35≤得分＜40
			先绕学校操场跑步，坚持大概 10 分钟；再做引体向上，消耗手部的力量；再拉筋骨，放松腿部和手部；接下来做一组俯卧撑 20个和仰卧起坐 60 个即可	科学体育锻炼的基本原则（9分） 选择合适的体育锻炼内容（4分） 科学体育锻炼的方法（9分） 发展身体素质的常用方法（9分） 健身运动效果评定的常用指标（4分）	

续表

学科核心素养	维度	水平等级	行为表现	特征提取	修订后的标准
健康行为	健康知识掌握与运用	水平四	每天坚持运动1小时内容如下：俯卧撑10个以上，可根据情况增加数量；平板支撑1分钟以上，共2组；深蹲40～50个；跳绳1分钟，2～3组；完成以上运动长跑10分钟 注意：运动前要做好热身运动，避免受伤	科学体育锻炼的基本原则（10分） 选择合适的体育锻炼内容（5分） 科学体育锻炼的方法（10分） 发展身体素质的常用方法（11分） 健身运动效果评定的常用指标（4分）	40≤得分＜45
			1. 每天早晨吃早餐前慢跑15～20分钟 2. 体育课上打篮球、打羽毛球等球类项目15～25分钟，运动时间不宜过长 3. 下雨等特殊情况下不能外出活动时，可适当地做肌肉锻炼、举杠铃、做仰卧起坐等 4. 在运动之前必须做好热身运动，以免身体受伤 5. 吃完晚饭后散散步，不能吃完后就坐着或躺着	科学体育锻炼的基本原则（12分） 选择合适的体育锻炼内容（5分） 科学体育锻炼的方法（10分） 发展身体素质的常用方法（11分） 健身运动效果评定的常用指标（6分）	
			1. 每天进行20～30分钟的跑步训练 2. 进行引体向上的练习，并随自身的状况足量增加 3. 50米的短跑冲刺练习；核心力量的锻炼（利用杠铃等） 4. 完成每天的训练与进行拉伸韧带的放松 5. 保持膳食的均衡摄入	科学体育锻炼的基本原则（11分） 选择合适的体育锻炼内容（6分） 科学体育锻炼的方法（10分） 发展身体素质的常用方法（11分） 健身运动效果评定的常用指标（5分）	

学科核心素养	维度	水平等级	行为表现	特征提取	修订后的标准
健康行为	健康知识掌握与运用	水平五	1. 一个星期坚持3～5次2小时以上的有氧运动，可以选择跑步、游泳等 2. 将有氧运动和无氧运动相结合，运动前后还要进行拉伸放松，以防受伤 3. 合理饮食，多吃谷类、鱼肉、含蛋白质的食物，少吃快餐、油脂类食物，晚上不吃夜宵 4. 隔一定时间要测量自己的体重 5. 整个锻炼过程循序渐进，不能操之过急；运动量要慢慢加大，逐渐过渡 6. 养成良好的作息习惯，不熬夜、不通宵上网，早睡早起，多喝水	科学体育锻炼的基本原则（12分） 选择合适的体育锻炼内容（5分） 科学体育锻炼的方法（10分） 发展身体素质的常用方法（11分） 健身运动效果评定的常用指标（7分）	45≤得分≤50

三、测试结果运用

通过测评数据分析，我们最终构建了健康教育测试C卷题目一、题目二两个题目在健康行为方面的各维度评价标准。每个水平等级对应五个水平，各个水平对应具体的评价标准（见表4-13和表4-14）。

表4-13 健康教育测试C卷题目一的各维度评价标准

学科核心素养	维度	水平等级	评价标准
健康行为	健康知识掌握与运用	水平一	标准：答对（运动强度不够，锻炼部位不全面，锻炼形式过于单一，久坐造成的体质下降会抵消锻炼对身体健康的益处，运动要与科学合理的膳食搭配）1～2个要点，但不进行具体阐述

续表

学科核心素养	维度	水平等级	评价标准
健康行为	健康知识掌握与运用	水平二	标准：答对(运动强度不够，锻炼部位不全面，锻炼形式过于单一，久坐造成的体质下降会抵消锻炼对身体健康的益处，运动要与科学合理的膳食搭配)1～2个要点，并进行具体阐述
		水平三	标准：答对(运动强度不够，锻炼部位不全面，锻炼形式过于单一，久坐造成的体质下降会抵消锻炼对身体健康的益处，运动要与科学合理的膳食搭配)3～5个要点，但不进行具体阐述
		水平四	标准：答对(运动强度不够，锻炼部位不全面，锻炼形式过于单一，久坐造成的体质下降会抵消锻炼对身体健康的益处，运动要与科学合理的膳食搭配)3～5个要点，并进行具体阐述
		水平五	标准：在答对(运动强度不够，锻炼部位不全面，锻炼形式过于单一，久坐造成的体质下降会抵消锻炼对身体健康的益处，运动要与科学合理的膳食搭配)4个要点的基础上，还能结合自身经历和体验进行拓展

表 4-14　健康教育测试 C 卷题目二的各维度评价标准

学科核心素养	维度	水平等级	评价标准
健康行为	健康知识掌握与运用	水平一	得分＜30
		水平二	30≤得分＜35
		水平三	35≤得分＜40
		水平四	40≤得分＜45
		水平五	45≤得分≤50

第五章　球类运动的命题示例与分析

　　根据测评方案的命题要求，球类运动项目选择篮球模块作为命题与测评示例。篮球运动是一项同场对抗性的集体运动，能促进速度、力量、耐力等身体素质的全面发展。学生通过对技战术的理解与运用，与队员的协同配合来完成比赛，形成良好的个性和团队精神，表现出较强的对抗性、观赏性以及综合性等特点。[1] 从以上内容的特点来看，篮球作为球类运动中的重要学习内容，对于促进学生运动能力、健康行为以及体育品德三大学科核心素养各个维度的发展具有重要的作用。

　　篮球模块共征集到 7 道纸笔测试题、4 道实践测试题、1 道综合测试题。总体来看，篮球模块的试题质量都较高；个别题目更是获得了专家的高度肯定，经过细节修改和完善可用于测试。因此，我们选择部分试题作为样例，呈现篮球模块的测评过程与结果运用，以期为指导体育教学实践提供启发和思路。

第一节　篮球模块试题设计的示例

　　体育与健康学科核心素养测评旨在通过具体任务或试题上的表现，推断学生学科核心素养在不同维度上的发展水平。要贯彻实施"学、练、赛、评"一体化新样态的体育与健康课程，离不开对学生学科核心素养的精准测评。对于学生而言，精准测评意味着在学习过程中能够及时查漏补缺并激励促进。对教师而言，精准的测评代表着对教学活动的及时反馈与优化调整。篮球是我国"三大球"之一，深受人民群众的喜爱。其独特的健身、教育、娱乐、社交和经济等价值，在学校体育与社会中发挥着积极作用。作为一项具备集体性、对抗性、综合性、时空性、攻守对立统一等特征与规律的运动，对于其试题的命制要精准把握学科核心素养在其中的内涵和表现特征；要基于真实情境，创设能引发体育与健康学科核心素养表现的评价任务，从而最大限度地评价学生的学科核心素养。

一、学科核心素养在篮球模块的具体化

　　深刻理解所需考查的学科核心素养的具体内涵，是开展篮球模块学科核心素养测评试题命制的关键。《普通高中体育与健康课程标准(2017 年版)》明确了体育与健康

---

　　[1]　王家宏：《球类运动——篮球》第三版，15～19 页，北京，高等教育出版社，2015。

学科核心素养的内涵界定和主要表现，具体描述了球类运动项目不同水平的表现特征，为篮球模块学科核心素养的具体呈现提供了明确依据。篮球模块主要包括篮球运动的基本知识与技能、技战术运用、专项体能与一般体能、展示与比赛、规则与裁判方法、观赏与评价等内容。篮球作为一项兼具立德树人的教育功能与能习相随的健身功能的运动，与生活情境相结合，能够在学科核心素养表现上呈现出许多具体的内容。具体包括对篮球运动发展趋势、基本原理以及健康效益的了解；对篮球基本动作技术和组合动作技术的运用、参加篮球的对抗和比赛活动能力；一般体能和篮球专项体能的表现水平；了解并能运用篮球比赛规则，欣赏并评价高水平篮球比赛的能力；利用篮球进行体育锻炼的行为与习惯；预防和处理常见的篮球运动损伤；控制和调整比赛情绪；快速适应各种环境能力；在比赛环境中对队友、对手、裁判和胜负的态度等。上述这些都与体育与健康三大学科核心素养相契合，使学科核心素养的不同维度在篮球模块测评过程中都有具体的行为表现，最终通过篮球模块测评反映学生的学科核心素养发展水平。

二、篮球模块试题的设计思路

篮球模块测评旨在通过学生在篮球模块的具体表现，测量学生在学科核心素养各个维度的发展水平。基于学科核心素养在篮球模块的内涵和表现特征，结合篮球模块的特点与学习内容设计命题，创设合理的、依托真实情境的具体评价任务或情境，选择适宜的方式进行合理、有效的测评。

(一)命题内容设计

命题内容应依据篮球模块学习内容和当前所要考查的学科核心素养来设计。篮球模块主要培养学生通过篮球运动养成体育锻炼的行为与习惯、参与和胜任比赛的能力。因此，应当密切围绕学生的实际比赛设计真实的比赛场景，选择与之相契合的测试内容进行测评。例如，利用完成篮球比赛过程中的心肺耐力、肌肉力量、速度等方面的体能，场上队员角色分配和技战术发挥效果，比赛过程中的表现等内容测评学生的运动能力；利用着装与热身活动、比赛过程的情绪控制力、与队员合作的行为和适应赛场环境等内容测评学生的健康行为；利用篮球比赛礼仪与尊重他人、比赛中的攻防态度与精神风貌以及遵守规则和保护他人等内容评估学生的体育品德。除了健康行为维度下的体育锻炼意识与习惯难以通过一次测试予以测评以外，命题应覆盖其他核心素养的所有表现维度。

(二)测试情境创设

篮球是一项同场对抗性的集体运动，技战术意识是决定比赛水平发挥的重要保障。技战术意识往往只有在真实的比赛情境中才能体现出来。当学生面对篮球比赛攻防战术实战时，进攻和防守技战术运用的能力将直接关系到战术实施的成功率甚至是团队比赛的最终胜利。所以测评需要通过模拟真实情境下的篮球攻防技战术对抗来反映学生的行为表现。例如，半场人盯人防守与进攻半场人盯人、剩余时间的攻防等真实攻防比赛情境能反映学生对篮球模块知识与技能的掌握与运用情况，从而不局限于单个技术的呈现，关注学生在面对复杂比赛任务时的态度、情感、意志力等表现。另外，篮球实战测评时，团队角色分工要明确，不同位置队员的攻防技战术实施一定要有目的性和协同性，表现出较强的团队协作意识。这样才能真实有效地发挥出学生的实战攻防能力，也有利于获得较真实的评价结果。

(三)考试环境设置

篮球模块测评内容涉及在具体情境中考查学生的应对能力。试题对学生严格保密，进入考试环境后学生方可知晓。为了确保对应情境的考试要求，整个考试环境分为待考区、准备区和测试区(见图5-1)，采取单向通道不可逆设计。即学生仅能从待考区进入准备区，再进入测试区，最后结束考试，整个过程中不可逆向行进。未轮到的学生在待考区休息，一旦进入准备区实际上就已进入了测试状态，仅准备区和测试区考查的内容有所不同。准备区安排专门的准备活动时间以供热身活动；在准备区完成准备活动和更换着装后，在测试区完成规定时间的攻防练习和实战比赛。

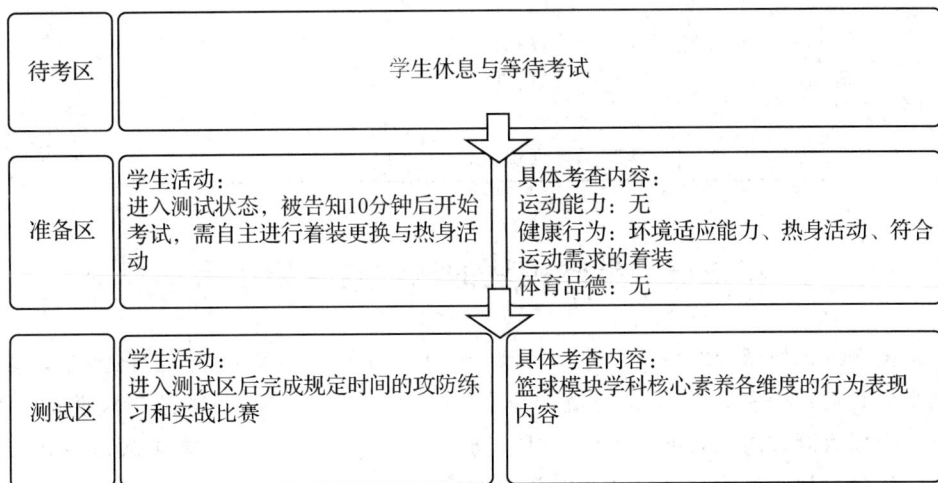

待考区	学生休息与等待考试	
准备区	学生活动： 进入测试状态，被告知10分钟后开始考试，需自主进行着装更换与热身活动	具体考查内容： 运动能力：无 健康行为：环境适应能力、热身活动、符合运动需求的着装 体育品德：无
测试区	学生活动： 进入测试区后完成规定时间的攻防练习和实战比赛	具体考查内容： 篮球模块学科核心素养各维度的行为表现内容

图 5-1　篮球模块测评流程图

(四)评价方式运用

篮球模块测评有隐性考查和显性考查两种方式，如表5-1所示。隐性考查包括考前的准备活动、随身物品的处理及着装的选择。这些属于篮球模块必要的考前准备，也是学生环境适应能力的表现。当测评人员明确告知10分钟后进入测试区开始考试，该信号就是为学生提供了完成准备活动和适应环境的具体操作时间。至于学生要在10分钟内完成准备活动和适应环境，主要取决于学生平时学习过程中养成的良好意识和习惯。当然不排斥会存在个别日常意识、习惯差的聪明学生，他们会根据考试环境揣摩出考题意图并做出迎合之举。这说明此类学生在认知层面知晓准备活动和环境适应的重要性，只是尚未内化成行为习惯。隐性考查还包括在测试过程中学生的情绪控制能力、与队员合作的行为和适应赛场环境等健康行为维度的内容；在测试环节中的篮球比赛礼仪、尊重他人、比赛中的攻防态度与精神风貌以及遵守规则与保护他人等体育品德维度的内容。显性考查集中于学生在测试环节中所展现的具体的体能状况、技战术运用与执行、位置与角色意识等运动能力维度的内容。

表 5-1　篮球模块测评的考查方式

学科核心素养	隐性考查	显性考查
运动能力	项目与比赛理解能力	体能状况 技战术运用与执行 位置与角色意识
健康行为	考前准备活动 符合比赛需求的服装 情绪调控 环境适应能力	无
体育品德	胜负观 比赛礼仪 积极的精神风貌 保护行为 规则意识	无

第二节　篮球模块的测评与结果运用

　　根据篮球模块试题的设计思路，命制篮球模块试题，测评学生的学科核心素养发展水平。我们以普通高中体育与健康学科的篮球测试 A 卷"篮球比赛攻防战术实战——半场人盯人防守与进攻半场人盯人防守"为例，呈现了篮球模块试题命制与解析、学生学科核心素养的测评结果以及评分标准的研制过程。

一、试题命制

　　本试题根据篮球模块基本进攻与防守技战术学习的相关知识与技能，从体能、运动技能、位置分配、战术选择、篮球意识等方面进行设计，考查学生的体能状况、运动认知与技战术运用以及实战能力等表现。

(一)试题呈现

篮球比赛攻防战术实战
—— 半场人盯人防守与进攻半场人盯人防守

篮球是一项同场对抗性的集体运动。在比赛中个人的力量再强，技术水平再高，所起到的作用也是有限的。场上的每个位置都有特定的任务要求，每名篮球队员也有各自的技术特点和适合的位置。各位置上的队员各司其职，组成一个整体，通过配合演化出变化多端的战术体系。只有五个人通力合作，才能形成较强的战斗力，更有机会赢得比赛。

篮球战术是篮球比赛中队员所运用的攻守方法的总称，是队员个人技术的合理运用和队员之间协同配合的组织形式，也是篮球比赛中队员之间协同行动的方法。其目的是更好地发挥本方队员的技术与特长，制约对方，力争掌握比赛的主动权。

半场人盯人防守战术是在篮球比赛中由进攻转入防守时，全队有组织地迅速退回后场，在半场范围内进行盯人防守的一种全队战术，是篮球运动中各种防守战术的基础。半场人盯人防守战术向综合性方向发展，与其他防守战术相互融合。

进攻半场人盯人防守战术是由传切、突分、掩护、策应等基础配合组成的全队战术。进攻半场人盯人防守战术是根据对方防守的区域范围和队员的防守能力，结合本队的实际，扬长避短，而设计的全队进攻战术。在限时进攻期间和特殊情况下(如每节结束前几秒或十几秒的最后一攻、掷界外球固定战术)，进攻半场人盯人防守战术往往有较高的成功率。

现有男子篮球选项班学生30人，通过抽签将学生分成6队，每队5人。6支队伍通过抽签两两对阵，进行篮球小组赛，时间为20分钟。团队中每名学生需要根据下述任务要求，充分展示个人的篮球运动技术、战术和能力，注意团队成员之间的合作，在比赛中发挥自己的最佳水平。

题目一：请各团队成员相互讨论，为本队进行场上位置布阵，根据要求完成场上位置分配表(见表5-2)。

表5-2　场上位置分配表

学号	姓名	场上位置	简述理由

题目二：请根据以下要求参与和完成比赛。

①在比赛中根据题目一完成场上布阵，努力适应自己的场上位置和角色。

②在比赛中注意灵活运用所学的运球后转身、体前变向运球、运球急停跳起投篮等技术。

③在比赛中注意灵活运用传切、突分、掩护和策应等进攻战术基础配合，同时要寻找时机，创造机会。防守时能够灵活运用挤过、穿过、绕过、关门夹击等防守战术基础配合，至少实现一次半场人盯人防守战术配合。

(二)试题分析

本试题属于开放性实践测试题，模拟团队合作的运动竞赛情境进行测试。学生根据所掌握的篮球比赛场上的位置要求，结合本队队员的身心发展特点和运动技能水平，与队员一起完成本队比赛场上的位置分配。在此基础上，要求学生在比赛中注意选取合适的时机，分析对方特点和场上形势，选择有效的比赛策略，开展进攻与防守，展示个人的篮球意识、篮球技战术水平及其应用能力；充分展示所承担位置的技术特点，努力胜任角色，完成比赛任务。本试题主要是针对三大学科核心素养的各个维度进行测评，具体内容详见表 5-3 和表 5-4。

表 5-3　篮球测试 A 卷题目一考查的学科核心素养

学科核心素养	维度	具体表现
运动能力	运动认知与技战术运用	根据篮球运动的战术要领和队员的身心发展特点和篮球运动技能水平，进行比赛布阵
健康行为	环境适应	与队员合作，共同完成本队比赛场上各个位置的分配

表 5-4　篮球测试 A 卷题目二考查的学科核心素养

学科核心素养	维度	具体表现
运动能力	体能状况	具有足够的心肺耐力完成规定时间的篮球比赛 具有在篮球比赛中进行身体对抗、急停、变向过人、紧逼防守、跳跃争抢等所需要的肌肉力量、速度、爆发力、灵敏性、协调性、反应时等方面的体能
	运动认知与技战术运用	根据题目一完成的本队场上布阵，胜任所担任的角色；在篮球比赛中动作技术规范并能够合理有效运用，且攻防落位清晰，战术意识强，比赛视野宽，场上配合意识强，有效执行既定战术
	体育展示与比赛	在比赛中充分展示个人的篮球运动技能和对于篮球运动的深入理解；对队员和对手的特点、裁判员判决的尺度、现场气氛等有整体的把握；在比赛中具有良好的篮球表现意识和能力，并能够享受比赛的过程

学科核心素养	维度	具体表现
健康行为	健康知识掌握与运用	服装和鞋子符合篮球比赛要求；做好赛前准备活动，以保证运动安全以及运动能力的充分发挥
	情绪调控	在赛前和比赛过程中保持精神饱满，斗志高昂；在比赛中遭受不公正待遇或者对手侵犯时，较好地控制不良情绪
	环境适应	与队员相互鼓舞、主动合作，表现出合作行为和公平竞争的意识；在比赛前进行技术准备练习，适应赛场的环境；在比赛中对抗积极且适度，不做危及他人安全的伤害性碰撞，在对手或者队员尝试有一定难度和危险性动作时及时给予保护；与队员和对手共同营造一个竞争激烈但安全的赛场环境
体育品德	体育品格	遵守篮球运动的比赛礼仪，如主动与裁判员握手、双方上场队员握手、击拳致意等，尊重裁判、对手和队员；具有正确的胜负观，不会为了追求篮球比赛胜利而违背体育道德，也不会因为比分落后、比赛失利而采取不正当的竞争行为
	体育精神	在篮球比赛中表现出积极投入的精神风貌，攻防认真，自信果断、勇猛顽强；面对激烈对抗或者紧张的比赛形势不胆怯，奋勇拼搏、不轻言放弃
	体育道德	遵守比赛规则，不做无谓争执，不会出现过激的言辞和行为；冷静地与裁判交流，并且根据裁判的判决尺度理解规则并充分运用，不会故意去做危险性的动作

篮球模块测评内容分布于篮球学习的各个模块，具体内容详见表5-5。在实际操作过程中，建议只对已学过的模块内容进行不同赋权的测评。例如，对学习篮球模块8的学生，其测评内容包括篮球模块6和篮球模块8，但篮球模块8的权重高于篮球模块6。

表 5-5　篮球模块测评的具体内容

模块	具体内容
篮球模块6	提高篮球头上传球、体前变向不换手运球、中远距离投篮、运球急停跳起投篮、行进间抢篮板球等技术动作水平；服装和鞋子符合篮球比赛要求；遵守篮球运动的礼仪
篮球模块8	在比赛情境中不断强化所学的单个技术、组合技术和基础配合的运用能力；能够做好赛前准备，保证运动安全；在篮球比赛中表现出积极投入的精神风貌，攻防认真，自信果断、勇猛顽强
篮球模块9	积极参与全场五对五的教学比赛；学习和运用半场联防和进攻联防战术，进一步提高半场和全场人盯人的进攻和防守战术水平；在赛前和比赛过程中能够保持精神饱满，斗志高昂；面对激烈对抗或者紧张的比赛形势不胆怯，奋勇拼搏、不轻言放弃

续表

模块	具体内容
篮球模块 10	提高全场进攻和防守盯人战术以及进攻联防和联防战术水平；能够与队员相互鼓舞、主动合作，表现出合作行为和公平竞争的意识；遵守比赛规则，不做无谓争执，不会出现过激的言辞和行为

(三)评分维度与预设标准

　　根据本试题的测评内容，测评过程中的行为表现是确定评分维度的重要依据。本试题通过学生篮球模块位置分配、技战术运用以及赛场表现，对学生的学科核心素养进行测评。首先，测评专家根据学业质量标准引出当前试题的表现标准，将学业质量标准中的不同水平表述结合当前的任务加以具体化；其次，预设学生对试题任务的各种反馈，归纳不同个体的关键特征和理解方式，制定相应的评分点，初步作为当前试题的评分标准；最后，结合任务情境的具体表现预设五级评分标准(见表 5-6 和表 5-7)，以便进行具体评价。

表 5-6　篮球测试 A 卷题目一不同位置的个人特点示例

场上位置	不同位置的个人特点
控球后卫	身高 170 厘米、体重 52 千克：身高虽不占优势，但动作敏捷、控球技术好、助攻能力强，经常在篮球比赛中打主力控球后卫
得分后卫	身高 176 厘米、体重 65 千克：爆发力强、弹跳力很好，摸高超过 315 厘米，习惯得分后卫的位置，得分欲望强烈，投篮准确、突破能力强、跑位意识好，经常在篮球比赛中打得分后卫
小前锋	身高 181 厘米、体重 72 千克：全队奔跑速度最快，喜欢持球突破，技术全面、投篮准确
大前锋	身高 186 厘米、体重 93 千克：身高仅次于中锋，但身体强壮、全队力量最强，习惯打大前锋，具有很强的篮板球能力
中锋	身高 193 厘米、体重 89 千克：五人中身高最高，有打中锋的经验，策应能力强、低位得分手段多、篮下防守能力强

表 5-7　篮球测试 A 卷题目二的评分标准

学科核心素养	表现维度	评分点	水平等级	具体表现	分值	评价
运动能力(60 分)	体能状况(15 分)	体能表现(15 分)：主要观察学生在篮球比赛中的动作、表情、呼吸状况等方面的表现	水平一	体能下降明显，跟不上比赛的节奏，出现表情痛苦、呼吸急促、奔跑缓慢乏力等现象，动作僵硬、反应迟钝	0	

学科核心素养	表现维度	评分点	水平等级	具体表现	分值	评价
运动能力（60分）	体能状况（15分）		水平二	体能下降比较明显，有时会跟不上比赛的节奏，灵敏性、反应性、协调性等方面的体能表现一般	4	
			水平三	体能下降不明显，能够基本跟随比赛的节奏，同时灵敏性、反应性、协调性等方面的体能表现良好	9	
			水平四	体能比较充沛，能够应对比赛的跑动和对抗需要；在比赛中表现出较好的爆发力、灵敏性、协调性以及肌肉力量等	12	
			水平五	体能充沛，跑动积极、对抗主动，能够引领全队进行高强度的攻防；通过各种技术动作表现出优秀的爆发力、灵敏性、协调性以及肌肉力量等	15	
	运动认知与技战术运用（40分）	个人技术（15分）：主要观察学生在篮球比赛中能否灵活运用篮球基本技术、运用的时机、技术动作的规范性以及进攻、防守能力；重点观察运球后转身、体前变向运球、运球急停跳起投篮技术动作的运用质量和运用时机	水平一	基本技术掌握水平较低，没有完成规定的技术动作	0	
			水平二	只掌握了几项基本的技术动作，但在比赛中不能灵活运用，做出了规定的一项技术动作，但是选择的时机不合理	3	
			水平三	在比赛中能够运用一定的个人技术和技术动作组合，做出了一到两项规定的技术动作，而且运用时机基本合理	9	

续表

学科核心素养	表现维度	评分点	水平等级	具体表现	分值	评价
运动能力（60分）	运动认知与技战术运用（40分）	1. 运球后转身：手对球的控制、手与脚的协调性、动作的连贯性、转身时重心降低 2. 体前变向运球：变向的突然性、动作连贯性、侧身探肩的速度、蹬跨的力度 3. 运球急停跳起投篮：节奏的变化是否干净利落，急停时机选择是否合适	水平四	掌握多项技术动作和动作组合，并且能够在比赛中灵活运用；能够比较适时自然地做出规定的全部技术动作	12	
			水平五	能够灵活运用各种基本技术和技术组合，具有很强的防守、得分、应变及驾驭比赛的能力；能够出色有效地运用规定的全部技术动作，运用时机合理，动作规范，效果良好	15	
		位置特点（5分）：根据在篮球比赛中对各个位置的要求来评价是否胜任角色 1. 控球后卫：进攻组织者，控制球并且发动全队进攻 2. 得分后卫：得分核心，利用自己的突破能力和投篮能力得分，并且防守对方的得分手 3. 小前锋：负责快速推进，突破分球和外围投射 4. 大前锋：负责内线强攻，为突破球员提供掩护、拼抢篮板球 5. 中锋：负责居中策应，内线进攻和防守，拼抢篮板球	水平一	没有体现出所承担角色的任何技术特点	0	
			水平二	所承担角色的技术展现不突出，几乎体现不出自身的角色价值	1	
			水平三	能够展现所承担角色的技术特点，基本完成所承担角色的任务	3	
			水平四	能够充分展现所承担角色的技术特点，并能够完成所承担角色的任务	4	
			水平五	能够充分理解自身的角色特点，非常充分展现所承担角色的技术特点，并能够出色地完成所承担角色的任务	5	

学科核心素养	表现维度	评分点	水平等级	具体表现	分值	评价
运动能力（60分）	运动认知与技战术运用（40分）	半场人盯人防守战术（10分）： 1. 由攻转守时，迅速退回后场，找到自己的对手，组成集体防守 2. 根据对手、球、球篮的位置，选择有利位置，有球紧，无球松；近球紧，远球松；近篮紧，远篮松；积极移动，控制对手 3. 做到球、人、区兼顾，与同伴协防，防止对方队员突破，破坏对方进攻配合，从而加强防守的集体性	水平一	不能领会所提出的战术任务	0	
			水平二	基本领会所提出的战术任务，但是在比赛中未能完成，出现漏人现象	2	
			水平三	能够领会所提出的战术任务，基本未出现漏人现象，但完成的效果一般	6	
			水平四	领会并且完成所提出的战术任务，未出现漏人现象，通过半场人盯人防守成功	8	
			水平五	充分领会并且出色完成所提出的战术任务，盯人严密，迅速迫使对手出现失误，获得球权，转守为攻	10	
		全场比赛战术（10分）：主要观察在篮球比赛中战术运用的合理性、与队员配合的默契程度和有效性 1. 在人盯人防守中能完成挤过、穿过、绕过、换防、补防、关门、夹击基础配合 2. 在进攻人盯人中，能完成掩护、突分、传切、策应基础配合 3. 在获得后场篮板球后，快速发动快攻的一传、接应、插中、推进、快下 4. 在快攻的结束阶段形成二打一、三打二时，能创造得分的传球	水平一	战术思路不清晰，与队员的有效配合很少	0	
			水平二	有初步的战术思路，能够完成2个防守和进攻战术基础配合；与个别队员形成有效的配合	2	
			水平三	战术思路比较清晰，能够完成4个防守和进攻战术基础配合；与其他队员形成有效的配合	6	
			水平四	能够根据对手的情况，有效做出应对决策，跑位比较合理，攻防有效；能够完成6个防守和进攻战术基础配合	8	
			水平五	熟练运用各种战术配合；能够根据对手的情况确定并且有效实施应对方案，思路清晰，战术简洁，跑位合理；与队员有效沟通和协同，角色清楚、配合默契；能够完成8个以上的防守和进攻战术基础配合	10	

学科核心素养	表现维度	评分点	水平等级	具体表现	分值	评价
运动能力（60分）	体育展示与比赛（5分）	自我表现的能力（5分）：主要观察是否主动积极地参与篮球比赛，是否享受比赛的过程，是否能融入比赛的氛围	水平一	不能主动参与比赛，缩手缩脚，缺乏表现力	0	
			水平二	能够主动参与比赛，篮球运动技战术的表现不够，不能融入比赛的过程	1	
			水平三	能够主动参与比赛，且能正常地发挥个人技战术水平，并能够融入比赛的过程	3	
			水平四	积极主动参与比赛，且享受比赛的过程，具有较强的表现能力	4	
			水平五	能够积极主动参与比赛，充分发挥自己的最佳水平，享受整个比赛的过程和现场氛围	5	
健康行为（20分）	健康知识掌握与运用（8分）	服装、鞋子符合比赛要求的程度（3分）： 1. 篮球运动服装要求灵活、宽松、透气性好，不会给运动造成阻碍 2. 篮球鞋要求摩擦力大，抓地力强，鞋底减震性能好，鞋帮较高，对脚踝的保护性比较好 3. 不佩戴眼镜、首饰等容易引起危险的物品	水平一	穿着普通的运动服装和运动鞋参与比赛，但没有达到篮球比赛的基本要求，佩戴眼镜、首饰等物品参赛	0	
			水平二	穿着普通的运动服装和运动鞋参与比赛，但没有达到篮球比赛的基本要求，没有佩戴眼镜、首饰等物品参赛	1	
			水平三	穿着的运动服装和运动鞋基本达到篮球比赛的要求，且没有佩戴眼镜、首饰等物品参赛	1.5	
			水平四	穿着的运动服装和运动鞋完全符合篮球比赛的要求，且没有佩戴眼镜、首饰等物品参赛	2	
			水平五	穿着专业的运动服装和运动鞋参与比赛，且没有佩戴眼镜、首饰等物品参赛	3	

学科核心素养	表现维度	评分点	水平等级	具体表现	分值	评价
健康行为（20分）	健康知识掌握与运用（8分）	准备活动（5分）：包括常规准备活动和专项准备活动	水平一	在比赛前没有准备活动或者准备活动草率	1	
			水平二	在比赛前能够做有氧运动热身和关节肌肉拉伸等常规准备活动	2	
			水平三	在比赛前准备活动比较合理，除包括有氧运动热身以及关节韧带以及肌肉的拉伸活动外，还能够针对篮球运动的特点做包括肩关节、膝关节、手指关节等关键部位的活动；有传接球、投篮练习等赛前专项准备活动	3	
			水平四	常规准备活动充分、针对性较强，能够有意识地进行运球行进间投篮、各个位置的投篮等赛前专项准备活动，基本能够适应比赛场地	4	
			水平五	常规准备活动充分、针对性强，专项准备活动充分，能够很好地适应比赛场地	5	
	情绪调控（4分）	情绪表现与控制（4分）：主要观察比赛过程中的情绪是否稳定，在对抗激烈的形势下能否保持冷静	水平一	在比赛中情绪不稳定，出现明显的失控情况，如咆哮、愤怒退赛、谩骂与哭泣等	0	
			水平二	在比赛中情绪比较稳定，没有出现明显的情绪失控情况	1	
			水平三	在比赛中情绪比较稳定，精神振奋，表现出良好的斗志	2	
			水平四	在比赛中情绪稳定，在对抗激烈的状态下能够较好地控制情绪，保持冷静，充满激情地比赛	3	
			水平五	在比赛中情绪稳定，在对抗激烈的状态下能够很好地控制情绪，保持冷静，高度专注、积极投入比赛；还会有意识地利用自己外在的情绪表现给对手施加心理压力	4	

学科核心素养	表现维度	评分点	水平等级	具体表现	分值	评价
健康行为（20分）	环境适应（8分）	团结合作（3分）：主要考查合作意识和行为，主要表现为能否主动与队员合作，相互鼓励、不埋怨，主动承担责任，包容并且有意识地去弥补队员的失误	水平一	在比赛中与队员的配合意识不够，缺乏与队员之间的合作	0	
			水平二	在比赛中与队员有一定的配合意识，并能够与队员形成合作	1	
			水平三	在比赛中具有良好的与队员的配合意识，且能够与队员合作完成团队任务	2	
			水平四	在比赛中表现出较好的配合意识和全场视野，能够与队员相互鼓励、不相互埋怨，且能与队员合作，较好地完成团队任务	2.5	
			水平五	在比赛前能够与队员一起研究对手情况，全队团结一致；表现出非常好的配合意识，具备优秀的全场视野和大局观；在出色地完成自己的角色任务的同时，能够主动弥补队员的失误	3	
		公平竞争（5分）：主要观察在比赛中能否注意拼抢、对抗动作的合理性和规范性，尽量减少危险性动作	水平一	在比赛中没有注意拼抢动作的合理性和规范性，会做出很多危险性动作	0	
			水平二	在比赛中能够注意拼抢动作的合理性和规范性，但会无意中做出一些危险性动作	1	
			水平三	在比赛中能够注意拼抢动作的合理性和规范性，且注意避免危险性动作	3	
			水平四	在比赛中对抗拼抢动作比较合理规范，很少出现可能伤及别人的动作；在对手或者队员的动作具有一定难度或者危险性时能够及时做出保护动作	4	
			水平五	在比赛中对抗拼抢动作合理规范，不做任何伤害性的碰撞；在对手或者队员的动作具有一定难度或者危险性的时候能够及时做出保护动作	5	

续表

学科核心素养	表现维度	评分点	水平等级	具体表现	分值	评价
体育品德（20分）	体育品格（6分）	篮球礼仪(3分)： 1. 在比赛开始和结束时，应主动与对手握手致意 2. 在比赛开始前，场上队长应主动与执行裁判握手 3. 比赛结束时，队员应主动上前与裁判握手；双方场上队员相互握手或者击拳致意，并且能够对现场观众表示感谢 4. 执行跳球的队员应主动地站到中圈，其余四名队员及时准确找好自己的位置 5. 在比赛中不随意与场外人员（除教练、队员外）搭话、交谈、争论等	水平一	没有表现出遵守篮球运动基本礼仪的意识，并在比赛中表现出不礼貌的行为	0	
			水平二	在比赛中未能表现出篮球运动的基本礼仪，出现与场外人员搭话等现象，没有出现不礼貌的行为	1	
			水平三	基本了解篮球运动的礼仪，且在比赛中能够遵守篮球运动的基本礼仪	2	
			水平四	熟悉篮球运动的各项礼仪，并在比赛前后以及比赛中都能够出色地表现出篮球比赛礼仪	2.5	
			水平五	熟悉篮球运动的各项礼仪，注重在比赛前后以及比赛中都能够出色地表现出篮球比赛礼仪	3	
		尊重队员和对手(3分)：主要考查对队员和对手的尊重和礼貌程度	水平一	在比赛中态度傲慢强横，有谩骂、吼叫甚至打架斗殴的现象，或者态度冷漠，不愿与队员交流	0	
			水平二	在比赛中对待队员和对手态度一般，与队员的交流比较少	1	
			水平三	在比赛中对待队员和对手态度良好，没有出现不礼貌、不文明的行为	2	
			水平四	在比赛中待人态度较好，当对手或队员出现不礼貌行为时能够包容	2.5	
			水平五	在比赛中待人礼貌热情，并且能够顾全大局，包容队员或者对手的不礼貌行为，通过自己的热情和大度化解冲突	3	

续表

学科核心素养	表现维度	评分点	水平等级	具体表现	分值	评价
体育品德（20分）	体育精神（8分）	自信程度（4分）：主要观察在篮球比赛中的自信程度，具体表现为进攻时是否敢于突破、投篮，防守时的气势表现	水平一	在比赛中毫无自信，怯场心理表现明显	0	
			水平二	在比赛中自信心不足，有一定的怯场心理	2	
			水平三	在比赛中表现出自信，基本不怯场，并能够根据场上形势果断地做出决策	3	
			水平四	在比赛中表现出较强的自信心，能够根据场上形势果断地做出决策	3.5	
			水平五	在比赛中自信心强，能够根据场上形势果断做出决策，具有明显的必胜气势	4	
		拼搏精神（4分）：主要观察在激烈对抗、比分落后等困难面前是否表现出顽强拼搏、不轻言放弃的斗志	水平一	在拼抢对抗中表现出缺乏顽强拼搏的精神，缺乏斗志，比分落后或者对抗激烈时出现退却现象	0	
			水平二	在比赛中表现得不够顽强，但比分落后或者对抗激烈时没有出现退却现象	1	
			水平三	在比赛中比较顽强，具有一定的拼搏精神，比分落后或者对抗激烈时没有出现退却现象	3	
			水平四	在比赛中顽强拼搏，斗志昂扬，对抗激烈时不退却；形势紧张时依然保持积极的拼抢，并且能够和队员彼此鼓励	3.5	
			水平五	顽强拼搏，斗志昂扬，能够有效领导和激励队员，成为全队的精神领袖	4	

学科核心素养	表现维度	评分点	水平等级	具体表现	分值	评价
体育品德（20分）	体育道德（6分）	规则遵守程度（6分）：主要观察在篮球比赛中是否遵守规则，是否尊重并且服从裁判的判决	水平一	在比赛中缺乏规则意识，出现较多犯规现象，对于裁判的判决表现出明显的反感，出现谩骂、不遵守判决等不礼貌行为	0	
			水平二	在比赛中具有一定的规则意识，但依然会出现一些犯规现象，服从裁判的判决	3	
			水平三	在比赛中能够基本遵守规则，服从裁判的判决	4	
			水平四	在比赛中表现出明显的规则意识并遵守规则，服从裁判的判决，不做无谓争执	5	
			水平五	在比赛中具有较强的规则意识，并遵守规则，服从裁判的判决；还能够劝阻队员的抵触行为，遇到不公平的判决会和裁判进行合理沟通	6	

二、测试数据分析

本测评包括题目一、题目二两项内容，采用专家现场实测的方法进行测试。专家依据每名学生在篮球比赛测试过程中，在运动能力、健康行为、体育品德这三大学科核心素养方面的评分维度与预设标准进行判断与评分（见表5-8）。题目一是对运用所学篮球技战术知识和本队队员的个人特点，完成本队位置分配并且填写位置分配表进行评定；题目二是对篮球比赛攻防战术实战情境下每名学生的运动能力、健康行为、体育品德三大学科核心素养的具体行为表现进行评定。

与此同时，我们根据同一水平不同学生的行为表现进行行为特征提取，再对每个学科核心素养不同水平的行为特征进行归纳和概括，最后对学科核心素养的每个水平标准进行调整和完善，核实并修订评价标准。

表 5-8　篮球测试 A 卷的学科核心素养评分

学生	运动能力(60分)						健康行为(20分)						体育品德(20分)				
姓名	体能状况(15分)	运动认知与技战术运用(40分)				体育展示与比赛(5分)	健康知识掌握与运用(8分)		情绪调控(4分)	环境适应(8分)		体育品格(6分)		体育精神(8分)		体育道德(6分)	
	体能表现	个人技术	位置特点	半场人盯人防守战术	全队比赛战术	自我表现的能力	服装、鞋子符合比赛要求的程度	准备活动	情绪表现与控制	团结合作	公平竞争	篮球礼仪	尊重队员和对手	自信程度	拼搏精神	规则遵守程度
董××(男)	12	15	4	8	8	5	3	5	4	3	5	2	2.5	4	4	5
谭××(男)	12	12	4	6	6	2	2	5	4	3	4	2	3	3	3.5	5
刘×(男)	12	9	3	8	6	4	3	5	4	3	4	2	2	3.5	3.5	5
黄××(男)	15	9	3	6	6	5	2	5	4	3	4	2	2.5	3	3	5
邓××(男)	12	12	4	10	6	4	2	5	4	3	4	2	2	4	3.5	5
余×(男)	15	9	3	8	6	4	1.5	5	4	3	4	2.5	2	3.5	3.5	5
黄×(男)	15	12	1	6	6	4	3	5	4	3	4	2	3	3	3	5
罗××(男)	12	12	3	6	8	5	3	5	3	3	3	2	3	3	4	5
郭××(男)	12	9	1	6	10	4	3	5	3	3	3	2	3	3	3	5
叶×(男)	15	9	1	6	8	4	3	3	3	3	4	2	2	3.5	3.5	5

(一)明确评价等级

根据实际测试结果,我们运用统计学的方法,根据正态分布结果获取了篮球测试A卷五个水平等级所对应的分值区间(见表5-9)。主要有以下目的:一是检验预设评价标准的水平划分是否准确;二是根据测评的结果对预设评价标准进行校对或修改,以得出更为准确的评价标准,便于对学生的学科核心素养进行综合性评定。例如,根据预先制定的评价表,学生的体能状况是水平二;但评价标准根据正态理论进行计算调整后,其体能状况水平可能会变为水平三。

表 5-9　篮球测试 A 卷学科核心素养的水平等级评价标准

水平等级	体能状况	运动认知与技战术运用	体育展示与比赛	健康知识掌握与运用	情绪调控	环境适应	体育品格	体育精神	体育道德
水平一	$X \leqslant 8$	$X \leqslant 22$	$X \leqslant 1.5$	$X \leqslant 6$	$X \leqslant 1.5$	$X \leqslant 6$	$X \leqslant 3.5$	$X \leqslant 6$	$X \leqslant 4.5$
水平二	$8 < X \leqslant 11$	$22 < X \leqslant 26$	$1.5 < X \leqslant 3$	$6 < X \leqslant 6.5$	$1.5 < X \leqslant 2.5$	$6 < X \leqslant 6.5$	$3.5 < X \leqslant 4$	$6 < X \leqslant 6.5$	$4.5 < X < 5$
水平三	$11 < X \leqslant 13$	$26 < X \leqslant 29$	$3 < X \leqslant 4$	$6.5 < X \leqslant 7$	$2.5 < X \leqslant 3$	$6.5 < X \leqslant 7$	$4 < X \leqslant 4.5$	$6.5 < X \leqslant 7$	$X = 5$
水平四	$13 < X \leqslant 14$	$29 < X \leqslant 32$	$4 < X < 5$	$7 < X \leqslant 7.5$	$3 < X \leqslant 3.5$	$7 < X \leqslant 7.5$	$4.5 < X \leqslant 5$	$7 < X \leqslant 7.5$	$5 < X \leqslant 5.5$
水平五	$X > 14$	$X > 32$	$X = 5$	$X > 7.5$	$X > 3.5$	$X > 7.5$	$X > 5$	$X > 7.5$	$X > 5.5$

注:X 为所测学生的实际分数。

(二)核对各维度水平等级的行为描述

专家依据现场测评记录和测评视频,对学生在运动能力、健康行为、体育品德三个学科核心素养方面的行为表现进行描述。专家结合预设评分标准,对学生的学科核心素养水平等级进行重新评价,并根据新的评价等级对学生的各维度水平进行描述和汇总。举例如下(见表5-10)。例如,董××的体能状况维度上,描述呈现的是在下半场动作正常表现,防守基本不失位;综合得分为12分,综合水平等级为水平三。

表 5-10　篮球测试 A 卷学科核心素养的各维度水平描述

学生	运动能力(60分)			健康行为(20分)			体育品德(20分)		
姓名	体能状况 (15分)	运动认知与技战术运用 (40分)	体育展示与比赛 (5分)	健康知识掌握与运用 (8分)	情绪调控 (4分)	环境适应 (8分)	体育品格 (6分)	体育精神 (8分)	体育道德 (6分)
董×× (男)	在下半场动作正常表现，防守基本不失位	能够很好地控制球；抢断多	能够积极主动地参与比赛，充分发挥自己的最佳水平，享受整个比赛的过程和现场氛围	服装能够达到正式篮球比赛的基本要求，准备活动充分、科学；完成准备活动时认真、投入	在对抗激烈的状态下能够保持冷静，高度专注、积极投入比赛	通过与队员的关门、夹击等配合，进行进攻性的防守；能够主动安慰或者激励队员；主动积极地承担自己的职责	跳球时，与邻近对方队员有友好的交流，如握手、拍肩等	球出界时，能够积极拼抢，甚至积极倒地拼抢地板球	遵守规则，并能够主动提示队员遵守规则
综合得分	12	35	5	8	4	8	4.5	8	5
水平等级	水平三	水平五	水平五	水平五	水平五	水平五	水平三	水平五	水平三

(三)提取各维度水平等级的行为表现特征

完成相应的水平调整后，整合分值分布处于同一水平等级的行为表现并提取行为表现特征，根据特征提取修订评价标准。不同维度、不同等级的典型行为表现和得分区间情况如下(见表 5-11)。我们通过将测试获取的真实数据与命题预设的评分标准对比，为最终确定评分标准提供科学的依据。参与篮球测试 A 卷的 30 人全部为男生。因此，篮球测试 A 卷均为男生行为特征的提取。

表 5-11　篮球测试 A 卷的学生行为表现特征提取

学科核心素养	维度	水平等级	行为表现	特征提取	修订后的标准
运动能力	体能状况	水平一	1. 体能下降、疲劳现象明显，明显跟不上全队攻防的节奏 2. 反应和移动速度慢，在无球状态下多次被对手轻松摆脱或被对手轻易持球突破	体能：下降明显，跟不上比赛的节奏 动作：僵硬、反应迟钝 效果：很多攻防失误，很难正常表现	体能下降明显，跟不上比赛的节奏；动作僵硬、反应迟钝；造成很多攻防失误，很难正常表现
		水平二	1. 体能下降造成传球、运球、投篮、持球突破等技术动作明显变形 2. 回防速度慢，防守滑步不够迅速，造成多次防守失误	体能：灵敏性、速度、协调性等方面体能下降比较明显 动作：体能下降，基本技术动作出现变形 效果：出现多次防守失误	灵敏性、速度、协调性等方面体能下降比较明显，出现基本技术动作的变形
		水平三	1. 在下半场依然能够基本保持传球、运球、投篮、持球突破等技术动作的正常表现 2. 防守基本不失位	体能：下降不明显，能够基本跟随比赛的节奏 动作：技术能够正常表现 效果：防守基本不失位	体能下降不明显，能够基本跟随比赛的节奏，保证技术方面能够正常表现
		水平四	1. 在比赛中表现出较好的爆发力、灵敏性、协调性以及肌肉力量等 2. 移动时变速、变向、转身快，防守时选位和滑步快 3. 在下半场或者比赛节奏加快时进攻和防守动作无明显的变化	体能：体能比较充沛，能够应对比赛的跑动和对抗需要 动作：移动、选位和滑步快 效果：下半场或者比赛节奏加快时进攻和防守动作无明显的变化	体能比较充沛，能够应对比赛的跑动和对抗需要
		水平五	1. 跑动积极，抢断和篮板球控制能力突出 2. 能够进行攻击性的防守 3. 在比较激烈的对抗和快节奏的攻防转换中依然能够较好地完成动作	体能：体能充沛，跑动积极、对抗主动，能够引领全队进行高强度的攻防 动作：能够进行攻击性防守，获得抢断球、篮板球较多 效果：在比较激烈的对抗和快节奏的攻防转换中依然能够较好地完成动作	体能充沛，跑动积极、对抗主动，能够引领全队进行高强度的攻防；通过各种技术动作表现出优秀的爆发力、速度、协调性以及肌肉力量等

续表

学科核心素养	维度	水平等级	行为表现	特征提取	修订后的标准
运动能力	运动认知与技战术运用	水平一	1. 运球不能快速推进，应对防守时比较慌乱，出现较多的主动失误 2. 没有跑位意识，移动几乎没有目的性 3. 仅仅掌握简单的运球、传球和投篮等单个技术，无法合理衔接 4. 位置意识不清，没有形成落位	技战术：基本技术掌握水平较低，组合能力差 表现：在比赛中无法有目的地运用	基本技术的掌握水平较低，组合能力差，在比赛中无法有目的地运用
		水平二	1. 有一定的控球能力，运球方式单一，变向和变速很少 2. 跑位意识不强，移动的目的性不强 3. 能够偶尔运用一些传球、运球和投篮等的组合技术，但是衔接不够顺畅 4. 能够形成进攻的落位，但是没有体现出所承担角色的职责和技术特点	技战术：只掌握了几项基本的技术动作，并且偶尔能够进行简单的组合 表现：在比赛中不能灵活运用，能够形成进攻的落位，但是没有体现出所承担角色的职责和技术特点	只掌握了几项基本的技术动作，并且偶尔能够进行简单的组合，但在比赛中不能灵活运用
		水平三	1. 能够运用变速、变向和转身等实现对球的控制，弱侧手的运球能力不足 2. 能够将传接球、运球、投篮、持球突破等基本技术组合运用 3. 能够通过人的移动和球的转移，创造出一些进攻机会，防守时选位基本合理 4. 在得分、抢断、助攻、篮板球中的1～2个方面有较好表现	技战术：在比赛中能够运用一定的个人技术和技术动作组合 表现：能够有目的地运用有球和无球技术，对本队比赛有一定贡献	在比赛中能够运用一定的个人技术和技术动作组合，能够有目的地运用有球和无球技术，对本队比赛有一定贡献

学科核心素养	维度	水平等级	行为表现	特征提取	修订后的标准
运动能力	运动认知与技战术运用	水平四	1. 能够根据场上情况完成变速、变向或者运球转身，能够快速推进，能够很好地控制球 2. 通过积极的移动，如急停、溜底线、切入、反跑等寻求进攻机会 3. 传接球、运球、投篮、持球突破等技术衔接比较好，各种运球技术可以有机结合 4. 通过自己的表现，体现出内外线队员的特点和本队的战术意图 5. 在得分、抢断、助攻、篮板球中的2~3个方面有较好表现	技战术：掌握多项技术动作和动作组合，并且能够结合场上情况在比赛中灵活运用，能够表现出自己位置上的一些特点 表现：通过自己的表现，体现出内外线队员的特点和本队的战术意图	掌握多项技术动作和动作组合，并且能够结合场上情况在比赛中灵活运用；能够表现出自己位置上的一些特点，对本队比赛有明显的贡献
		水平五	1. 通过有目的、高质量的运球和传接球，控制本队的进攻节奏，体现进攻意图 2. 将急停、变速跑、变向跑等技术与有球技术相结合，将多种技术有效衔接，将假动作与真动作相结合；在严密的防守下能够运用运球后急停跳投、接球后突破、中锋接球转身投篮等较高难度的组合技术 3. 在得分、抢断、助攻、篮板球中的2~3个方面都有突出表现；在比赛的关键时刻发挥重要作用，对本队比赛有重要贡献 4. 出色完成个人的技战术任务，充分体现出自己的位置（中锋、前锋、后卫）特点，体现本队的打法和特点	技战术：能够灵活运用各种基本技术和技术组合，具有很强的防守、得分、应变及驾驭比赛的能力 表现：能够结合场上情况和位置特点，在本队发挥核心的作用，在比赛的关键时刻发挥重要作用，对本队比赛有重要贡献	能够灵活运用各种基本技术和技术组合，具有很强的防守、得分、应变及驾驭比赛的能力；能够结合场上情况和位置特点，在本队发挥核心的作用

续表

学科核心素养	维度	水平等级	行为表现	特征提取	修订后的标准
运动能力	体育展示与比赛	水平一	对篮球比赛的形式和基本规则认识不足，不能主动参与比赛，缩手缩脚，缺乏表现力	对篮球比赛的形式和基本规则认识不足，不懂如何在比赛中表现	对篮球比赛的形式和基本规则认识不足，不懂如何在比赛中表现
		水平二	能够主动参与比赛，但比赛的经验不足，篮球运动技战术的表现不够，不能融入比赛的过程	因为参加比赛的经验不足，无法在比赛中充分表现	参加比赛的经验不足，无法在比赛中充分表现
		水平三	能够主动参与比赛，且能够正常地发挥个人的技战术水平，并能够融入比赛的过程	能够主动参与比赛，中规中矩地完成比赛	能够主动参与比赛，中规中矩地完成比赛
		水平四	积极主动参与比赛，具有较强的表现能力，且享受整个比赛的过程和现场氛围	能够主动参与比赛，融入比赛的过程，偶尔能够有激动人心的表现	能够主动参与比赛，融入比赛的过程，偶尔能够有激动人心的表现
		水平五	能够积极主动参与比赛，充分发挥自己的最佳水平，展示个人的才能和领导能力	能够积极主动参与比赛，充分发挥自己的最佳水平，带领全队享受整个比赛的过程和现场氛围	能够积极主动参与比赛，充分发挥自己的最佳水平，带领全队享受整个比赛的过程和现场氛围
健康行为	健康知识掌握与运用	水平一	1. 所穿服装明显不适合运动，如穿衬衣、牛仔裤等，佩戴眼镜、首饰等物品参赛 2. 比赛前没有准备活动或者准备活动草率	运动安全：未穿适合运动的服装和鞋参与比赛或佩戴眼镜、首饰等物品参赛 准备活动：比赛前没有准备活动或者准备活动草率	未穿适合运动的服装和鞋参与比赛或佩戴眼镜、首饰等物品参赛；比赛前没有准备活动或者准备活动草率
		水平二	1. 所穿服装能进行运动但不是运动服，没有佩戴眼镜、首饰等物品参赛 2. 比赛前只进行慢跑热身、关节肌肉拉伸等无球的准备活动，或者只进行有球的准备活动	运动安全：所穿运动服装和运动鞋没有达到篮球比赛的基本要求，没有佩戴眼镜、首饰等物品参赛 准备活动：只完成有球或无球的准备活动，活动不充分	所穿运动服装和运动鞋没有达到篮球比赛的基本要求，没有佩戴眼镜、首饰等物品参赛；只完成有球或无球的准备活动，活动不充分

学科核心素养	维度	水平等级	行为表现	特征提取	修订后的标准
健康行为	健康知识掌握与运用	水平三	1. 所穿运动服装和运动鞋达到篮球比赛的基本要求 2. 准备活动包括慢跑热身、关节肌肉拉伸和有球练习等基本环节	运动安全：所穿运动服装和运动鞋基本达到篮球比赛的基本要求 准备活动：准备活动按程序完成，活动比较充分	所穿运动服装和运动鞋达到篮球比赛的基本要求，准备活动按程序完成，活动比较充分
		水平四	1. 所穿运动服装和运动鞋能够达到篮球比赛的要求 2. 比赛前准备活动合理，除包括有氧运动热身、关节韧带以及肌肉的拉伸活动外，还能够针对篮球运动的特点做包括肩关节、膝关节、手指关节等关键部位的活动，能够有意识地进行运球行进间投篮等赛前专项准备活动，基本能够适应比赛场地	运动安全：所穿运动服装和运动鞋完全符合篮球比赛的要求 准备活动：比赛前准备活动合理，除包括有氧运动热身、关节韧带以及肌肉的拉伸活动外，还有结合篮球运动特点的关键关节的拉伸活动	所穿运动服装和运动鞋完全符合篮球比赛的要求；比赛前准备活动合理，除包括有氧运动热身、关节韧带以及肌肉的拉伸活动外，还有结合篮球运动特点的关键关节的拉伸活动
		水平五	1. 所穿服装能够达到正式篮球比赛的基本要求，有传接球投篮练习等赛前专项准备活动 2. 常规准备活动全面、充分、针对性强；专项准备活动充分，能够很好地适应比赛场地；完成准备活动时认真、投入、情绪高涨	运动安全：所穿服装能够达到正式篮球比赛的基本要求 准备活动：准备活动全面、充分、针对性强，对准备活动的重视程度高	所穿服装能够达到正式篮球比赛的基本要求，准备活动全面、充分、针对性强，对准备活动的重视程度高

续表

学科核心素养	维度	水平等级	行为表现	特征提取	修订后的标准
健康行为	情绪调控	水平一	1. 出现明显的情绪失控，如大声指责队员、摔球，或者出现可能被判违体犯规和技术犯规的行为 2. 在全队表现不佳时，出现明显的懈怠情绪，甚至放弃比赛	在比赛中情绪不稳定，出现明显的失控情况，如指责、放弃比赛、有过激行为等	在比赛中情绪不稳定，出现明显的失控情况，如指责、放弃比赛、有过激行为等
		水平二	1. 在比赛中情绪比较稳定，但是对比赛的取胜欲望不强烈 2. 在本队攻防不力、全队需要振奋精神的情况下，表现出激情不足、投入不够	在比赛中情绪比较稳定，但是激情不足、投入不够	在比赛中情绪比较稳定，但是激情不足、投入不够
		水平三	在比赛中情绪稳定，积极投入，但在对抗激烈或者本队攻防不力时，采用盲目的个人单打方式，或者不冷静地防守拼抢	在比赛中情绪比较稳定，精神振奋，表现出良好的斗志；个人在特殊的情景下攻防不够冷静	在比赛中情绪比较稳定，精神振奋，表现出良好的斗志；个人在特殊的情景下攻防不够冷静
		水平四	即使在对抗激烈的状态下也能够较好地控制情绪，保持冷静、高度专注、积极投入比赛，贯彻全队的整体思路和打法	在比赛中情绪稳定，在对抗激烈的状态下能够较好地控制情绪，保持冷静，充满激情地比赛	在比赛中情绪稳定，在对抗激烈的状态下能够较好地控制情绪，保持冷静，充满激情地比赛
		水平五	1. 用自己的冷静、专注和投入果断地完成进攻和防守，对全队的情绪产生积极影响 2. 在关键时刻和激烈对抗过程中能够保持节奏不乱、思路清晰	能够很好地控制情绪，保持冷静，高度专注、积极投入比赛；还会有意识地利用自己外在的情绪表现鼓舞全队	能够很好地控制情绪，保持冷静，高度专注、积极投入比赛；还会有意识地利用自己外在的情绪表现鼓舞全队

学科核心素养	维度	水平等级	行为表现	特征提取	修订后的标准
健康行为	环境适应	水平一	1. 几乎无传球意识，极少传球，缺少与队员的配合 2. 比赛前分配任务时不认真对待，对个人的职责挑三拣四，不主动承担责任 3. 出现失误的时候埋怨指责队员	在比赛中与队员的配合意识不够，缺乏与队员之间的合作	在比赛中与队员的配合意识不够，缺乏与队员之间的合作
		水平二	1. 遇到防守时有传球给队员的意识 2. 在攻防中与队员有言语和表情上的交流 3. 能够根据赛前安排的任务，清楚自己的场上位置和职责	在比赛中与队员有一定的配合意识，但合作的行为和配合不多	在比赛中与队员有一定的配合意识，但合作的行为和配合不多
		水平三	1. 场上努力传给机会更好的队员 2. 暂停以后，能够与队员相互鼓励与交流 3. 能够积极承担自己的职责、服从整队的角色安排 4. 在攻防中与队员有言语和表情上的交流，能够相互提醒进行换防和补防	在比赛中具有较高的与队员的配合意识，且能够与队员合作完成几次团队任务	在比赛中具有较高的与队员的配合意识，且能够与队员合作完成几次团队任务
		水平四	1. 主动通过传球、跑位与掩护和队员形成配合 2. 能够积极与队员进行补防与协防 3. 积极承担自己的职责、服从整队的角色安排	在比赛中表现出较好的配合意识和全场视野，能够与队员相互鼓励、不相互埋怨；且能够与队员合作，较好地完成团队任务	在比赛中表现出较好的配合意识和全场视野，能够与队员相互鼓励、不相互埋怨；且能够与队员合作，较好地完成团队任务

学科核心素养	维度	水平等级	行为表现	特征提取	修订后的标准
健康行为	环境适应	水平五	1. 与队员积极合作，传球与移动有机结合 2. 通过与队员的关门、夹击等配合，进行进攻性的防守 3. 上场前能够与队员聚在一起相互鼓励，在队员出现失误的时候能够主动安慰或者激励队员 4. 主动积极地承担自己的职责、服从整队的角色安排；在比赛前能够与队员一起研究对手情况，全队团结一致	表现出非常好的配合意识，具备优秀的全场视野和大局观；在出色地完成自己的角色任务的同时，能够主动弥补队员的失误	表现出非常好的配合意识，具备优秀的全场视野和大局观；在出色地完成自己的角色任务的同时，能够主动弥补队员的失误
体育品德	体育品格	水平一	1. 态度傲慢、强横或者出现技术犯规的行为；赛后未主动归还衣服 2. 对于对手较为激烈的对抗和动作，有报复性的动作；态度冷漠，不愿与队员交流	没有表现出遵守篮球运动基本礼仪的意识，并在比赛中态度冷漠或表现出不礼貌的行为	没有表现出遵守篮球运动基本礼仪的意识，并在比赛中态度冷漠或表现出不礼貌的行为
		水平二	1. 场上无意说出脏话，或出现可能被裁判警告的行为 2. 赛后能够归还衣服，但不够积极，或者摆放不够整齐 3. 对于对手较为激烈的对抗和动作，出现较明显的情绪不满和不当的语言	能够遵守篮球运动的基本礼仪，偶尔出现言语上的不当现象；在比赛中对待队员和对手的态度一般，与队员的交流比较少	能够遵守篮球运动的基本礼仪，偶尔出现言语上的不当现象；在比赛中对待队员和对手的态度一般，与队员的交流比较少

续表

学科核心素养	维度	水平等级	行为表现	特征提取	修订后的标准
体育品德	体育品格	水平三	1. 跳球时与邻近对方队员有友好的交流，如握手、拍肩等 2. 赛后主动归还衣服并且整理整齐 3. 当裁判吹罚犯规后，能够主动举手示意 4. 对于对手较为激烈的对抗和动作，能够比较平静地面对 5. 队员倒地以后，能够主动上前搀扶并且表示关心	基本了解篮球运动的礼仪，且在比赛中能够遵守篮球运动的基本礼仪；在比赛中对待队员和对手的态度良好，没有出现不礼貌、不文明的行为	基本了解篮球运动的礼仪，且在比赛中能够遵守篮球运动的基本礼仪；在比赛中对待队员和对手的态度良好，没有出现不礼貌、不文明的行为
		水平四	1. 赛前或赛后能够与对方队员和裁判握手致意 2. 赛后主动归还衣服并且整理整齐 3. 进攻不畅时能够与队员相互激励 4. 当由于自己的犯规或者对抗动作导致对方摔倒时，能够主动搀扶 5. 当场上出现冲突的迹象时，能够主动与队员或者对手交流 6. 当队员有良好的表现时，能够通过语言和动作表示鼓励	熟悉篮球运动的各项礼仪，并在比赛前后以及比赛中都能够出色地表现出各种篮球比赛礼仪；在比赛中待人态度较好，当对手或队员出现不礼貌行为时能够包容	熟悉篮球运动的各项礼仪，并在比赛前后以及比赛中都能够出色地表现出各种篮球比赛礼仪；在比赛中待人态度较好，当对手或队员出现不礼貌行为时能够包容
		水平五	1. 赛前主动与裁判握手 2. 比赛后能够主动向裁判表示感谢，与对手致意 3. 当处于不利形势或者出现明显失误的时候，能够主动承担责任（如用语言或者肢体语言表示负责） 4. 当由于自己的犯规或者对抗动作导致对方摔倒时，能够主动搀扶并且表示歉意	熟悉篮球运动的各项礼仪，注重比赛前后以及比赛中都能够出色地表现出各种篮球比赛礼仪；在比赛中待人礼貌热情，并且能够顾全大局，包容队员或者对手的不礼貌行为，通过自己的热情和大度化解冲突	熟悉篮球运动的各项礼仪，注重在比赛前后以及比赛中都能够出色地表现出各种篮球比赛礼仪；在比赛中待人礼貌热情，并且能够顾全大局，包容队员或者对手的不礼貌行为，通过自己的热情和大度化解冲突

续表

学科核心素养	维度	水平等级	行为表现	特征提取	修订后的标准
体育品德	体育精神	水平一	1. 比赛毫无自信心，怯场心理表现明显，出现低级失误 2. 在拼抢对抗中表现出缺乏顽强拼搏的精神，缺乏斗志，比分落后或者对抗激烈时出现退却现象	在比赛中毫无自信心，怯场心理表现明显；缺乏斗志，比分落后或者对抗激烈时出现退却现象	在比赛中毫无自信心，怯场心理表现明显；缺乏斗志，比分落后或者对抗激烈时出现退却现象
		水平二	1. 当出现明显的空当或者一对一且位置占优势时，不敢积极进攻而失去进攻时机 2. 在比赛中不愿意积极拼抢	在比赛中自信心不足，有一定的怯场心理；在比赛中表现得不够顽强，但比分落后或者对抗激烈时没有出现退却现象	在比赛中自信心不足，有一定的怯场心理；在比赛中表现得不够顽强，但比分落后或者对抗激烈时没有出现退却现象
		水平三	1. 当出现明显的投篮机会时，敢于出手；对手快攻时能够积极回追防守 2. 当比分落后或者对抗激烈时没有出现退却现象，仍然通过积极滑步、移动进行防守 3. 能够拼抢前场篮板球	在比赛中表现出自信，基本不怯场，并能够根据场上形势果断地做出决策；在比赛中比较顽强，具有一定的拼搏精神，比分落后或者对抗激烈时没有出现退却现象	在比赛中表现出自信，基本不怯场，并能够根据场上形势果断地做出决策；在比赛中比较顽强，具有一定的拼搏精神，比分落后或者对抗激烈时没有出现退却现象
		水平四	1. 当投篮不中以后，能够积极调整状态，依然敢于出手；当对手的能力明显强于自己的时候，敢于防守；当出现明显的一对一机会时敢于进攻 2. 防守失位时能够积极补防或者回位；球出界时能够积极救球 3. 通过积极跑动与选位寻找抢断机会，能够努力通过卡位、变向跑拼抢前场篮板球	在比赛中表现出较强的自信心，能够根据场上形势果断地做出决策；在比赛中对抗激烈时不退却，形势紧张时依然保持积极的拼抢状态，并且能够和队员彼此鼓励	在比赛中表现出较强的自信心，能够根据场上形势果断地做出决策；在比赛中对抗激烈时不退却，形势紧张时依然保持积极的拼抢状态，并且能够和队员彼此鼓励

学科核心素养	维度	水平等级	行为表现	特征提取	修订后的标准
	体育精神	水平五	1. 关键阶段和决胜时刻敢于承担责任，果断持球进攻；能够主动去防守对方的进攻核心队员 2. 球出界时能够积极拼抢，甚至积极倒地拼抢地板球 3. 能够积极拼抢前场篮板球，并且有强烈的补篮意识	在比赛中自信心强，能够根据场上形势果断做出决策，具有明显的必胜气势；顽强拼搏，斗志昂扬，能够有效领导和激励队员，成为全队的精神领袖	在比赛中自信心强，能够根据场上形势果断做出决策，具有明显的必胜气势；顽强拼搏，斗志昂扬，能够有效领导和激励队员，成为全队的精神领袖
体育品德		水平一	出现非常明显的违反体育道德的犯规或者技术犯规行为	在比赛中缺乏规则意识，出现违反体育道德和不礼貌的行为	在比赛中缺乏规则意识，出现违反体育道德和不礼貌的行为
		水平二	1. 出现一些被裁判警告、提醒的违反体育道德的犯规或者技术犯规行为 2. 对裁判的判决出现明显的抵触情绪	在比赛中具有一定的规则意识，但对裁判的判决有抵触情绪	在比赛中具有一定的规则意识，但对裁判的判决有抵触情绪
	体育道德	水平三	1. 出现一些侵人犯规行为，但属于"对球不对人" 2. 出现多次违规行为	在比赛中能够基本遵守规则，服从裁判的判决；犯规无对人的倾向	在比赛中表现出明显的规则意识并遵守规则，服从裁判的判决
		水平四	较少出现无谓的犯规行为，在比赛中的违规情况较少	在比赛中表现出明显的规则意识并遵守规则，服从裁判的判决	在比赛中表现出明显的规则意识并遵守规则，服从裁判的判决
		水平五	1. 遵守规则，并能够主动提示队员遵守规则 2. 遇到可能出现冲突的情况时能够主动化解	在比赛中具有较强的规则意识，并能遵守规则，服从裁判的判决；还能够劝阻队员的抵触行为，遇到不公平的判决会和裁判进行合理沟通	在比赛中具有较强的规则意识，并能遵守规则，服从裁判的判决；还能够劝阻队员的抵触行为，遇到不公平的判决会和裁判进行合理沟通

三、测试结果运用

我们通过测评数据分析，构建了篮球测试 A 卷学科核心素养各维度的评价标准。每个水平等级对应的评价标准和学生样例如下（见表 5-12）。

表 5-12 篮球测试 A 卷学科核心素养各维度的评价标准和学生样例

学科核心素养	维度	水平等级	评价标准和学生样例	备注
运动能力	体能状况	水平一	标准：体能下降明显，跟不上比赛的节奏；动作僵硬、反应迟钝；造成很多攻防失误，很难正常表现	
			样例：体能下降、疲劳现象明显，明显跟不上全队攻防的节奏；反应和移动速度慢，在无球状态下多次被对手轻松摆脱或被对手轻易持球突破	
		水平二	标准：灵敏性、速度、协调性等方面体能下降比较明显，出现基本技术动作的变形	
			样例：体能下降造成传球、运球、投篮、持球突破等技术动作明显变形；回防速度慢，防守滑步不够迅速，造成多次防守失误	
		水平三	标准：体能下降不明显，能够基本跟随比赛的节奏，保证技术方面能够正常表现	
			样例：在下半场依然能够基本保持传球、运球、投篮、持球突破等技术动作的正常表现；防守基本不失位	
		水平四	标准：体能比较充沛，能够应对比赛的跑动和对抗需要	
			样例：在比赛中表现出较好的爆发力、灵敏性、协调性以及肌肉力量等；移动时变速、变向、转身快，防守时选位和滑步快；在下半场或者比赛节奏加快时进攻和防守动作无明显的变化	
		水平五	标准：体能充沛，跑动积极、对抗主动，能够引领全队进行高强度的攻防；通过各种技术动作表现出优秀的爆发力、速度、协调性以及肌肉力量等	
			样例：跑动积极，抢断和篮板球控制能力突出；能够进行攻击性的防守；在比较激烈的对抗和快节奏的攻防转换中依然能够较好地完成动作	

学科核心素养	维度	水平等级	评价标准和学生样例	备注
运动能力	运动认知与技战术运用	水平一	标准：基本技术的掌握水平较低，组合能力差，在比赛中无法有目的地运用	
			样例：运球不能快速推进，应对防守时比较慌乱，出现较多的主动失误；没有跑位意识，移动几乎没有目的性；仅仅掌握简单的运球、传球和投篮等单个技术，无法合理衔接；位置意识不清，没有形成落位	
		水平二	标准：只掌握了几项基本的技术动作，并且偶尔能够进行简单的组合，但在比赛中不能灵活运用	
			样例：有一定的控球能力，运球方式单一，变向、变速很少；跑位意识不强，移动的目的性不强；能够偶尔运用一些传接球、运球和投篮等的组合技术，但是衔接不够顺畅；能够形成进攻的落位，但是没有体现出所承担角色的职责和技术特点	
		水平三	标准：在比赛中能够运用一定的个人技术和技术动作组合，能够有目的地运用有球和无球技术，对本队比赛有一定贡献	
			样例：能够运用变速、变向和转身等实现对球的控制，弱侧手的运球能力不足；能够将传接球、运球、投篮、持球突破等基本技术组合运用；能够通过人的移动和球的转移，创造出一些进攻机会，防守时选位基本合理；在得分、抢断、助攻、篮板球中的1～2个方面有较好表现	
		水平四	标准：掌握多项技术动作和动作组合，并且能够结合场上情况在比赛中灵活运用；能够表现出自己位置上的一些特点，对本队比赛有明显的贡献	
			样例：能够根据场上情况完成变速、变向或者运球转身，能够快速推进，能够很好地控制球；通过积极的移动，如急停、溜底线、切入、反跑等寻求进攻机会；传接球、运球、投篮、持球突破等技术衔接比较好，各种运球技术可以有机结合；通过自己的表现，体现出内外线球员的特点和本队的战术意图；在得分、抢断、助攻、篮板球中的2～3个方面有较好表现	

续表

学科核心素养	维度	水平等级	评价标准和学生样例	备注
运动能力	运动认知与技战术运用	水平五	标准：能够灵活运用各种基本技术和技术组合，具有很强的防守、得分、应变及驾驭比赛的能力；能够结合场上情况和位置特点，在本队发挥核心作用	
			样例：通过有目的、高质量的运球和传接球，控制本队的进攻节奏，体现进攻意图；将急停、变速跑、变向跑等技术与有球技术相结合，将多种技术有效衔接，将假动作与真动作相结合；在严密的防守下能够完成运球后急停跳投、接球后突破、中锋接球转身投篮等较高难度的组合技术；在得分、抢断、助攻、篮板球中的2～3个方面都有突出表现，在比赛的关键时刻发挥重要作用，对本队比赛有重要贡献；出色完成个人的技战术任务，充分体现出自己的位置（中锋、前锋、后卫）特点，体现本队的打法和特点	
	体育展示与比赛	水平一	标准：对篮球比赛的形式和基本规则认识不足，不懂如何在比赛中表现	
			样例：对篮球比赛的形式和基本规则认识不足，不能主动参与比赛，缩手缩脚，缺乏表现力	
		水平二	标准：参加比赛的经验不足，无法在比赛中充分表现	
			样例：能够主动参与比赛，但比赛的经验不足，篮球运动技战术的表现不够，不能融入比赛的过程	
		水平三	标准：能够主动参与比赛，中规中矩地完成比赛	
			样例：能够主动参与比赛，且能够正常地发挥个人的技战术水平，并能够融入比赛的过程	
		水平四	标准：能够主动参与比赛，融入比赛的过程，偶尔能够有激动人心的表现	
			样例：积极主动参与比赛，具有较强的表现能力，且享受整个比赛的过程和现场氛围	
		水平五	标准：能够积极主动参与比赛，充分发挥自己的最佳水平，带领全队享受整个比赛的过程和现场氛围	
			样例：能够积极主动参与比赛，充分发挥自己的最佳水平，展示个人的才能和领导能力	

学科核心素养	维度	水平等级	评价标准和学生样例	备注
健康行为	健康知识掌握与运用	水平一	标准：未穿适合运动的服装和鞋参与比赛或佩戴眼镜、首饰等物品参赛；比赛前没有准备活动或者准备活动草率	
			样例：所穿服装明显不适合运动，如穿衬衣、牛仔裤等，佩戴眼镜、首饰等物品参赛；比赛前没有准备活动或者准备活动草率	
		水平二	标准：所穿运动服装和运动鞋没有达到篮球比赛的基本要求，没有佩戴眼镜、首饰等物品参赛；只完成有球或无球的准备活动，活动不充分	
			样例：所穿服装能进行运动但不是运动服，没有佩戴眼镜、首饰等物品参赛；比赛前只进行慢跑热身、关节肌肉拉伸等无球的准备活动，或者只进行有球的准备活动	
		水平三	标准：所穿运动服装和运动鞋达到篮球比赛的基本要求，准备活动按程序完成，活动比较充分	
			样例：所穿运动服装和运动鞋达到篮球比赛的基本要求；准备活动包括慢跑热身、关节肌肉拉伸和有球练习等基本环节	
		水平四	标准：所穿运动服装和运动鞋完全符合篮球比赛的要求；比赛前准备活动合理，除包括有氧运动热身、关节韧带以及肌肉的拉伸活动外，还有结合篮球运动特点的关键关节的拉伸活动	
			样例：所穿运动服装和运动鞋能够达到篮球比赛的要求；比赛前准备活动合理，除包括有氧运动热身、关节韧带以及肌肉的拉伸活动外，还能够针对篮球运动的特点做包括肩关节、膝关节、手指关节等关键部位的活动；能够有意识地进行运球行进间投篮等赛前专项准备活动，基本能够适应比赛场地	
		水平五	标准：所穿服装能够达到正式篮球比赛的基本要求，准备活动全面、充分、针对性强，对准备活动的重视程度高	
			样例：所穿服装能够达到正式篮球比赛的基本要求，有传接球投篮练习等赛前专项准备活动；常规准备活动全面、充分、针对性强，专项准备活动充分，能够很好地适应比赛场地；完成准备活动时认真、投入、情绪高涨	

续表

学科核心素养	维度	水平等级	评价标准和学生样例	备注
健康行为	情绪调控	水平一	标准：在比赛中情绪不稳定，出现明显的失控情况，如指责、放弃比赛、有过激行为等	
			样例：出现明显的情绪失控情况，如大声指责队员、摔球，或者出现可能被判违体犯规和技术犯规的行为；在全队表现不佳时，出现明显的懈怠情绪，甚至放弃比赛	
		水平二	标准：在比赛中情绪比较稳定，但是激情不足、投入不够	
			样例：在比赛中情绪比较稳定，但是对比赛的取胜欲望不强烈；在本队攻防不力、全队需要振奋精神的情况下，表现出激情不足、投入不够	
		水平三	标准：在比赛中情绪比较稳定，精神振奋，表现出良好的斗志；个人在特殊的情景下攻防不够冷静	
			样例：在比赛中情绪稳定，积极投入，但在对抗激烈或者本队攻防不力时，采用盲目的个人单打方式，或者不冷静地防守拼抢	
		水平四	标准：在比赛中情绪稳定，在对抗激烈的状态下能够较好地控制情绪，保持冷静，充满激情地比赛	
			样例：即使在对抗激烈的状态下也能够较好地控制情绪，保持冷静，高度专注、积极投入比赛，贯彻全队的整体思路和打法	
		水平五	标准：能够很好地控制情绪，保持冷静，高度专注、积极投入比赛；还会有意识地利用自己外在的情绪表现鼓舞全队	
			样例：用自己的冷静、专注和投入果断地完成进攻和防守，对全队的情绪产生积极影响；在关键时刻和激烈的对抗中能够保持节奏不乱、思路清晰	
	环境适应	水平一	标准：在比赛中与队员的配合意识不够，缺乏与队员之间的合作	
			样例：几乎无传球意识，极少传球，缺少与队员的配合；比赛前分配任务时不认真对待，对个人的职责挑三拣四，不主动承担责任；出现失误的时候埋怨指责队员	

学科核心素养	维度	水平等级	评价标准和学生样例	备注
健康行为	环境适应	水平二	标准：在比赛中与队员有一定的配合意识，但合作的行为和配合不多	
			样例：遇到防守时有传球给队员的意识；在攻防中与队员有言语和表情上的交流；能够根据赛前安排的任务，清楚自己的场上位置和职责	
		水平三	标准：在比赛中具有较高的与队员的配合意识，且能够与队员合作完成几次团队任务	
			样例：场上努力传给机会更好的队员；暂停以后，能够与队员相互鼓励与交流；能够积极承担自己的职责、服从整队的角色安排；在攻防中与队员有言语和表情上的交流，能够相互提醒进行换防和补防	
		水平四	标准：在比赛中表现出较好的配合意识和全场视野，能够与队员相互鼓励、不相互埋怨，且能够与队员合作，较好地完成团队任务	
			样例：主动通过传球、跑位与掩护和队员形成配合；能够积极与队员进行补防与协防；积极承担自己的职责、服从整队的角色安排	
		水平五	标准：表现出非常好的配合意识，具备优秀的全场视野和大局观；在出色地完成自己的角色任务的同时，能够主动弥补队员的失误	
			样例：与队员积极合作，传球与移动有机结合；通过与队员的关门、夹击等配合，进行进攻性的防守；上场前能够与队员聚在一起相互鼓励，在队员出现失误的时候能够主动安慰或者激励队员；主动积极地承担自己的职责、服从整队的角色安排	
体育品德	体育品格	水平一	标准：没有表现出遵守篮球运动基本礼仪的意识，并在比赛中态度冷漠或表现出不礼貌的行为	
			样例：态度傲慢、强横或者出现技术犯规的行为；赛后未主动归还衣服；对于对手较为激烈的对抗和动作，有报复性的动作	
		水平二	标准：能够遵守篮球运动的基本礼仪，偶尔出现言语上的不当现象；在比赛中对待队员和对手的态度一般，与队员的交流比较少	
			样例：场上无意说出脏话，或出现可能被裁判警告的行为；赛后能够归还衣服，但不够积极，或者摆放不够整齐；对于对手较为激烈的对抗和动作，出现较明显的情绪不满和不当的语言	

续表

学科核心素养	维度	水平等级	评价标准和学生样例	备注
体育品德	体育品格	水平三	标准：基本了解篮球运动的礼仪，且在比赛中能够遵守篮球运动的基本礼仪；在比赛中对待队员和对手的态度良好，没有出现不礼貌、不文明的行为	
			样例：跳球时与邻近对方队员有友好的交流，如握手、拍肩等；赛后主动归还衣服并且整理整齐；当裁判吹罚犯规后，能够主动举手示意；对于对手较为激烈的对抗和动作，能够比较平静地面对；队员倒地以后，能够主动上前搀扶并且表示关心	
		水平四	标准：熟悉篮球运动的各项礼仪，并在比赛前后以及比赛中都能够出色地表现出各种篮球比赛礼仪；在比赛中待人态度较好，当对手或队员出现不礼貌行为时能够包容	
			样例：赛前或赛后能够与对方队员和裁判握手致意；赛后主动归还衣服并且整理整齐；进攻不畅时能够与队员相互激励；当由于自己犯规或者对抗动作导致对方摔倒时，能够主动搀扶；当场上出现冲突的迹象时，能够主动与队员或者对手交流；当队员有良好表现时，能够通过语言和动作表示鼓励	
		水平五	标准：熟悉篮球运动的各项礼仪，注重比赛前后以及比赛中都能够出色地表现出各种篮球比赛礼仪；在比赛中待人礼貌热情，并且能够顾全大局，包容队员或者对手的不礼貌行为，通过自己的热情和大度化解冲突	
			样例：赛前主动与裁判握手；比赛后能够主动向裁判表示感谢，与对手致意；当处于不利形势或者出现明显失误的时候，能够主动承担责任（如用语言或者肢体语言表示负责）；当由于自己的犯规或者对抗动作导致对方摔倒时，能够主动搀扶并且表示歉意	
	体育精神	水平一	标准：在比赛中毫无自信心，怯场心理表现明显；缺乏斗志，比分落后或者对抗激烈时出现退却现象	
			样例：比赛毫无自信心，怯场心理表现明显，出现低级失误	

续表

学科核心素养	维度	水平等级	评价标准和学生样例	备注
体育品德	体育精神	水平二	标准：在比赛中自信心不足，有一定的怯场心理；比赛中表现得不够顽强，但比分落后或者对抗激烈时没有出现退却现象	
			样例：当出现明显的空当或者一对一且位置占优势时，不敢积极进攻而失去进攻时机；在比赛中不愿意积极拼抢	
		水平三	标准：在比赛中表现出自信，基本不怯场，并能够根据场上形势果断地做出决策；在比赛中比较顽强，具有一定的拼搏精神，比分落后或者对抗激烈时没有出现退却现象	
			样例：当出现明显的投篮机会时，敢于出手；对手快攻时能够积极回追防守；当比分落后或者对抗激烈时没有出现退却现象，仍然通过积极滑步、移动进行防守；能够拼抢前场篮板球	
		水平四	标准：在比赛中表现出较强的自信心，能够根据场上形势果断地做出决策；在比赛中对抗激烈时不退却，形势紧张时依然保持积极的拼抢状态，并且能够和队员彼此鼓励	
			样例：当投篮不中以后，能够积极调整状态，依然敢于出手；当对手的能力明显强于自己的时候，敢于防守；当出现明显的一对一机会时敢于进攻；防守失位时能够积极补防或者回位；球出界时能够积极救球；通过积极跑动与选位寻找抢断机会，能够努力通过卡位、变向跑拼抢前场篮板球	
		水平五	标准：在比赛中自信心强，能够根据场上形势果断做出决策，具有明显的必胜气势；顽强拼搏，斗志昂扬，能够有效领导和激励队员，成为全队的精神领袖	
			样例：关键阶段和决胜时刻敢于承担责任，果断持球进攻；能够主动去防守对方的进攻核心队员；球出界时能够积极拼抢，甚至积极倒地拼抢地板球；能够积极拼抢前场篮板球，并且有强烈的补篮意识	

续表

学科核心素养	维度	水平等级	评价标准和学生样例	备注
体育品德	体育道德	水平一	标准：在比赛中缺乏规则意识，出现违反体育道德和不礼貌的行为	
			样例：出现非常明显的违反体育道德的犯规或者技术犯规行为	
		水平二	标准：在比赛中具有一定的规则意识，但对裁判的判决有抵触情绪	
			样例：出现一些被裁判警告、提醒的违反体育道德的犯规或者技术犯规行为；对裁判的判决出现明显的抵触情绪	
		水平三	标准：在比赛中表现出明显的规则意识并遵守规则，服从裁判的判决	
			样例：出现一些侵人犯规行为，但属于"对球不对人"；出现多次违规行为	
		水平四	标准：在比赛中表现出明显的规则意识并遵守规则，服从裁判的判决	
			样例：较少出现无谓的犯规行为，在比赛中的违规情况较少	
		水平五	标准：在比赛中具有较强的规则意识，并遵守规则，服从裁判的判决；还能劝阻队员的抵触行为，遇到不公平的判决会和裁判进行合理沟通	
			样例：遵守规则，并能够主动提示队员遵守规则；遇到可能出现冲突的情况时能够主动化解	

第六章　田径类运动的命题示例与分析

从某种意义上说，基于学科核心素养的测试题就是让学生处于一个真实情境中，并通过这个真实情境去完成具体的任务，从而考查学生的学科核心素养水平。根据试题测评框架的具体要求，田径类运动项目选择以跳远模块为命题与测评示例。基于此，我们就要非常了解跳远的特性。跳远又称"急行跳远"，由起跑、起跳、腾空、落地这四个技术组成，是在助跑道上沿直线助跑，在跑进中用单脚起跳腾空，最后双脚落入沙坑的田径运动。比赛时，它以跳的远度决定名次。跳远原是人类猎取或逃避野兽时跨越河沟等的生活技能，后成为军事训练的手段，成为公元前708年古代奥运会的五项全能项目之一。古希腊奥林匹克的五项运动中就有跳远。跳远是一项跑跳结合的快速力量性运动，有改善神经—肌肉系统的功能。跳远的水平直接反映出练习者的肌肉力量，尤其是其爆发力和反应力量。我们根据这些跳远的特性来设计具体的测试情境、任务特征和表现性素养要求，从而归纳典型性的行为表现特征。

本章以跳远模块为例进行具体介绍。跳远模块共征集到7道实践测试题目。总体来看，跳远模块从A卷到E卷各命题的指向性较高，各题目之间的难易程度较为均衡，区分度不高。因此，本章根据学科核心素养对跳远模块进行试题设计，选取了跳远模块部分试题作为样例，呈现了试题的测评与结果运用，以期为指导教学实践提供一定的参考。

第一节　跳远模块试题设计的示例

命题设计的具体要求是指向学科核心素养的。因此命题应紧紧围绕学科核心素养的各个维度展开，促进所有的教学设计和教学实施过程都指向各个学科核心素养的培养。因此，跳远模块试题设计就应当明确学科核心素养的具体表现，根据跳远模块的运动特点设置命题情境，从而确保测评实施的科学性、有针对性及可操作性。

一、学科核心素养在跳远模块的具体化

学科核心素养的具体化就是根据具体的运动项目特点，对项目内容和教学过程进行梳理与挖掘，其结果指向运动能力、健康行为、体育品德三大学科核心素养的培养。跳远模块的结构主要包括基本知识、技术、专项体能和一般体能、展示与比赛、规则与裁判规则等。在具体的学习过程中，学生需要掌握跳远的基本知识、技术、原

理和规则；在各种具体情境下运用所学的跳远技能在个人体能支撑下完成学练赛的任务；掌握安全防护与保健知识，学会常见运动损伤的处理及运动疲劳的恢复方法；在练习和竞赛应用中能够按要求进行，遵守规则、尊重裁判，面对不同刺激强度的竞赛压力敢于拼搏，体现出较好的自信心等。所有的行为表现都应与学科三大核心素养相契合，使学科核心素养的不同维度在跳远模块的学习目标预设、教学过程中的手段和方法以及教学过程实施后的评价都有与之相匹配的实际抓手，最终通过跳远模块学习发展学生的学科核心素养。

二、跳远模块试题的设计思路

在较为复杂的真实运动情境中，应根据跳远模块学科核心素养的表现维度和具体形式来设计教与学的场景，形成相应的、较为真实的测评情境。既要保证情境的真实性，为学生提供真实的情境任务，让学生在解决问题的过程中提供足够真实的行为信息，便于对三大学科核心素养进行评估；又要适合跳远模块的特性，使跳远模块成为承载三大学科核心素养生成的载体与手段，检验三大学科核心素养能否借助跳远模块的教学实现可表达、可操作、可学习和可评测。当然，跳远模块试题的设计和评价方式的探索对于检验跳远模块学业质量标准水平划分的合理性、各水平行为表现描述的精确性和运动情境的现实性，探索如何基于学科核心素养培育进行合理的教育教学和适切的测评同样具有关键的作用。

(一)命题内容设计

跳远模块命题内容应结合自身特点，厘清学科核心素养各维度的行为表现与跳远模块内容的关系，提取各维度具体表现的核心特征来进行设计。我们确定了表 6-1 的跳远模块学科核心素养各维度的具体表现。从表 6-1 中可以看到，跳远模块学科核心素养覆盖体能状况、运动认知与技战术运用、体育展示与比赛、健康知识掌握与运用、情绪调控、环境适应、体育品格、体育精神、体育道德九个维度。无论是教学还是测试，应尽可能模拟田径类运动的真实应用情景，从而选择与之适应的测试内容对学科核心素养进行评价。首先，通过完整的运动竞赛形式，从体能状况、运动认知与技战术运用、体育展示与比赛来评估运动能力；从竞赛过程中的突发事件和学生对于裁判、其他学生、对手的行为态度来评估情绪调控、体育品格、体育精神、体育道德；从规定时间的准备活动和所穿运动服装、鞋考查学生的环境适应和健康知识掌握与运用。要特别说明的是，除了健康行为核心素养中的体育锻炼意识与习惯维度难以通过一次测试予以测评出来外，命题时应该尽量能够覆盖其他学科核心素养的表现维度。不仅跳远模块如此设计，其他田径类运动也应沿用该设计思路。

表 6-1　跳远模块学科核心素养各维度的具体表现

学科核心素养	表现维度	具体表现
运动能力	体能状况	测评过程中的体能表现是否满足比赛对于技战术的运用需要；可以展现一定的速度和力量素质，且确保技术动作正常或超常发挥
	运动认知与技战术运用	跳远技能的运用水平（如助跑是否轻松自然，加速是否明显，助跑与起跳是否衔接紧密，踏跳是否有力，腾空动作是否舒展，落地是否平稳，助跑、起跳、腾空、落地四个过程是否协调连贯）
	体育展示与比赛	参与的积极性、自我展示的欲望和水平
健康行为	健康知识掌握与运用	服装和鞋子是否符合跳远比赛要求；能否做好赛前准备活动（常规和专项）
	情绪调控	在赛前和比赛过程中的精神状态（如能否保持精神饱满，斗志高昂；能否应对突发状况，合理控制情绪）
	环境适应	在比赛中与队员之间的互动行为（如帮助、鼓励指导或其他负面行为）
体育品德	体育品格	在比赛中对对手和裁判的态度
	体育精神	在比赛中是否自信，能否克服多种不利因素，顽强拼搏
	体育道德	在比赛中对于规则的服从度

（二）测试情境创设

田径类运动的教学包含跑、跳、投等多种项目内容。在生活中，走、跑、跳、投等基本活动能力对学生的生活能力发展有着重要的促进作用，还能够提升学生的体质健康水平。跳远是人体在短时间内通过高强度神经活动和肌肉用力克服障碍情境下所进行的运动，是提高身体控制能力和发展协调性、灵敏性的有效手段。在学校，学习和掌握跳远技术可以发展学生的弹跳能力及肢体的协调性。跳远技术多应用于比赛场景，如校运会、课堂比赛与展示等。测试情境设置主要侧重技术学习或者生活中问题的解决，包括指向团队背景下的跳远比赛、定点跳远及辅助动作讲解与示范等应用情境。例如，让学生参加定点跳远挑战赛，运用所学蹲踞式跳远的基本知识、基本技能，结合个人的实际特点和题目要求，完成定点跳远的练习，展示自己的跳远能力；考查学生执行跳远技术中助跑、起跳、腾空和落地的技术动作要求以及根据规定的远度，结合自己的实际情况对助跑距离和速度进行调整等的实操行为展示能力。聚焦跳远模块知识技能的掌握与运用情况，不仅考查学生单个技术动作的呈现，还关注学生在具体问题情境中面对较为复杂任务时的分析、判断、态度、情感、意志力等综合表现。与此同时，在跳远模块测评时，各种现场角色的分工与任务也要明确具体，力求模拟出真实比赛中的各种情境，才能给学生多种真实的体验与反馈，有利于获得较真实的评价结果。跳远模块的 7 份试卷都是指向三大学科核心素养的，针对不同的情境提出了具体的任务，根据个体在具体情境中完成任务的表现，对学生的学科核心素养做出客观评估。跳远模块 7 份试卷的内容都与具体的情境相匹配（详见表 6-2）。

表 6-2 跳远模块的内容、情境分布一览表

试卷号	内容	情境
跳远 A	跳远模块 5、6、8、10	个人在运动竞赛中
跳远 B	跳远模块 8、9、10	个人在运动竞赛中
跳远 C	跳远模块 3、4、8、9、10	个人在运动竞赛中
跳远 D	跳远模块 3、5、6、8、9	个人模拟场景、个人在运动竞赛中
跳远 E	跳远模块 2、4、7、10	个人在运动竞赛中
跳远 F	跳远模块 2、4、7、10	个人在运动竞赛中
跳远 Z	跳远模块 3、5、6、8、9	个人模拟场景、个人在运动竞赛中

（三）考试环境设置

跳远模块测评内容涉及在具体情境中考查学生的应对表现能力。为了能够真实、客观地体现具体内容的实效性，本测评的试题对学生严格保密，应该使学生在真正进入测评环境、分发试题后才知道测试题目。因此，为了确保对应情境的测评要求，应规范设计整个测评流程，一般按照正式比赛流程分为待测区、准备区和比赛区。即学生只能从待测区进入准备区，再进入比赛区，最后结束测评。整个过程中仅可顺向依次流转。在待测区向学生宣读测试程序、要求，对学生进行编号，给学生分发号码布，让学生填写测试信息等。学生经检录后进入准备区，在准备区自行完成准备活动。此时测评人员开始观察、用摄像机摄录学生的行为表现。宣布比赛开始后，按序组织测试，启动摄像机摄录每名学生的试跳全过程。测评人员应准确无误地完成跳远裁判工作，确保测试的顺利开展。三名测评人员根据点位分别独立打分。学生在正式的竞赛环境下，在比赛区完成所学的跳远知识和技术的展示，共同应对比赛中的各种复杂情况，展示出在技战术运用、遵守规则、意志品质、体育道德等方面已经形成的综合能力，完成相应的比赛任务。三名测评人员均现场打分，如尚有不明确的表现状况，可事后根据录像再次确认，分别根据评分表进行评分，最后利用平均分计算表（见表 6-3）得到平均分，再确定学生相应的水平。

表 6-3 平均分计算表

学生序号	评分 1	评分 2	……	平均分	水平划分
1					
2					
3					

学生序号	评分1	评分2	……	平均分	水平划分
4					
5					
……					

(四)评价方式运用

跳远模块测评内容均指向学生在发挥体能、技战术运用、环境适应、情绪控制、团队协作等各方面的综合能力。待学生进入准备区后方可告知其考试内容。其中，技能、体能、穿着适宜运动的运动服与运动鞋等是显性考查，如何做好准备活动、运动中的自我保护意识等健康知识掌握与运用方面是隐性考查。学生从拿到测评试卷，实际上就已进入了测评状态。测评人员通过准备活动、丈量步点、试跳、情绪调控(如多次犯规和成绩不佳时候的表现)、遵守规则方面的行为表现对学生进行测评。测评人员除根据测试流程给予必要的指令外，如告知开始试跳、试跳犯规等，不得对学生进行任何提示与说明。学生的表现主要取决于平时学习过程中养成的意识和习惯。测评人员借此对学生在运动能力、健康行为、体育品德三个方面进行水平划分并确定每个维度的得分点。有时，部分学生会对测评态度不积极，情绪表现不稳定，未能随测评或比赛情境表现出特定的心理体验与行为。因此，测评要与学生的切身利益有一定的联系，以此来鼓励学生在健康行为、体育品德方面真正有所表现。

第二节　跳远模块的测评与结果运用

跳远模块有其重要的健身价值，在生活中也有着广泛的应用。跳远重在评估如何利用跳远知识和技能解决比赛中遇到的各种问题，展示出个人在运用技战术、发挥体能、环境适应、情绪控制、团队协作等各方面的综合能力，而不只是评估个人跳远的远度水平。围绕着运动能力、健康行为、体育品德，跳远模块测评试题以在情境应用中跳远的形式呈现，指向在团队背景下的跳远比赛、定点跳远、辅助动作的讲解示范等应用情境，从不同方面测评学生跳远的素养水平。以下以普通高中体育与健康学科的跳远测试B卷"同一起跑线的公平竞争——蹲踞式跳远团体挑战赛"为例进行阐述。

一、试题命制

(一)试题呈现

同一起跑线的公平竞争
—— 蹲踞式跳远团体挑战赛

1. 跳远的知识拓展

"古代奥林匹克运动与艺术"展览中有一件公元前 6 世纪雅典制作的黑像式安法拉罐。罐身纹饰着四位边走边舞的五项全能运动员，展示了三个体育项目，包括标枪、铁饼和跳远。其中，最左侧所反映的正是跳远。运动员高举双手，各持一白色物体。实际上，这就是古代奥运会上跳远所用的"哑铃"，而手握哑铃跳远正是古今跳远的最大差异。

蹲距式跳远是现代跳远技术中比较容易掌握的一种技术。1935 年，美国选手欧文斯凭借完美的助跑和起跳，以简单的蹲踞式跳姿跳出了 8.13 米的世界纪录，而且这一纪录保持了 25 年。

2. 了解跳远的应用及意义

首先，跳远虽然属于个人项目，但在生活中的应用十分广泛。在学校，学习和掌握跳远技术可以发展学生的弹跳能力及肢体的协调性，提升学生的体质健康水平；跳远技术同样可应用于比赛场景，如校运会、课堂比赛等。在生活中，它对学生跨越障碍起到一定的辅助作用。同时，学习跳远技术能够让学生学会尊重对手与裁判，培养坚强的意志品质和顽强拼搏的精神。

3. 案例呈现

好胜心是人与生俱来的。在高三年级跳远选修班中，两个组的表现比较突出，双方都认为对方不如本方学得好。有一天，同学间又因为蹲踞式跳远的水平争执不下，班长提议全班进行一次蹲踞式跳远团体挑战赛。其中每组各出 5 人，男女不限，五五对决，最后根据前八名的得分情况确定了双方的胜负。

题目：我们预定进行蹲踞式跳远团体挑战赛，每组各 5 人(男女不限)，根据前八名的得分情况确定双方的胜负。请同学们提前做好准备，以展示良好的技能水平和精神风貌，并根据所学的跳远知识和技能解决比赛中遇到的各种问题，展示出个人在运用技战术、发挥体能、环境适应、情绪控制、团队协作等各方面的综合能力，与团队成员协作，赢得最后的比赛胜利。

(二)试题分析

本试题属于封闭式实践测试题，模拟个体在运动竞赛中的情境，让学生通过技能状况、临场表现等努力赢得比赛的胜利。本试题力求覆盖体能状况、运动认知与技战术运用、体育展示与比赛、健康知识掌握与运用、情绪调控、环境适应、体育品格、体育精神、体育道德九个维度。

测评内容一：根据所学的蹲踞式跳远知识和技能，通过组间比赛的形式，充分运用个人技术和能力，展示自己的蹲踞式跳远水平。

测评内容二：通过观察等进行相互间的提醒、指导，促进同伴更好发挥，在比赛中严格遵守规则，灵活运用所掌握的知识和技能来解决可能出现的问题。

通过测评内容一，教师可以观察学生的准备活动、助跑踏跳以及预决赛的体能衰减程度等诸多表现，评定学生的体能水平。学生在全程助跑跳远动作各技术环节的衔接程度、个人的精神风貌等方面能很好地反映其运动认知与技战术运用、比赛与展示等运动能力方面的情况。通过测评内容二，教师可以看出学生控制情绪、理解规则、文明参赛等健康行为、体育品德方面的情况。只有综合参照测评内容一和测评内容二，才能较全面地评价学生跳远模块的核心素养水平。

(三)评分维度与预设标准

依据跳远模块的特性，科学描述跳远模块测评过程中学生的行为表现，是确定评分维度内容的重要依据。运动能力包括远度、踏跳力量、助跑速度、助跑动作、起跳动作、空中动作、落地动作、参与态度与表现等行为表现。健康行为包括所穿服装与鞋、准备活动、情绪稳定性、合作等行为表现。体育品德包括学生测试中的文明参赛、尊重裁判、自信心、意志品质、遵守规则等行为表现。我们在测评前根据评价内容制定了相应的评分表，针对学科核心素养的不同维度预设了五级评分标准，以便于进行评价操作。跳远测试 B 卷考查的学科核心素养详见表 6-4。

表 6-4　跳远测试 B 卷考查的学科核心素养

学科核心素养	表现维度	具体表现
运动能力	体能状况	在蹲踞式跳远团体赛中能够表现出一定的速度、力量素质，有足够的体能参加比赛，确保技术动作规范
	运动认知与技战术运用	能够掌握蹲踞式跳远的技术动作要领，懂得跑得快、跳得远；在比赛中助跑动作轻松自然、加速明显，助跑与起跳衔接紧密，踏跳有力；在腾空过程中保持良好的身体平衡、动作舒展；落地技术合理，并取得良好的成绩；技术动作规范，助跑、起跳、腾空和落地各环节动作连贯、协调，能够表现个人的运动能力
	体育展示与比赛	在比赛中能够发挥出个人正常的运动技术水平，展示个人的精神风貌

续表

学科核心素养	表现维度	具体表现
健康行为	健康知识掌握与运用	能够采用多种有针对性的方式与手段做好准备活动，保证运动安全和运动能力的发挥，在运动中有强烈的自我保护意识，穿着适宜的跳远运动服与运动鞋，避免运动损伤的发生
	情绪调控	在比赛中保持良好的精神状态，面对各种不利因素(如干扰、多次犯规、成绩不佳等)，能够采用各种方法(如积极自我暗示、深呼吸等)消除不利因素干扰，稳定情绪，不影响自己的正常发挥
	环境适应	表现出良好的合作精神与意识，能够对同伴的运动表现进行提醒和鼓励
体育品德	体育品格	能够文明参赛(遵守赛场要求，对他人有礼貌)；服从裁判指挥，尊重裁判判决；遵守比赛秩序，能够协助维持比赛秩序，共同完成比赛任务
	体育精神	在比赛中表现出一定的自信和意志品质，表现出良好的竞技状态，能够积极面对多种不利因素(如连续犯规或成绩不理想等)，认真比赛，顽强拼搏，不弄虚作假
	体育道德	遵守跳远比赛规则，不用矿泉水瓶、鞋等在跑道上设置标志，影响他人助跑，服从裁判指挥；不故意拖延比赛时间，不在他人比赛时影响他人比赛，表现出公平竞争的行为

测评过程中所涉及的跳远内容并非一个或几个模块，也包括之前其他模块所学的知识与技能，只是表现有详有略。跳远模块的内容分布详见表6-5。

表6-5　跳远模块的内容分布

模块	内容
跳远模块3	全程助跑的蹲踞式跳远教学比赛
跳远模块5	将所学技术运用于跳远比赛中
跳远模块6	利用起跳区等练习手段，进一步提高助跑与起跳、起跳与腾空、腾空与落地等动作组合技术；积极参与班内短程、中程、全程助跑的跳远教学比赛
跳远模块8	在练习和比赛条件下做出完整、准确的助跑、起跳、腾空、落地动作；提高全程助跑跳远动作各技术环节的精细程度
跳远模块9	在比赛条件下做出全程助跑与起跳衔接紧密、腾空动作合理、落地双腿前伸较为充分的技术动作；提高全速助跑条件下控制身体的能力，能够在自己原有的水平上争取提高3~5厘米；积极参与全程助跑跳远比赛
跳远模块10	在年级或校运会等正式比赛情境下，争取达到或超越自己原有的水平

我们根据体育与健康学科核心素养五级水平划分，结合跳远的运动特点研制了测评的预设评分标准。其中运动能力50分，健康行为20分，体育品德30分。具体的评分标准见表6-6。

表 6-6 跳远测试 B 卷的评分标准

学科核心素养	维度	评分点	水平等级	具体表现	分值	评价
运动能力（50分）	体能状况（20分）	1. 试跳远度：主要依据学生所有试跳中最远的一次有效试跳成绩评价（8分）	水平五	达到跳远三级运动员水平：5.60米/男，4.50米/女	8	
			水平四	达到跳远少年级运动员水平：5.25米/男，4.10米/女	6	
			水平三	达到下列跳远成绩：4.50米/男，3.80米/女	4	
			水平二	达到下列跳远成绩：3.85米/男，3.55米/女	3	
			水平一	达到下列跳远成绩：3.84米/男，3.54米/女	2	
		2. 踏跳力量：主要观察学生起跳时踏跳的力度和起跳后腾空的高度两个行为表现（6分）	水平五	快速有力，腾空有高度，腾空步动作充分、到位	6	
			水平四	快速有力，有腾空步，腾空时间短，做腾空步动作急促、不充分	4	
			水平三	力量一般，有腾空步，腾空时间短，做腾空步动作急促、不充分	3	
			水平二	力量弱，腾空步非常短促	2	
			水平一	力量薄弱，无腾空步	1	
		3. 助跑速度：主要观察学生在助跑过程中助跑的加速方式与能力（6分）	水平五	持续加速，加速明显	6	
			水平四	速度较快，无明显加速	4	
			水平三	速度较快，呈减速趋势	3	
			水平二	速度忽快忽慢，不规律	2	
			水平一	速度慢，全程无明显加速	1	
	运动认知与技战术运用（25分）	1. 助跑动作：主要观察学生在助跑过程中的四个方面：快速、轻松、自然、有节奏（7分）	水平五	直线助跑，自然、稳定、有节奏，动作协调	7	
			水平四	直线助跑，有一定节奏，较稳定	4	
			水平三	直线助跑，有一定节奏，不稳定	3	
			水平二	直线助跑，无节奏，动作僵硬	1	
			水平一	非直线助跑，无节奏，动作僵硬	0	

105

续表

学科核心素养	维度	评分点	水平等级	具体表现	分值	评价
运动能力（50分）	运动认知与技战术运用（25分）	2. 起跳动作：主要观察学生起跳动作的三个方面（助跑与起跳衔接紧密；踏跳准确；蹬摆协调）（6分）	水平五	跑步式起跳，助跑与起跳衔接紧密，踏跳准确，蹬摆协调	6	
			水平四	跑步式起跳，助跑与起跳衔接较紧密，踏跳较准确，蹬摆较协调	5	
			水平三	被动起跳，缓冲时间长，蹬伸动作慢且不充分	3	
			水平二	制动式起跳，有停顿，不能发挥助跑速度	1	
			水平一	不能完成起跳	0	
		3. 空中动作：主要观察学生空中动作的四个方面（空中平衡、腾空步明显、屈膝团身、上体与头部保持正直）（7分）	水平五	空中平衡好，腾空时间长，屈膝团身近胸部，上体与头部保持正直	7	
			水平四	腾空步明显，屈膝团身充分，上体与头部不能保持正直	5	
			水平三	腾空步明显，屈膝团身不充分，上体与头部不能保持正直	3	
			水平二	腾空步不明显，屈膝无团身，落地快	1	
			水平一	失去平衡	0	
		4. 落地动作：主要观察学生落地动作的三个方面（团身、双腿积极前伸；着地后，重心前移；屈膝缓冲）（5分）	水平五	落地技术合理，成绩不受影响	5	
			水平四	落地技术较合理，成绩不受影响	4	
			水平三	双脚落地，身体后倒，影响成绩	3	
			水平二	未能团身，双脚未能前伸，身体前倾	1	
			水平一	单脚落地或触及沙坑外地面等犯规现象	0	
	体育展示与比赛（5分）	参与态度与表现：主要观察学生是否能够主动积极参与比赛、融入比赛现场，是否体现展示的能力与欲望（5分）	水平五	积极参与，表现欲强，精神振奋，能感染他人	5	
			水平四	主动参与，表现较积极，能自我鼓励	4	
			水平三	主动参与，表现一般	3	
			水平二	被动参与，不自信，表现较差	2	
			水平一	对抗参与，逃避，表现非常差	0	

学科核心素养	维度	评分点	水平等级	具体表现	分值	评价
健康行为（20分）	健康知识掌握与运用（10分）	1. 服装与鞋：服装以运动服为好，舒适、不妨碍运动；鞋应轻便、跟脚，鞋帮较低，不能穿皮鞋、高跟鞋；不应佩戴饰品、携带锐器（3分）	水平五	穿适合跳远的运动鞋、运动服	3	
			水平四	穿运动鞋、运动服	2.5	
			水平三	仅穿运动鞋	2	
			水平二	仅穿运动服	1	
			水平一	鞋与服装都不适合运动，带有有划伤身体的锐器等	0	
		2. 准备活动：常规准备主要是韧带、肌肉的静力拉伸，关节的拉伸和有氧类的热身运动；专项准备是结合专项技术的准备活动，如助跑与起跳练习等（7分）	水平五	常规准备和专项准备均很充分，如热身与助跑起跳练习等	7	
			水平四	有常规准备和专项准备，但不充分	5	
			水平三	仅有专项准备活动，如上步起跳等	3	
			水平二	仅有常规准备，如慢跑、拉伸、徒手操或助跑练习等	2	
			水平一	没有进行任何准备活动	0	
	情绪调控（5分）	情绪稳定性：主要观察学生的情绪是否饱满，在受到干扰的情形下能否通过自我暗示和相互鼓励等措施进行调控、提高斗志（5分）	水平五	不受外界干扰（如看见他人能跳入指定区域，而自己几次没有跳入指定区域等），情绪稳定，沉着冷静	5	
			水平四	面对干扰，情绪较稳定，自我调节快，较沉着	4	
			水平三	面对干扰，情绪波动大，能自我调节	3	
			水平二	面对干扰，情绪波动大，不能自我调节，如试跳不能落实指定区域，表现不安等	2	
			水平一	易受干扰，情绪非常不稳定，如试跳不能落实指定区域，表现急躁，容易出现失误等	1	
	环境适应（5分）	合作：主要观察学生在比赛过程中能否体现良好的合作精神与意识，能够对于他人的运动表现进行提醒和鼓励、指导（5分）	水平五	主动帮助队友，相互指导，如他人在跳远比赛中出现动作问题，及时指出并帮助纠正	5	
			水平四	对他人有帮助行为，如提醒别人准备参加试跳	4	
			水平三	无帮助行为，但是能寻求他人的指导	3	
			水平二	无交流，各自参加各自的比赛	2	
			水平一	拒绝他人的指导与帮助	0	

学科核心素养	维度	评分点	水平等级	具体表现	分值	评价
体育品德（30分）	体育品格（15分）	1. 文明参赛：主要观察学生是否遵守比赛秩序，并积极维护比赛秩序（8分）	水平五	有序参赛，试跳前及时做好准备，试跳时举手示意，协助裁判维持比赛秩序	8	
			水平四	有序参赛，试跳前及时做好准备，试跳时举手示意	7	
			水平三	遵守试跳顺序，有序参赛，在规定时间内完成试跳	6	
			水平二	在裁判的组织下，能被动进行试跳，完成练习	3	
			水平一	故意干扰他人比赛，如影响他人助跑、吹口哨、喝倒彩等	−2	
		2. 尊重裁判：主要观察学生在比赛过程中面对裁判判决的表现（7分）	水平五	始终尊重与服从裁判的判决	7	
			水平四	对裁判的判决有异议，但能尊重裁判的判决，微笑接受	6	
			水平三	对裁判的判决有异议，主动找裁判合理解释，维护自己的利益	5	
			水平二	对裁判的判决不满，有抱怨等行为	0	
			水平一	有侮辱性的行为，用言语及行为攻击裁判	−2	
	体育精神（10分）	1. 自信心：主要观察学生行动是否表现出自信，体现良好的竞技状态（5分）	水平五	在试跳过程中表现欲强，竞技状态好，对自己的每次试跳充满信心，沉着冷静，技术发挥稳定	5	
			水平四	在试跳过程中表现从容，动作自然，能够根据自己存在的问题进行改正，如踏板不准	4	
			水平三	在试跳过程中表现较从容，动作较自然，在出现失误后技术动作发挥受影响	3	
			水平二	在试跳过程中犹豫不决，行为拘谨，动作易出现失误	2	
			水平一	在试跳过程中行为紧张，缩手缩脚，出现重大失误	1	

学科核心素养	维度	评分点	水平等级	具体表现	分值	评价
体育品德（30分）	体育精神（10分）	2. 意志品质：主要观察学生在各种有利或者不利情况下是否能够坚持专心比赛，是否有坚强的意志，顽强拼搏，认真比赛（5分）	水平五	在比赛情况正常时，能够保持心态平和、专心比赛，斗志昂扬；在本队成员连续犯规或成绩不理想等状态下，积极面对，认真比赛	5	
			水平四	在正常比赛的状态下，能够按计划进行比赛；在本队成员连续犯规或成绩不理想等状态下，情绪受到一定影响，但能够专心完成比赛	4	
			水平三	在比赛较为顺利时表现出一定的骄傲、浮躁的情绪，行为松懈，能够及时调整，继续认真比赛	3	
			水平二	在正常比赛的状态下，能够按计划进行比赛；在本队成员连续犯规或成绩不理想等状态下，情绪受到影响，不能够专心完成比赛	1	
			水平一	在比赛较为顺利时表现出骄傲、浮躁的情绪和言论；在本队成员连续犯规或成绩不理想等状态下丧失斗志，消极比赛	0	
	体育道德（5分）	遵守规则：主要观察学生在比赛中是否遵守规则（5分）	水平五	懂得田径竞赛规则，自觉遵守田径竞赛规则	5	
			水平四	懂得田径竞赛规则，被动遵守田径竞赛规则	4	
			水平三	不懂田径竞赛规则，服从组织，遵守规则	3	
			水平二	违反田径竞赛规则，提醒后改正	2	
			水平一	违反田径竞赛规则，如故意拖延比赛时间或者在跑道上设置标志，影响他人助跑等；提醒后仍再犯	0	

二、测试数据分析

跳远模块测评采用专家现场实测的方法开展。在测评过程中，专家根据每一名学生在跳远模块中学科核心素养的行为表现进行判断与评分(见表 6-7 和表 6-8)。预设评价标准因没有学生行为表现信息的数据作为参考依据，所以暂由测评组依据学科核心素养不同维度的五个水平等级进行拟订。因此，在测评结束后，测评组需要对实际测评数据进行整理与分析，并根据分析结果重新核对评价标准，依据学科核心素养不同维度的五个水平等级进行修订和完善。

表 6-7　跳远测试 B 卷的学科核心素养评分(学校样例 1)

学生		运动能力(50分)								健康行为(20分)				体育品德(30分)				
		体能状况 (20分)			运动认知与技战术运用 (25分)				体育展示与比赛 (5分)	健康知识掌握与运用 (10分)		情绪调控 (5分)	环境适应 (5分)	体育品格 (15分)		体育精神 (10分)		体育道德 (5分)
姓名	性别	试跳远度 (8分)	踏跳力量 (6分)	助跑速度 (6分)	助跑动作 (7分)	起跳动作 (6分)	空中动作 (7分)	落地动作 (5分)	参与态度与表现 (5分)	服装与鞋 (3分)	准备活动 (7分)	情绪稳定性 (5分)	合作 (5分)	文明参赛 (8分)	尊重裁判 (7分)	自信心 (5分)	意志品质 (5分)	遵守规则 (5分)
陈×	男	2	3	3	3	3	1	3	5	3	0	4	2	7	7	3	4	4
何××	男	2	2	2	3	3	1	1	5	3	0	4	2	7	7	2	4	4
黄××	男	3	3	3	3	3	1	3	5	3	0	4	2	7	7	3	4	4
蔡××	男	3	3	3	1	1	1	3	5	3	0	4	2	7	7	3	4	4
林×	男	2	3	3	3	5	1	3	5	3	0	4	2	7	7	3	1	4
胡××	男	2	2	2	1	1	1	1	5	3	0	4	2	7	7	3	1	4
吴×	男	3	3	3	3	3	1	3	5	3	0	4	4	7	7	4	4	4
王××	男	3	3	3	3	3	1	3	5	3	0	4	3	7	7	4	4	4
邓××	男	3	4	4	4	4	1	3	5	3	0	4	2	7	7	4	5	4
张××	男	4	4	4	4	3	1	3	5	3	0	4	3	7	7	4	4	4

续表

学生		运动能力(50分)								健康行为(20分)				体育品德(30分)				
		体能状况(20分)			运动认知与技战术运用(25分)				体育展示与比赛(5分)	健康知识掌握与运用(10分)		情绪调控(5分)	环境适应(5分)	体育品格(15分)		体育精神(10分)		体育道德(5分)
姓名	性别	试跳远度(8分)	踏跳力量(6分)	助跑速度(6分)	助跑动作(7分)	起跳动作(6分)	空中动作(7分)	落地动作(5分)	参与态度与表现(5分)	服装与鞋(3分)	准备活动(7分)	情绪稳定性(5分)	合作(5分)	文明参赛(8分)	尊重裁判(7分)	自信心(5分)	意志品质(5分)	遵守规则(5分)
朱××	男	2	1	1	1	1	1	1	5	2.5	0	4	2	6	7	4	1	4
赖××	男	2	3	4	1	1	1	1	5	3	0	4	2	6	7	4	4	4
陈××	男	2	1	1	1	1	1	1	5	3	0	4	2	6	7	3	0	4
陈×	男	2	3	4	3	3	1	1	5	2.5	0	4	2	8	7	4	3	4
戴×	男	2	2	2	3	1	1	0	5	3	0	4	2	6	7	2	0	4
张××	男	2	3	2	1	3	1	1	5	3	0	4	2	6	7	4	4	4
肖××	男	4	6	6	6	6	7	4	5	2.5	0	4	4	6	7	4	4	4
况×	男	3	3	3	3	3	3	3	5	3	0	4	3	6	7	4	4	4
李××	男	4	4	3	3	5	5	4	5	3	0	4	4	7	7	4	4	4
陈××	男	4	3	3	3	3	1	4	5	2.5	0	4	4	6	7	4	4	4
陈××	男	3	4	3	1	3	3	1	4	3	0	4	2	6	7	4	4	3
林××	男	4	4	4	4	3	3	5	5	3	0	4	4	6	7	4	4	4
蔡××	女	3	3	2	1	1	0	0	5	3	2	4	4	6	7	4	4	4
蔡××	女	2	4	3	4	5	5	4	5	3	2	5	5	7	7	4	5	5
陈××	女	2	1	1	1	1	1	0	5	3	2	4	4	7	7	4	4	4
陈××	女	2	4	4	4	5	5	1	5	3	2	4	4	6	7	4	4	4
侯×	女	2	3	3	3	1	1	0	5	3	2	4	4	6	7	4	4	4
黄××	女	2	2	2	3	1	1	0	5	3	2	4	4	6	7	3	1	3
江××	男	2	4	6	4	0	0	0	5	3	0	4	3	6	7	2	1	3
梁×	女	2	3	2	1	5	3	1	5	3	2	4	3	6	7	3	4	3

表 6-8　跳远测试 B 卷的学科核心素养评分(学校样例 2)

学生		运动能力(50分)								健康行为(20分)				体育品德(30分)				
		体能状况(20分)			运动认知与技战术运用(25分)				体育展示与比赛(5分)	健康知识掌握与运用(10分)	情绪调控(5分)	环境适应(5分)		体育品格(15分)	体育精神(10分)			体育道德(5分)
姓名	性别	试跳远度(8分)	踏跳力量(6分)	助跑速度(6分)	助跑动作(7分)	起跳动作(6分)	空中动作(7分)	落地动作(5分)	参与态度与表现(5分)	服装与鞋(3分)	准备活动(7分)	情绪稳定性(5分)	合作(5分)	文明参赛(8分)	尊重裁判(7分)	自信心(5分)	意志品质(5分)	遵守规则(5分)
黄××	男	3	2	2	1	3	5	3	5	3	2	4	2	7	7	3	4	4
王××	男	2	3	4	3	3	3	1	5	3	2	3	2	7	7	3	4	4
谢××	男	4	4	4	4	3	1	3	5	3	3	4	2	7	7	4	4	4
梁××	男	4	3	3	3	3	3	4	5	2.5	3	4	3	7	7	4	4	4
黎××	男	2	3	3	3	3	1	4	5	3	3	4	3	7	7	4	4	4
卢××	男	3	3	4	4	3	5	3	5	3	3	3	2	7	7	4	4	4
卢××	男	2	3	4	4	3	5	3	5	3	3	4	2	7	7	4	4	4
范××	男	4	3	4	4	3	4	3	5	3	3	4	2	7	7	3	4	4
张××	男	3	3	3	3	3	5	3	5	3	3	4	2	7	7	4	4	4
梁××	男	3	3	3	3	3	3	1	5	3	3	5	3	7	7	4	4	4
李××	男	2	4	4	4	3	4	3	5	3	3	4	4	7	7	4	4	4
刘××	男	3	4	4	4	5	5	4	5	3	3	4	2	7	7	4	4	4
黎××	男	2	3	4	5	5	5	3	5	3	3	4	4	7	7	4	4	4
谢××	男	4	4	4	4	5	5	3	5	3	3	5	3	7	7	4	4	4
林××	男	3	3	4	4	5	5	3	5	3	3	4	2	7	7	4	4	4
高××	男	3	3	4	4	5	5	4	5	3	3	4	2	7	7	4	4	4

学生		运动能力(50分)								健康行为(20分)				体育品德(30分)				
		体能状况(20分)			运动认知与技战术运用(25分)				体育展示与比赛(5分)	健康知识掌握与运用(10分)		情绪调控(5分)	环境适应(5分)	体育品格(15分)		体育精神(10分)		体育道德(5分)
姓名	性别	试跳远度(8分)	踏跳力量(6分)	助跑速度(6分)	助跑动作(7分)	起跳动作(6分)	空中动作(7分)	落地动作(5分)	参与态度与表现(5分)	服装与鞋(3分)	准备活动(7分)	情绪稳定性(5分)	合作(5分)	文明参赛(8分)	尊重裁判(7分)	自信心(5分)	意志品质(5分)	遵守规则(5分)
邝××	男	3	4	4	4	5	3	4	5	3	3	4	2	7	7	4	4	4
陈××	男	2	3	3	3	3	3	1	5	3	3	4	2	7	7	4	4	4
何××	男	3	3	3	3	3	5	4	5	3	3	4	2	7	7	4	4	4
刘××	女	2	3	1	1	1	3	3	5	3	3	3	3	7	7	2	3	4
侯××	女	2	3	2	1	1	1	3	4	3	3	2	2	6	7	2	4	3
梁××	女	2	2	1	1	1	1	0	4	3	3	4	2	6	7	4	4	4
颜××	女	2	3	3	3	3	3	4	4	3	3	4	2	6	7	4	4	4
龙××	女	2	3	2	1	1	3	3	4	3	4	4	3	7	7	4	4	4
丘××	女	2	3	4	4	5	3	4	4	3	4	4	4	7	7	4	4	4
周×	女	2	2	3	3	3	3	3	4	2.5	3	3	5	7	7	4	4	4
黎××	女	2	2	1	1	1	1	1	4	3	3	3	4	6	7	4	4	4
苏××	女	2	3	3	3	5	3	0	4	3	3	3	4	6	7	4	4	4
吴××	女	2	2	1	1	1	1	1	4	3	3	3	4	6	7	4	4	4
李××	女	2	3	3	3	3	3	3	5	3	3	3	5	6	7	4	4	4

(一)明确评价等级

我们结合实际测试结果，运用统计学的方法，根据正态分布结果获取了五个水平等级所对应的分值区间（见表6-9）。主要有以下目的：一是检验预设评价标准的水平划分是否准确；二是根据测评的结果对预设评价标准进行校对或修改，以得出更为准确的评价标准，便于对学生的学科核心素养进行综合性评定。例如，学生根据预先制定的评价表，其体能状况是水平三；但根据正态理论对评价表进行计算调整后，其体能状况可能会变为水平四。

表 6-9　跳远测试 B 卷的学生水平等级评价标准

水平等级	水平一	水平二	水平三	水平四	水平五
体能状况	$X \leqslant 5.5$	$5.5 < X \leqslant 8$	$8 < X \leqslant 9$	$9 < X \leqslant 11.5$	$X > 11.5$
运动认知与技战术运用	$X \leqslant 4$	$4 < X \leqslant 9.5$	$9.5 < X \leqslant 13$	$13 < X \leqslant 17$	$X > 17$
体育展示与比赛	1	2	3	4	5
健康知识掌握与运用	$X \leqslant 2.5$	$2.5 < X \leqslant 4$	$4 < X \leqslant 5.5$	$5.5 < X \leqslant 6.5$	$X > 6.5$
情绪调控	1	2	3	4	5
环境适应	1	2	3	4	5
体育品格	$X \leqslant 12$	$12 < X \leqslant 13$	$13 < X \leqslant 14$	$14 < X < 15$	$X = 15$
体育精神	$X \leqslant 5$	$5 < X \leqslant 7$	$7 < X \leqslant 8$	$8 < X \leqslant 9$	$X > 9$
体育道德	1	2	3	4	5

注：X 为所测学生的实际分数。

(二)核对各维度水平等级的行为描述

我们通过统计学方法确定了评价标准，结合现场测评记录和测评视频，对学生各维度的行为表现进行了水平描述，并依据评价标准对行为表现给予对应的分值和等级。举例如下(见表 6-10)。例如，陈×的运动认知与技战术运用维度上的描述呈现的是直线助跑，有一定节奏，不稳定；被动起跳，缓冲时间长，蹬伸慢且不充分；腾空步不明显，屈膝无团身，落地快，未能完成落地动作。综合得分为 9 分，综合水平等级为水平二。

表 6-10 跳远测试 B 卷的学生各维度水平描述

学生 姓名	运动能力(50分)			健康行为(20分)			体育品德(30分)		
	体能状况(20分)	运动认知与技战术运用(25分)	体育展示与比赛(5分)	健康知识掌握与运用(10分)	情绪调控(5分)	环境适应(5分)	体育品格(15分)	体育精神(10分)	体育道德(5分)
陈×(男)	3.20米、3.00米,力量一般,腾空时间短,动作急促,不充分;速度较快,呈减速趋势	直线助跑,有一定节奏,不稳定;被动起跳,缓冲时间长,蹬伸慢且不充分;腾空步不明显,屈膝无团身,落地快,未能完成落地动作	积极参与,表现欲望强,精神振奋,感染他人	穿适合跳远的运动鞋、运动服;仅仅在原地做简单动作,未能达到热身目的	情绪较稳定,调节快,较沉着	偶尔的交谈只是闲聊	有序,试跳做好准备,试跳时举手示意;始终尊重与服从裁判的判决	较从容,较自然,失误后技术受影响;能根据自己的实际情况进行助跑步点的丈量;按计划,能专心完成	懂得,被动遵守田径竞赛规则;遵守比赛规则,服从裁判判决
综合得分	8	9	5	3	4	2	14	7	4
综合水平等级	水平二	水平二	水平五	水平二	水平四	水平二	水平三	水平二	水平四

(三)提取各维度水平等级的行为表现特征

完成相应的水平调整后,针对同一水平等级的行为表现提取行为表现特征,再根据特征提取修订评价标准。不同维度、不同水平等级的典型行为表现和得分区间情况如下(见表 6-11)。最终通过将测试获取的真实数据与命题预设的评分标准对比,为评分标准的调整与修订提供科学的依据。跳远测试 B 卷共 60 名学生参与测评,主要针对 42 名男生的行为特征提取,兼顾女生的突出行为特征。通过上面的归类、汇总,我们进行了五级评价标准的行为表现特征提取,通过特征提取对每一个核心素养各个表现维度的水平进行评分标准的修订。

表 6-11　跳远测试 B 卷学科核心素养的行为表现特征提取

学科核心素养	维度	水平等级	行为表现	特征提取	修订后的标准
运动能力	体能状况	水平一	3.00 米，力量一般，无助跑速度，力量薄弱，无腾空；速度慢，全程无明显加速（综合得分：4） 2.50 米，身体素质较差，力量薄弱，无腾空；速度慢，全程无明显加速（综合得分：3）	试跳远度：2.50～3.00 米 踏跳力量：力量薄弱 助跑速度：速度慢 腾空：无腾空	助跑速度慢，起跳力量薄弱，无腾空；远度为 2.80～3.30 米/男，2.60～2.99 米/女
		水平二	3.20 米、3.00 米，力量一般，腾空时间短，动作急促，不充分；速度较快，呈减速趋势（综合得分：8） 3.20 米、2.10 米，力量弱，腾空非常短促；速度忽快忽慢，不规律（综合得分：6） 4.00 米、2.85 米，力量一般，腾空时间短，动作急促，不充分；速度忽快忽慢，不规律（综合得分：8） 2.80 米、2.60 米，力量一般，腾空时间短，动作急促，不充分；速度较快，呈减速趋势（综合得分：8） 2.50 米、2.60 米，力量弱，腾空非常短促；速度忽快忽慢，不规律（综合得分：6） 3.80 米，力量一般，腾空时间短，动作急促，不充分；速度较快，呈减速趋势（综合得分：8） 3.45 米、2.85 米，力量弱，腾空非常短促；速度忽快忽慢，不规律（综合得分：6） 3.80 米，力量一般，腾空时间短，动作急促，不充分；速度忽快忽慢，不规律（综合得分：7） 4.00 米、3.60 米，力量弱，腾空非常短促；速度忽快忽慢，不规律（综合得分：7） 3.80 米、3.40 米，力量一般，腾空时间短，动作急促，不充分；速度较快，呈减速趋势（综合得分：8） 3.30 米、2.80 米，力量一般，腾空时间短，动作急促，不充分；速度较快，呈减速趋势（综合得分：8）	试跳远度：2.10～4.00 米 踏跳力量：力量一般 助跑速度：速度忽快忽慢，不规律 腾空：腾空时间短，不充分	助跑速度忽快忽慢、不规律，起跳力量一般，腾空时间短，不充分；远度为 3.31～3.85 米/男，3.00～3.55 米/女

学科核心素养	维度	水平等级	行为表现	特征提取	修订后的标准
运动能力	体能状况	水平三	4.25米、4.20米，助跑速度慢，力量一般，腾空时间短，动作急促，不充分（综合得分：9） 3.75米、3.55米，力量一般，腾空时间短，动作急促，不充分；速度较快，无明显加速（综合得分：9） 3.80米、3.00米，力量一般，腾空时间短，动作急促，不充分；速度较快，无明显加速（综合得分：9） 3.90米，身体素质偏弱，影响后续技术学习；力量一般，腾空时间短，动作急促，不充分；速度忽快忽慢，不规律（综合得分：9） 3.60米、3.40米，力量一般，腾空时间短，动作急促，不充分；速度较快，无明显加速（综合得分：9） 3.50米、3.80米，力量一般，腾空时间短，不充分；速度较快，无明显加速（综合得分：9） 4.00米、4.00米，力量一般，腾空时间短，动作急促，不充分；速度较快，呈减速趋势（综合得分：9） 3.90米、3.90米，力量一般，腾空时间短，动作急促，不充分；速度较快，呈减速趋势（综合得分：9） 3.70米、3.20米，助跑无明显加速，速度较快，有较强烈的攻板意识；力量一般，腾空时间短，动作急促，不充分；速度较快（综合得分：9） 3.40米、4.40米，力量一般，腾空时间短，动作急促，不充分；速度较快，呈减速趋势（综合得分：9）	试跳远度：3.00~4.40米 踏跳力量：力量一般 助跑速度：速度较快，呈减速趋势 腾空：腾空时间短，不充分	助跑速度较快，呈减速趋势，力量一般，腾空时间短，腾空动作急促，不充分；远度为3.86~4.50米/男，3.56~3.80米/女

学科核心素养	维度	水平等级	行为表现	特征提取	修订后的标准
运动能力	体能状况	水平四	4.30 米、4.25 米，身体素质好，起跳力量较强，快速有力，腾空时间短，动作急促，不充分；速度较快，无明显加速（综合得分：11） 3.90 米，助跑速度较快，快速有力，腾空时间短，动作急促，不充分（综合得分：11） 3.80 米、4.50 米，起跳有力，快速，腾空时间短，动作急促，不充分；助跑速度较快，呈减速趋势（综合得分：11） 4.85 米，力量一般，腾空时间短，动作急促，不充分；助跑速度较快，呈减速趋势（综合得分：10） 3.90 米、3.75 米，快速有力，腾空时间短，动作急促，不充分；助跑速度较快，呈减速趋势（综合得分：10） 4.60 米、4.40 米，力量一般，腾空时间短，动作急促，不充分；助跑速度较快，呈减速趋势（综合得分：10） 3.90 米，力量一般，腾空时间短，动作急促，不充分；助跑速度较快，无明显加速（综合得分：10） 4.60 米、4.70 米，力量一般，腾空时间短，动作急促，不充分；助跑速度较快，无明显加速（综合得分：11） 3.60 米、3.40 米，助跑速度较快，无明显加速；腾空时间短，动作急促，不充分（综合得分：10） 3.70 米、4.30 米，快速有力，腾空时间短，动作急促，不充分；助跑速度较快，呈减速趋势（综合得分：11） 4.40 米、3.60 米，速度较快，能积极摆臂，力量一般；腾空时间短，动作急促，不充分；助跑速度较快，呈减速趋势（综合得分：10） 4.40 米、4.20 米，力量一般，腾空时间短，不充分；助跑速度较快，无明显加速（综合得分：10） 4.40 米、3.30 米，快速有力，腾空时间短，动作急促；助跑速度较快，无明显加速（综合得分：11）	试跳远度：3.30~4.85 米 踏跳力量：力量一般 助跑速度：速度较快，无明显加速 腾空：腾空时间短，不充分	助跑速度较快，加速不明显；快速有力，有腾空，腾空时间短，动作急促；远度为 4.51~5.25 米/男，3.81~4.10 米/女

学科核心素养	维度	水平等级	行为表现	特征提取	修订后的标准
	体能状况	水平五	4.75米、4.65米，快速有力，腾空时间短，动作急促，不充分；助跑速度较快，无明显加速（综合得分：12） 5.08米，身体素质较好，起跳有力、快速；腾空有高度，腾空步充分到位；助跑速度较快，持续加速，加速明显（综合得分：16） 4.80米、4.40米，重心起伏大，快速有力，速度较快，无明显加速；腾空时间短，动作急促，不充分（综合得分：12） 4.60米、4.40米，快速有力，腾空时间短，动作急促，不充分；助跑速度较快，无明显加速（综合得分：12） 4.40米、4.60米，快速有力，腾空时间短，动作急促，不充分；助跑速度较快，无明显加速（综合得分：12）	试跳远度：4.40～5.08米 踏跳力量：快速有力； 助跑速度：速度较快，无明显加速 腾空：腾空有高度，充分	速度明显，持续加速，快速有力，腾空有高度，腾空步充分到位；远度为5.26米/男，4.11米/女
运动能力	运动认知与技战术运用	水平一	助跑身体左右摇摆，影响速度发挥；制动式起跳，有停顿，不能发挥助跑速度；腾空步不明显，屈膝无团身，落地快；未能团身，双脚未能前伸，身体前倾（综合得分：4） 助跑节奏差，速度无明显提升，直线助跑，动作僵硬；制动式起跳，有停顿，不能发挥助跑速度；腾空步不明显，屈膝无团身，落地快；未能团身，双脚能前伸，身体前倾（综合得分：4） 直线助跑，无节奏，动作僵硬；制动式起跳，有停顿，不能发挥助跑速度；腾空步不明显，屈膝无团身，落地快；未能团身，双脚未能前伸，身体前倾（综合得分：4） 直线助跑，无节奏，动作僵硬；助跑蹬伸不够，重心偏低；制动式起跳，有停顿，不能发挥助跑速度；腾空步不明显，屈膝无团身，落地快；未能团身，双脚未能前伸，身体前倾（综合得分：4） 直线助跑，无节奏，动作僵硬；摆臂不积极，制动式起跳，有停顿，不能发挥助跑速度；腾空步不明显，屈膝无团身，落地快；未能团身，双脚未能前伸，身体前倾（综合得分：4）	助跑动作：身体摇摆，直线助跑，无节奏、动作僵硬 起跳动作：制动式起跳，有停顿，不能发挥助跑速度 空中动作：腾空步不明显，屈膝无团身，落地快 落地动作：未能团身，双脚未能前伸，身体前倾	直线助跑，身体摇摆，无节奏，动作僵硬；制动式起跳或不能完成起跳；空中动作差，失去平衡

学科核心素养	维度	水平等级	行为表现	特征提取	修订后的标准
运动能力	运动认知与技战术运用	水平二	直线助跑，有一定节奏，不稳定；被动起跳，缓冲时间长，蹬伸慢且不充分；腾空步不明显，屈膝无团身，落地快，未能完成落地动作(综合得分：9) 助跑不稳定，步点零乱，无落地；被动起跳，缓冲时间长，蹬伸慢且不充分；腾空步不明显，屈膝无团身，落地快(综合得分：8) 直线助跑，无节奏，动作僵硬；被动起跳，缓冲时间长，蹬伸慢且不充分；腾空步摆臂与身体姿势不协调，腾空步明显，团身不充分，上体与头不能正直，未能团身，双脚未能前伸，身体前倾(综合得分：8) 低头助跑，头不能保持正直，看板起跳，有一定节奏，不稳定；被动起跳，缓冲时间长，蹬伸慢且不充分；腾空步不明显，屈膝无团身，落地快；未能团身，双脚未能前伸，身体前倾(综合得分：8) 直线助跑，有一定节奏，不稳定；制动式起跳，有停顿，不能发挥助跑速度；上板身体后倒，起跳不积极、无力，无空中动作；腾空步不明显，屈膝无团身，落地快；有单脚落地或触及沙坑外地面等犯规现象(综合得分：5) 直线助跑，无节奏，动作僵硬；被动起跳，缓冲时间长，蹬伸慢且不充分；踏跳不充分，腾空无滞空时间；腾空步不明显，屈膝无团身，落地快；未能团身，双脚未能前伸，身体前倾(综合得分：6)	助跑动作：直线助跑，有低头等现象，无节奏或有一定节奏但不稳定 起跳动作：制动式起跳，有停顿，不能发挥助跑速度 空中动作：腾空步不明显，屈膝无团身，落地快 落地动作：未能团身，双脚未能前伸，身体前倾	直线助跑，有低头等现象，无节奏或有一定节奏但不稳定；制动式起跳，有停顿，不能发挥助跑速度；腾空步不明显，屈膝无团身，落地快；未能团身，双脚未能前伸，身体前倾

学科核心素养	维度	水平等级	行为表现	特征提取	修订后的标准
运动能力	运动认知与技战术运用	水平三	直线助跑，有一定节奏，较稳定；被动起跳，缓冲时间长，蹬伸慢且不充分；空中动作不协调，未能团身；双脚未能前伸，身体前倾(综合得分：10) 直线助跑，有一定节奏，不稳定；被动起跳，缓冲时间长，蹬伸慢且不充分；腾空步明显，团身不充分，上体与头不能正直；双脚落地，身体后倒，影响成绩(综合得分：12) 直线助跑，有一定节奏，不稳定；跑步式起跳，衔接较紧，踏跳较准，蹬摆较协调；腾空滞空不够，团身不充分，上体与头不能正直；未能团身，双脚未能前伸，身体过于前倾(综合得分：13) 直线助跑，有一定节奏，较稳定；被动起跳，缓冲时间长，蹬伸慢且不充分；第二次起跳上板积极，腾空步明显，团身不充分，上体与头不能正直；未能团身，双脚未能前伸，身体前倾(综合得分：11) 直线助跑，有一定节奏，不稳定；被动起跳，缓冲时间长，蹬伸慢且不充分；腾空步明显，团身不充分，上体与头不能正直；双脚落地，身体后倒，影响成绩(综合得分：12) 直线助跑，有一定节奏，不稳定；踏跳不充分，被动起跳，缓冲时间长，蹬伸慢且不充分；腾空步不明显，屈膝无团身，落地快；第二次落地技术较合理，成绩不受影响(综合得分：11) 直线助跑，无节奏，动作僵硬；助跑慢，不积极；起跳主动上板，被动起跳，缓冲时间长，蹬伸慢且不充分；腾空步明显，团身充分，上体与头不能正直，有一定滞空时间；未完成腾空即做落地动作(综合得分：12) 直线助跑，有一定节奏，不稳定；助跑后段无步点，起跳积极；第二次试跳起跳摆臂，用体操双臂摆；腾空有高度，但不平衡，落地过于前倾(综合得分：10)	助跑动作：直线助跑，有一定节奏，不稳定 起跳动作：被动起跳，缓冲时间长，蹬伸慢且不充分 空中动作：腾空步明显，团身不充分，上体与头不能正直，身体姿势有明显要改进的地方 落地动作：落地动作完成不佳，身体前倾或后倒	直线助跑，有一定节奏，不稳定；被动起跳，缓冲时间长，蹬伸动作慢且不充分；腾空步明显，屈膝团身不充分，身体姿势有明显要改进的地方；落地动作完成不佳，身体前倾或后倒等

续表

学科核心素养	维度	水平等级	行为表现	特征提取	修订后的标准
运动能力	运动认知与技战术运用	水平三	直线助跑节奏感较强，有较强烈的争取好成绩的心态；起跳缓冲时间长，不能完成快速起跳，腾空步不明显；第二次试跳腾空不佳，落地收腹举腿较佳(综合得分：11) 直线助跑节奏不稳定，身体姿势有明显要改进的地方；看板起跳、被动起跳，缓冲时间长，有腾空，但摆臂与身体姿势不协调，落地技术较合理(综合得分：13) 直线助跑节奏不稳定，后段迈大步；上板较积极，无腾空，落地较好，第二次落地较差(综合得分：11) 直线助跑，节奏不稳定，后蹬不充分，重心偏低；上板较积极，被动起跳，缓冲时间长，蹬伸慢且不充分；空中动作一般，腾空步明显，团身不充分，上体与头不能正直；摆臂与身体保持不协调，双脚落地；落地后身体后倒(综合得分：12) 直线助跑，节奏不稳定；助跑摆臂是打鼓式，起跳较积极；被动起跳，缓冲时间长，蹬伸慢且不充分；有腾空，腾空步明显；团身不充分，上体与头不能正直；未能团身，双脚未能前伸，身体前倾；落地不佳(综合得分：10) 直线助跑，有一定节奏，不稳定；助跑后段跨大步，起跳时身体过于前倾，被动起跳，缓冲时间长，蹬伸慢且不充分；腾空步不明显，团身不充分，上体与头不能正直；双脚落地，身体后倾，影响成绩(综合得分：12)		

学科核心素养	维度	水平等级	行为表现	特征提取	修订后的标准
运动能力	运动认知与技战术运用	水平四	直线助跑，有一定节奏，不稳定；跑步式起跳，衔接较紧，踏跳较准，蹬摆较协调；起跳动作无明显踏板，腾空步明显；团身充分，上体与头不能正直(综合得分：15) 直线助跑，有一定节奏，不稳定；被动起跳，缓冲时间长，蹬伸慢且不充分；腾空上下肢不协调，腾空步明显；团身不充分，上体与头不能正直；双脚落地，身体后倒，影响成绩(综合得分：14) 直线助跑，有一定节奏，不稳定；跑步式起跳，衔接较紧，踏跳较准，蹬摆较协调；起跳腿向摆动腿靠拢时机可延后，腾空步明显；团身充分，上体与头不能正直；落地技术较合理，成绩不受影响(综合得分：17) 直线助跑，助跑节奏不好，不稳定；跑步式起跳，衔接较紧，踏跳较准，蹬摆较协调；腾空步明显，团身充分，上体与头不能正直；双脚落地，身体后倒，影响成绩(综合得分：16) 直线助跑，节奏较稳定，助跑积极，落地方式较好；腾空步明显，空中动作技术有改善空间，整体效果不错，被动起跳，缓冲时间长，蹬伸慢且不充分；上体与头不能正直；双脚落地，身体后倒(综合得分：15) 直线助跑，节奏较稳定；起跳不够积极，被动起跳，缓冲时间长，蹬伸慢且不充分；应加强起跳着地技术，腾空高度、时间不够；团身充分，收腹举腿前伸完成较好，技术保持完整；上体与头不能正直；落地技术较合理，成绩不受影响(综合得分：16) 直线助跑，有一定节奏，不稳定；速度较慢，助跑不好；起跳不积极，被动起跳，缓冲时间长，蹬伸慢且不充分；腾空较好，落地较差；双脚落地，身体后倒，影响成绩(综合得分：14)	助跑动作：直线助跑，有一定节奏，有一定稳定性 起跳动作：跑步式起跳，衔接较紧，踏跳较准，蹬摆较协调 空中动作：腾空步明显，团身充分，上体与头不能正直；身体姿势有不协调处，滞空时间保持较长 落地动作：落地动作较合理，明显做到收腹举腿	直线助跑，有一定节奏，较稳定；跑步式起跳，助跑与起跳衔接较紧密，踏跳较准确，蹬摆较协调；腾空步明显，屈膝团身充分，上体与头不能保持正直，身体姿势不协调，滞空时间保持较长；落地技术较合理，成绩不受影响

学科核心素养	维度	水平等级	行为表现	特征提取	修订后的标准
运动能力	运动认知与技战术运用	水平四	直线助跑，节奏不稳定；跑步式起跳，衔接较紧，踏跳较准，蹬摆较协调；腾空不够，腾空步明显，团身不充分，上体与头不能正直；未能双脚落地；身体后倾，影响成绩(综合得分：14) 直线助跑，节奏较稳定；上板主动，起跳积极，跑步式衔接较紧，踏跳较准，蹬摆较协调；腾空步明显，团身不充分，上体与头不能正直；空中动作身体过于前倾，落地技术表现差；双脚落地，身体后倾，影响成绩(综合得分：15) 直线助跑，有一定节奏，较稳定；能保持一定速度，上板积极；跑步式起跳，衔接较紧，踏跳较准，蹬摆较协调；腾空不够，团身不充分，上体与头不能正直；技术粗糙，落地不错，能提升自己的远度；落地技术较合理(综合得分：16) 直线助跑，有一定节奏，不稳定；速度慢，被动起跳，缓冲时间长，蹬伸慢且不充分；腾空步明显，团身充分，上体与头不能正直；腾空滞空时间保持较长，明显做到收腹举腿；落地技术较合理(综合得分：15)		
		水平五	直线助跑，节奏感强，落地技术可改善；跑步式起跳，衔接紧密、准确，蹬摆协调；平衡好，腾空长，团身近胸，上体与头正直；落地技术较合理，成绩不受影响(综合得分：21) 直线助跑，有一定节奏，较稳定；上板积极，起跳积极；跑步式起跳，衔接较紧，踏跳较准，蹬摆较协调；明显腾空，控制平衡较好；团身充分，上体与头能正直；落地技术较合理，成绩不受影响(综合得分：18)	助跑动作：直线助跑，节奏感强 起跳动作：上板积极，起跳积极；跑步式起跳，衔接紧密、准确，蹬摆协调 空中动作：腾空时间长，团身充分，上体与头正直，平衡好 落地动作：落地动作较合理	直线助跑，节奏感强；上板积极，起跳积极；跑步式起跳，衔接紧密、准确，蹬摆协调；空中平衡好，腾空时间长，屈膝团身充分，上体与头保持正直；落地技术合理，成绩不受影响

学科核心素养	维度	水平等级	行为表现	特征提取	修订后的标准
运动能力	体育展示与比赛	水平一	实测无此	水平一、水平二、水平三为推论，现场学生为挑选的，有荣誉感	对抗参与，逃避，表现非常差
		水平二	实测无此		被动参与，不自信，表现较差
		水平三	实测无此		主动参与，表现一般
		水平四	主动参与，表现较积极，能自我鼓励(综合得分：4)	参与性：主动　表现性：较积极　作用：自我鼓励	主动参与，表现较积极，能自我鼓励
		水平五	积极参与，表现欲强，精神振奋，能感染他人(综合得分：5)	参与性：积极　表现性：表现欲强，精神振奋　作用：感染他人	积极参与，表现欲强，精神振奋，能感染他人
健康行为	健康知识掌握与运用	水平一	穿运动鞋、运动服；高帮鞋不适合跳远，对准备活动认识不足(综合得分：2.5)　穿运动鞋、运动服；足球鞋不适合跳远，没有准备活动，是态度问题(综合得分：2.5)	鞋：穿运动鞋，但穿的是高帮鞋或足球鞋；服装：穿运动服　准备活动：几乎没有；表现为态度问题，或者是教没教的问题	穿运动鞋、运动服，但穿的鞋不适合跳远，没有进行任何准备活动

125

续表

学科核心素养	维度	水平等级	行为表现	特征提取	修订后的标准
健康行为	健康知识掌握与运用	水平二	穿适合跳远的运动鞋、运动服；仅仅在原地做简单动作，未能达到热身目的（综合得分：3） 穿适合跳远的运动鞋、运动服；准备活动几乎没有，只是原地简单比画，根本达不到热身目的（综合得分：3） 穿适合跳远的运动鞋、运动服；没有准备活动，是态度问题（综合得分：3）	鞋：穿适合跳远的运动鞋 服装：穿适合跳远的运动服 准备活动：原地做简单动作，未能达到热身目的	穿适合跳远的运动鞋、运动服，在原地做简单动作，未能达到热身目的
		水平三	穿适合跳远的运动鞋、运动服；原地高抬腿、正压腿（综合得分：5） 穿适合跳远的运动鞋、运动服；原地摆臂，压腿，上摆动作（综合得分：5） 穿运动服、运动鞋；能带队员做简单的专项准备活动（综合得分：5.5） 穿适合跳远的运动鞋、运动服；仅有常规准备活动，如原地拉伸、前弓步等（综合得分：5）	鞋：穿适合跳远的运动鞋 服装：穿适合跳远的运动服 准备活动：原地高抬腿、正压腿、原地拉伸、前弓步等	穿适合跳远的运动鞋、运动服，能完成常规准备活动，如慢跑、拉伸、徒手操、高抬腿等
		水平四	穿适合跳远的运动鞋、运动服；仅有专项准备活动，如原地高抬腿、起跳动作（综合得分：6） 穿适合跳远的运动鞋、运动服；有专项准备活动，如原地纵跳（综合得分：6） 能量好自己的助跑步点，穿适合跳远的运动鞋、运动服；仅有专项准备活动，如上步起跳等（综合得分：6） 争取时间，量好助跑步点，穿适合跳远的运动鞋、运动服；仅有专项准备活动，如上步起跳等（综合得分：6） 穿适合跳远的运动鞋、运动服；仅有专项准备活动，如做原地高抬腿、纵跳、上摆动作（综合得分：6）	鞋：穿适合跳远的运动鞋 服装：穿适合跳远的运动服 准备活动：起跳动作、原地纵跳、上步起跳等，并能量好自己的助跑步点	穿适合跳远的运动鞋、运动服，能完成专项准备活动，如起跳动作、原地纵跳、上步起跳等，并能量好自己的助跑步点

学科核心素养	维度	水平等级	行为表现	特征提取	修订后的标准
	健康知识掌握与运用	水平五	实测无此		穿适合跳远的运动鞋、运动服；在比赛前能积极主动地做好常规与专项准备活动，量好助跑步点，赛中做好热身活动
健康行为	情绪调控	水平一	实测无此	学生的情绪都很稳定，难以区分，应该是不在意比赛与测试	易受干扰，情绪不稳定
		水平二	实测无此		面对干扰，情绪波动大，不能自我调节
		水平三	面对干扰，情绪波动大，能自我调节，稳定自然（综合得分：3）面对干扰时情绪波动大，能较好地自我调节（综合得分：3）	情绪状态：情绪波动大　调控方式：自我调节	面对干扰，情绪波动大，能自我调节
		水平四	情绪较稳定，调节快，较沉着（综合得分：4）面对干扰，情绪较稳定，调节快，较沉着（综合得分：4）情绪较稳定，调节快，较沉着，稳定自然（综合得分：4）面对干扰，情绪较稳定，调节快，较沉着，轻松自然（综合得分：4）	情绪状态：情绪较稳定、较沉着　调控方式：调节快	情绪较稳定，自我调节快，较沉着

续表

学科核心素养	维度	水平等级	行为表现	特征提取	修订后的标准
健康行为	情绪调控	水平五	情绪稳定自然，调节快，较沉着（综合得分：5） 情绪稳定，轻松自然；不受外界干扰，沉着冷静（综合得分：5）	情绪状态：情绪稳定，轻松自然 调控方式：不受外界干扰	情绪饱满、稳定，轻松自然；不受外界环境干扰，冷静面对比赛
	环境适应	水平一	实测无此	由水平推论	拒绝与组内他人沟通，独自比赛
		水平二	偶尔的交谈只是闲聊（综合得分：2） 无交流，各自参加各自的比赛（综合得分：2） 只有闲谈，没有和比赛相关的交流（综合得分：2） 交流少或无交流（综合得分：2） 无动作技术上的交流，只做简单的起跳（综合得分：2） 无技术或动作上的交流，各自参加各自的比赛（综合得分：2）	交流：不闲聊，无动作技术上的交流 比赛：各自比赛	无与跳远相关的交流，各自参加各自的比赛
		水平三	跳完会跟同伴简单交流，如踏板不准等（综合得分：3） 无帮助行为，但是能寻求他人的指导（综合得分：3） 会跟裁判简单沟通（综合得分：3） 无帮助行为，但是能寻求他人的指导（综合得分：3） 有简单的踏跳动作交流（综合得分：3） 能与队员做些简单的动作交流（综合得分：3） 能从队员的动作上学会一些动作；无帮助行为，但是能寻求他人的指导（综合得分：3）	交流：简单交流，寻求他人的帮助，与裁判沟通 比赛：寻求他人的帮助，与裁判沟通	与同伴简单交流与跳远相关的内容，或能寻求他人的帮助，或能与裁判沟通

学科核心素养	维度	水平等级	行为表现	特征提取	修订后的标准
健康行为	环境适应	水平四	对他人有帮助行为，如提醒准备试跳（综合得分：4） 看到同伴聊天，提醒其准备（综合得分：4） 休息时能与队员共同学习动作；对他人有帮助行为，如提醒准备试跳（综合得分：4） 能与队员做一些简单的动作；对他人有帮助行为，如提醒准备试跳（综合得分：4）	交流：对他人有帮助行为，如提醒准备试跳 比赛：共同练习动作	对他人有帮助行为，或能与同伴共同练习动作
		水平五	实测无此		主动帮助队员，相互指导
体育品德	体育品格	水平一	实测无此	部分是推论，很难让学生进入比赛情境	故意干扰他人比赛，不尊重裁判；有侮辱性的行为，用言语及行为攻击裁判
		水平二	遵守试跳顺序，在规定时间内完成试跳；始终尊重与服从裁判的判决（综合得分：13）	秩序：按顺序和规定时间完成 裁判：尊重、服从裁判的判决	遵守试跳顺序，在规定时间内完成试跳；始终尊重与服从裁判的判决

学科核心素养	维度	水平等级	行为表现	特征提取	修订后的标准
体育品德	体育品格	水平三	有序参赛，做好试跳准备，试跳时举手示意；始终尊重与服从裁判的判决（综合得分：14） 有序参赛，能提前做好准备；站在助跑点上；始终尊重与服从裁判的判决（综合得分：14） 能提前做好准备，始终尊重与服从裁判的判决（综合得分：14） 有序参赛，能提前做好准备，举手示意试跳，始终尊重与服从裁判的判决（综合得分：14） 能提前站到助跑点上准备；始终尊重与服从裁判的判决（综合得分：14） 能提前做好准备；试跳时举手示意；始终尊重与服从裁判的判决（综合得分：14） 能提前站到步点上做好准备，试跳时举手示意；始终尊重与服从裁判的判决（综合得分：14） 能按比赛要求提前做好准备，试跳时举手示意；始终尊重与服从裁判的判决（综合得分：14） 能利用休息时间调整动作；有序，试跳做好准备，试跳时举手示意；始终尊重与服从裁判的判决（综合得分：14）	秩序：有序，试跳做好准备，试跳时举手示意 裁判：尊重、服从裁判的判决	有序参赛，试跳做好准备，试跳时举手示意；始终尊重与服从裁判的判决
		水平四	实测无此		有序参赛，试跳前及时做好准备，试跳时举手示意；对裁判的判决有异议，但能尊重裁判的判决，微笑接受

学科核心素养	维度	水平等级	行为表现	特征提取	修订后的标准
体育品德	体育品格	水平五	有序参赛，做好准备，举手示意，协助裁判；始终尊重与服从裁判的判决（综合得分：15）	秩序：有序，做好准备，举手示意，协助裁判 裁判：尊重、服从裁判的判决	有序参赛，试跳前及时做好准备，试跳时举手示意，协助裁判维持比赛秩序；始终尊重与服从裁判的判决
	体育精神	水平一	较从容，较自然，失误后技术受影响；在不理想状态下不能专心比赛（综合得分：4） 根据自己的问题进行改正，如踏板不准；在不理想状态下不能专心比赛（综合得分：5） 较从容，较自然，失误后技术受影响；对比赛较随意，斗志较差，感觉无所谓（综合得分：3） 犹豫不决，行为拘谨，动作易出现失误；漫不经心，无所谓、不在乎（综合得分：2）	自信心：犹豫不决，行为拘谨，技术受影响 意志品质：不理想状态不能专心比赛	犹豫不决，行为拘谨，技术受影响；水平受比赛不理想状态影响大
		水平二	较从容，较自然，失误后技术受影响；能根据自己的实际情况进行助跑步点的丈量；按计划能专心完成比赛（综合得分：7） 犹豫不决，行为拘谨，动作易出现失误；不受影响，能专心完成比赛（综合得分：6） 较从容，较自然，失误后技术受影响；不受影响能专心完成比赛（综合得分：7）	自信心：较从容，较自然，失误后技术受影响 意志品质：不受不理想状态影响，能专心比赛	较从容，较自然，失误后技术受影响；能进行调整，专心比赛

131

续表

学科核心素养	维度	水平等级	行为表现	特征提取	修订后的标准
体育品德	体育精神	水平二	根据自己的问题进行改正，如踏板不准；不受影响，能专心完成比赛（综合得分：7） 失误后技术受影响，信心不足，动作不流畅；不受影响，能专心完成比赛；比赛欲望强，能自然完成动作（综合得分：7） 信心不足，动作不流畅；正常按计划，不受影响，能专心完成（综合得分：7） 信心强，动作流畅；较从容，较自然，失误后技术受影响；不理想状态下能专心比赛（综合得分：7）		
		水平三	根据自己的问题改正，信心强，动作流畅自然；不受影响能专心完成比赛（综合得分：8） 根据自己的问题改正，能较好地表现自己；不受影响，能专心完成比赛（综合得分：8） 根据自己的问题改正助跑步点，不受影响，能专心完成比赛（综合得分：8） 根据自己的问题能调整助跑步点，较好完成动作；不受影响，能专心完成比赛（综合得分：8） 信心强，调节能力好；根据自己的问题进行改正，如踏板不准；不受影响，能专心完成比赛（综合得分：8） 轻松自然，根据自己的问题进行改正，如踏板不准；不受影响，能专心完成比赛（综合得分：8）	自信心：信心强，调节能力好；根据自己的问题进行改正意志品质：不受不理想状态影响，能专心比赛	表现较从容，信心强；根据自己的问题进行改正，调节能力好；不受不理想状态影响，能专心比赛

学科核心素养	维度	水平等级	行为表现	特征提取	修订后的标准
体育品德	体育精神	水平四	根据自己的问题进行改正，如踏板不准，表情专注，态度认真，斗志昂扬，在不理想状态下积极、认真（综合得分：9分）	自信心：表情专注，态度认真，斗志昂扬，在不理想状态下积极、认真 意志品质：根据自己的问题进行改正	根据自己的问题进行改正，如踏板不准；表情专注，态度认真，斗志昂扬，在不理想状态下积极、认真
		水平五	实测无此		自信心很强，试跳表现欲强，有很强的竞技状态；意志顽强，积极面对，认真比赛
	体育道德	水平一	实测无此	根据测试做出一定调整	不遵守比赛规则
		水平二	实测无此		违反比赛规则，提醒后改正
		水平三	不懂规则，服从组织，遵守规则（综合得分：3）		基本遵守比赛规则
		水平四	懂得规则，被动遵守比赛规则；遵守比赛规则，服从裁判的判决（综合得分：4） 懂得规则，被动遵守比赛规则；无法准确判断是否真的懂得规则（综合得分：4） 懂得规则，被动遵守比赛规则（综合得分：4）		遵守比赛规则，服从裁判的判决
		水平五	懂得规则，自觉遵守比赛规则（综合得分：5分）		严格遵守比赛规则

三、测试结果运用

我们通过测评数据分析，构建了跳远模块学科核心素养各维度的评价标准。每个水平等级对应具体的评价标准和学生样例（见表 6-12）。

表 6-12 跳远测试 B 卷学科核心素养各维度的评价标准和学生样例

学科核心素养	具体维度	水平等级	评价标准和学生样例	备注
运动能力	体能状况	水平一	标准：助跑速度慢，起跳力量薄弱，无腾空；远度为 2.80～3.30 米/男，2.60～2.99 米/女	
			样例：3.0 米，力量一般，无助跑速度，力量薄弱，无腾空；速度慢，全程无明显加速	
		水平二	标准：助跑速度忽快忽慢、不规律，起跳力量一般，腾空时间短，不充分；远度为 3.31～3.85 米/男，3.00～3.55 米/女	
			样例：3.45 米、2.85 米，力量弱，腾空非常短促；速度忽快忽慢，不规律	
		水平三	标准：助跑速度较快，呈减速趋势，力量一般，腾空时间短，腾空动作急促，不充分；远度为 3.86～4.50 米/男，3.56～3.80 米/女	
			样例：3.90 米，身体素质偏弱，影响后续技术学习；力量一般，腾空时间短，动作急促，不充分；速度忽快忽慢，不规律	
		水平四	标准：助跑速度较快，加速不明显；快速有力，有腾空，腾空时间短，动作急促；远度为 4.51～5.25 米/男，3.81～4.10 米/女	
			样例：4.60 米、4.70 米，力量一般，腾空时间短，动作急促，不充分；助跑速度较快，无明显加速	
		水平五	标准：速度明显，持续加速；快速有力，腾空有高度，腾空步充分到位；远度为 5.26 米/男，4.11 米/女	
			样例：5.08 米，身体素质较好，起跳有力、快速；腾空有高度，腾空步充分到位；助跑速度较快，持续加速，加速明显	

续表

学科核心素养	具体维度	水平等级	评价标准和学生样例	备注
运动能力	运动认知与技战术运用	水平一	标准：直线助跑，身体摇摆，无节奏，动作僵硬；制动式起跳或不能完成起跳；空中动作差，失去平衡	
			样例：助跑身体左右摇摆，影响速度发挥；制动式起跳，有停顿，不能发挥助跑速度；腾空步不明显，屈膝无团身，落地快；未能团身，双脚未能前伸，身体前倾	
		水平二	标准：直线助跑，有低头等现象，无节奏或有一定节奏但不稳定；制动式起跳，有停顿，不能发挥助跑速度；腾空步不明显，屈膝无团身，落地快；未能团身，双脚未能前伸，身体前倾	
			样例：直线助跑，无节奏，动作僵硬；被动起跳，缓冲时间长，蹬伸慢且不充分，踏跳不充分，腾空无滞空时间；腾空步不明显，屈膝无团身，落地快；未能团身，双脚未能前伸，身体前倾	
		水平三	标准：直线助跑，有一定节奏，不稳定；被动起跳，缓冲时间长，蹬伸动作慢且不充分；腾空步明显，屈膝团身不充分，身体姿势有明显要改进的地方；落地动作完成不佳，身体前倾或后倒等	
			样例：直线助跑，有一定节奏，不稳定；被动起跳，缓冲时间长，蹬伸慢且不充分；腾空步明显，团身不充分，上体与头不能正直；双脚落地，身体后倒，影响成绩	
		水平四	标准：直线助跑，有一定节奏，较稳定；跑步式起跳，助跑与起跳衔接较紧密，踏跳较准确，蹬摆较协调；腾空步明显，屈膝团身充分，上体与头不能保持正直，身体姿势不协调，滞空时间保持较长；落地技术较合理，成绩不受影响	
			样例：直线助跑，有一定节奏，不稳定；速度较慢，助跑不好；起跳不积极；被动起跳，缓冲时间长，蹬伸慢且不充分；腾空较好，落地较差；双脚落地，身体后倒，影响成绩	
		水平五	标准：直线助跑，节奏感强；上板积极，起跳积极；跑步式起跳，衔接紧密、准确，蹬摆协调；空中平衡好，腾空时间长，屈膝团身充分，上体与头保持正直；落地技术合理，成绩不受影响	
			样例：直线助跑，节奏感强，落地技术可改善；跑步式起跳，衔接紧密，准确，蹬摆协调；平衡好，腾空长，团身近胸，上体与头正直；落地技术较合理，成绩不受影响	

续表

学科核心素养	具体维度	水平等级	评价标准和学生样例	备注
运动能力	体育展示与比赛	水平一	标准：对抗参与，逃避，表现非常差	水平一、水平二、水平三为推论，现场学生为挑选的，有荣誉感
			样例：实测无此	
		水平二	标准：被动参与，不自信，表现较差	
			样例：实测无此	
		水平三	标准：主动参与，表现一般	
			样例：实测无此	
		水平四	标准：主动参与，表现较积极，能自我鼓励	
			样例：主动参与，表现较积极，能自我鼓励	
		水平五	标准：积极参与，表现欲强，精神振奋，能感染他人	
			样例：积极参与，表现欲强，精神振奋，能感染他人	
健康行为	健康知识掌握与运用	水平一	标准：穿运动鞋、运动服，但穿的鞋不适合跳远，没有进行任何准备活动	表现为态度问题，或者是教没教的问题
			样例：穿运动鞋、运动服；足球鞋不适合跳远，没有准备活动，是态度问题	
		水平二	标准：穿适合跳远的运动鞋、运动服，在原地做简单动作，未能达到热身目的	
			样例：穿适合跳远的运动鞋、运动服；没有准备活动，是态度问题	
		水平三	标准：穿适合跳远的运动鞋、运动服，能完成常规准备活动，如慢跑、拉伸、徒手操、高抬腿等	
			样例：穿适合跳远的运动鞋、运动服；仅有常规准备活动，如原地拉伸、前弓步等	
		水平四	标准：穿适合跳远的运动鞋、运动服，能完成专项准备活动，如起跳动作、原地纵跳、上步起跳等，并能量好自己的助跑步点	
			样例：能量好自己的助跑步点，穿适合跳远的运动鞋、运动服；仅有专项准备活动，如上步起跳等	
		水平五	标准：穿适合跳远的运动鞋、运动服；在比赛前能积极主动地做好常规与专项准备活动，量好助跑步点，赛中做好热身活动	
			样例：实测无此	

续表

学科核心素养	具体维度	水平等级	评价标准和学生样例	备注
健康行为	情绪调控	水平一	标准：易受干扰，情绪不稳定	学生的情绪都很稳定，难以区分，应该是不在意比赛与测试
			样例：实测无此	
		水平二	标准：面对干扰，情绪波动大，不能自我调节	
			样例：实测无此	
		水平三	标准：面对干扰，情绪波动大，能自我调节	
			样例：面对干扰，情绪波动大，能自我调节，稳定自然	
		水平四	标准：情绪较稳定，自我调节快，较沉着	
			样例：情绪较稳定，调节快，较沉着，稳定自然	
		水平五	标准：情绪饱满、稳定，轻松自然；不受外界环境干扰，冷静面对比赛	
			样例：情绪稳定，轻松自然；不受外界干扰，沉着冷静	
	环境适应	水平一	标准：拒绝与组内他人沟通，独自比赛	推论
			样例：实测无此	
		水平二	标准：无与跳远相关的交流，各自参加各自的比赛	
			样例：无技术或动作上的交流，各自参加各自的比赛	
		水平三	标准：与同伴简单交流与跳远相关的内容，或能寻求他人的帮助，或能与裁判沟通	
			样例：跳完会跟同伴简单交流，如踏板不准等	
		水平四	标准：对他人有帮助行为，或能与同伴共同练习动作	
			样例：能与队员做一些简单的动作；对他人有帮助行为，如提醒准备试跳	
		水平五	标准：主动帮助队员，相互指导	
			样例：实测无此	

续表

学科核心素养	具体维度	水平等级	评价标准和学生样例	备注
体育品德	体育品格	水平一	标准：故意干扰他人比赛，不尊重裁判；有侮辱性的行为，用言语及行为攻击裁判	部分是推论，很难让学生进入比赛情境
			样例：实测无此	
		水平二	标准：遵守试跳顺序，在规定时间内完成试跳；始终尊重与服从裁判的判决	
			样例：遵守试跳顺序，在规定时间内完成试跳；始终尊重与服从裁判的判决	
		水平三	标准：有序参赛，试跳做好准备，试跳时举手示意；始终尊重与服从裁判的判决	
			样例：能提前站到步点上做好准备，试跳时举手示意；始终尊重与服从裁判的判决	
		水平四	标准：有序参赛，试跳前及时做好准备，试跳时举手示意；对裁判的判决有异议，但能尊重裁判的判决，微笑接受	
			样例：实测无此	
		水平五	标准：有序参赛，试跳前及时做好准备，试跳时举手示意，协助裁判维持比赛秩序；始终尊重与服从裁判的判决	
			样例：有序参赛，做好准备，举手示意，协助裁判；始终尊重与服从裁判的判决	
	体育精神	水平一	标准：犹豫不决，行为拘谨，技术受影响；水平受比赛不理想状态影响大	
			样例：犹豫不决，行为拘谨，动作易出现失误；漫不经心，无所谓、不在乎	
		水平二	标准：较从容，较自然，失误后技术受影响；能进行调整，专心完成比赛	
			样例：较从容，较自然，失误后技术受影响；不受影响能专心完成比赛	
		水平三	标准：表现较从容，信心强；根据自己的问题进行改正，调节能力好；不受不理想状态影响，能专心完成比赛	
			样例：根据自己的问题改正，信心强，动作流畅自然；不受影响能专心完成比赛	

学科核心素养	具体维度	水平等级	评价标准和学生样例	备注
体育品德	体育精神	水平四	标准：根据自己的问题进行改正，如踏板不准；表情专注，态度认真，斗志昂扬，在不理想状态下积极、认真	
			样例：根据自己的问题进行改正，如踏板不准；表情专注，态度认真，斗志昂扬，在不理想状态下积极、认真	
		水平五	标准：自信心很强，试跳表现欲强，有很强的竞技状态；意志顽强，积极面对，认真比赛	
			样例：实测无此	
	体育道德	水平一	标准：不遵守比赛规则	本项根据测试做出一定调整
			样例：实测无此	
		水平二	标准：违反比赛规则，提醒后改正	
			样例：实测无此	
		水平三	标准：基本遵守比赛规则	
			样例：不懂规则，服从组织，遵守规则	
		水平四	标准：遵守比赛规则，服从裁判的判决	
			样例：懂得规则，被动遵守比赛规则；无法准确判断是否真的懂得规则	
		水平五	标准：严格遵守比赛规则	
			样例：懂得规则，自觉遵守比赛规则	

第七章　体操类运动的命题示例与分析

健美操是当前校园开展得较为广泛的体操类运动之一，是在音乐伴奏下，以有氧运动为基础，以连续复杂的操作组合、难度、技巧、配合等技术动作为表现形式的一项运动，其主要功能有健身、竞赛与展演。

与传统的体育教学评价相比，学科核心素养测评是一次革新，具有很强的挑战性。为考查核心素养，测评组尝试以现实生活、工作、学习为情境，以言行表现为线索，以学科核心素养为测评内容，以量化统计为结果。这是学科核心素养评价与传统体育课程评价较为明显的差别。在尝试的过程中，测评组遇到并克服了很多困难，主要有如下几方面。①健美操模块学科核心素养具体表现的理论框架与要素的构建。这要求对健美操模块具备全面且深刻的认识，也是本测评的重要基础。②健美操模块在现实生活中运用的情境设计。可选取的情境有很多，但难在设计出能够考查所有维度学科核心素养的题目。③在实测题的基础上，对人的认知层面与精神层面的表现进行观察、定性、定量。这要求尝试以言行为依据考查并评价人的认知水平与精神活动。④对学科核心素养五个表现水平的确定与纠正。不同的年龄、水平、性别等因素都可能造成学科核心素养表现的差异。这需要通过经验判断先假设一个值，再根据实测结果予以调整。

虽然本测评遇到了很多困难，但我们经过多次的深度思考、广泛研讨与不断修改，最终还是较圆满地完成了测评任务。总体来看，基于体操类运动的学科核心素养理论框架构建基本合理，设计的情境与实践联系密切，命题所考查的学科核心素养内容较为全面，较为准确地评价了学生的学科核心素养水平。

在本测评中，体操类运动选取健美操模块作为测评示例，以期分享本次探索的心得体会，也希望能提供一些有益的参考。

第一节　健美操模块试题设计的示例

构建科学的、符合健美操特点的学科核心素养理论框架是开展测评的基础。人在从事不同运动项目时所呈现出来的或侧重的学科核心素养的表现是不同的。比如，健美操运动员的坚毅表现为在练习柔韧素质时对疼痛的忍耐。又如，健美操模块在运动能力这一学科核心素养上重视肢体协调性的表现。这些内容都是该模块的特点，并非所有模块都如此。因此，分析与汲取符合健美操模块特点的学科核心素养结构要素，构建基于健美操模块的学科核心素养理论框架，是评价练习健美操学生的学科核心素养的关键。

把握健美操模块的应用情境规律是命题的关键。健美操是一个以健身、比赛、展演为目的的运动，以创编、成形、强化、实现四个过程性环节为应用情境（详见图 7-1）。测试的任务是通过全过程性的健美操运动应用情境，以人的语言与行为为依据，系统全面地考查人在从事健美操运动时表现出来的核心素养水平。

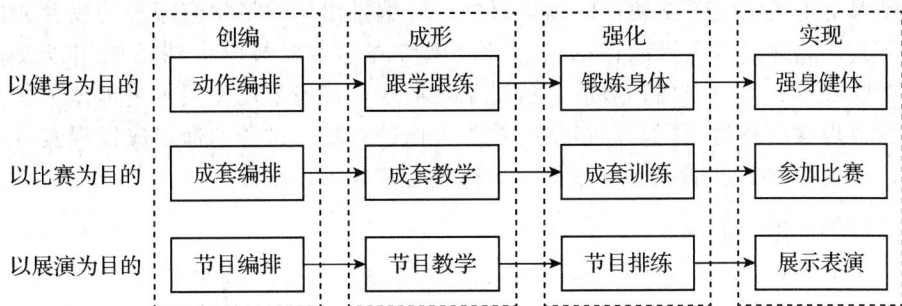

	创编	成形	强化	实现
以健身为目的	动作编排	跟学跟练	锻炼身体	强身健体
以比赛为目的	成套编排	成套教学	成套训练	参加比赛
以展演为目的	节目编排	节目教学	节目排练	展示表演

图 7-1　健美操模块的应用情境规律

测评组通过基于健美操模块的学科核心素养理论框架的构建，以及对健美操模块的应用情境规律的把握，进而开展如下研究工作。

一、学科核心素养在健美操模块的具体化

测评组以从事健美操运动的经验分析为基础，以考察论证为证据，将学科核心素养在健美操模块进行具体化。健美操模块的主要内容有健美操专项运动技能、体能的练习和知识的学习等。健美操模块学科核心素养的具体表现包括如下几方面。①在具体的学习过程中，需要掌握健美操运动的基本知识、编排方法和竞赛规则等内容。②在教学、编排、训练过程中表现出负责任和自觉的态度，以及积极进取和团队协作的精神。③在各种情境下，运用所学的健美操运动知识达成健身、比赛、展演等目的。④掌握教、学、练的方法，并能够预防、应对与处理常见的专项运动损伤。⑤在比赛与展演中能够科学地进行热身准备，以较高的体能、技能、展示水平及稳定的发挥完成任务。

二、健美操模块试题的设计思路

健美操模块测评旨在通过学生在健美操模块中的具体任务或情境中的表现，推断学生学科核心素养各维度的发展水平。因此，基于学科核心素养的试题设计要准确把握学科核心素养在健美操模块的内涵和表现特征；应立足健美操模块的真实情境，创设引发学科核心素养表现的评价任务；要结合具体情境，合理设置与安排实践考试的环境；根据考试内容合理设计评价标准，根据学生的实际表现准确判断学生言行所明示与隐含的学科核心素养。

（一）命题内容设计

健美操模块测评应结合自身的特点，针对运动能力、健康行为和体育品德三大学

科核心素养的各维度进行设计。学习健美操的目的就是提高通过健美操进行科学锻炼与展演、竞赛的能力。因此，无论是教学还是测试都要从实际出发，尽可能设计模拟真实的健美操应用场景，并选择与之适应的测试内容对学科核心素养进行评估。首先，要求学生确定健美操动作的编排目的，并编排出能满足相应需求的成套或段落动作；其次，通过健美操动作的教、学、练考查学生对教学方法的应用以及责任感、进取心等方面的表现；最后，通过学生的成套或段落动作展示过程评估其身体素质、心理素质及运动技术和损伤防护等方面的表现。试题的命制应以现实可测为基础，覆盖能够通过试题进行评价的学科核心素养表现维度。

(二)测试情境创设

在现实环境中，健美操与锻炼身体、表演节目、专项比赛的情景密切相关。当我们需要运用它进行锻炼时，设计出符合锻炼者年龄和运动水平的动作非常重要。当我们需要表演时，根据演出场地调整与编排动作是关键。在健美操比赛中，编排出符合自身优势的动作，发挥出应有的训练水平就是我们的目标。

基于健美操模块的特点，测评组设计的情境如下。①为完成毕业晚会的表演任务，根据现有人员与情况将已有的成套动作改编成表演套路，着重考查学生对健美操动作编排方法等知识的应用，以及对表演任务的责任感。②在有限的时间内完成表演节目的教学、排练，着重考查学生在完成任务时的积极主动性与合作能力等方面的表现。③在模拟的表演舞台上，完成准备活动与节目表演，着重考查学生在热身与表演过程中具备的损伤预防与动作展示等能力。测评过程中均没有教练的指导，完全由学生自主决定、自主开展、自主完成，以期能够真实地反映其实际能力与态度表现，有利于获得较真实的评价结果。

(三)考试环境设置

健美操模块测评强调在具体情境中考查学生的真实态度、能力及水平。为确保测试的有效性与可信度，试题在开始测试以前始终对学生严格保密。学生进入考试环境后才可知道试题。为了确保对应情境的测试要求，考试环境分为编排区、排练区和展演区，采取单向通道不可逆设计。即学生只能从编排区进入排练区，再进入展演区，展演完毕即测试结束。在整个测试过程中，未轮到的学生在考试环境外休息。一旦进入考试环境就已进入了测试状态。每个考试环境考查的内容有所不同。各区域均放置了测试所需要的器材与用品。

(四)评价方式运用

健美操模块测评有隐性和显性考查两种方式。隐性考查是必须完成的任务以外的评价。例如，是否主动承担编排与教学任务，以及有没有配合完成学习与练习任务等；考前的准备活动有没有穿着合适的服装及必要时对护具的正确选择和使用等。隐性考查一方面是考查学生对于完成任务的责任感与主动程度，是体育品德的表现与评价内容；另一方面是为了预防意外伤害或损伤，考查学生在排练或表演前有没有进行必要的准备活动，是考查学生的自我保护意识与执行能力。显性考查是对必须完成的任务进行的评价。比如，完成一个动作段落的编排时，编排是否合理或出色？进行动作展示时，动作表现是否优秀及发挥得好不好？这部分的评价较倾向于知识应用水平与运动表现。

第二节　健美操模块的测评与结果运用

为全面考查学生健美操模块的学科核心素养，呈现和量化学生的隐性与显性素养，测评组尝试通过实践测试，让学生展示出跳健美操的技术技能、对其掌握与运用的情况，日常锻炼以及专项训练与动作创编的基本原理与方法，增强学生的身体素质、乐感与节奏感、团队合作能力、责任感与自觉性，培养出能跳健美操、会编健美操、能在不同场合运用健美操知识与展示个人运动能力的学生。健美操模块测评要求学生针对表演效果在给定时间内运用编排知识改编一段动作，并对所编动作进行全员教学，最后结合音乐展示出来。以下以普通高中体育与健康学科的健美操测试 A 卷"思维引领艺术，编排展示风采——毕业晚会的健美操节目"为例进行阐述。

一、试题命制

（一）试题呈现

思维引领艺术，编排展示风采
——毕业晚会的健美操节目

毕业前夕的毕业典礼是一个不同寻常的告别仪式，是学生走向新阶段前的最后一个聚会。健美操是常见的体育表演形式。一套健美操表演节目从设想到编排，从练习到表演，需要编排者与表演者分工合作，通力完成。通过编排，编排者表现出对项目的理解程度与对艺术的诠释能力。通过合作，编排者可以在节目中各取所长，展示各自的优势，让表演充满亮点。通过表演，编排者能够展示出表演者的专项水平与心理素质。最终，编排者创造出一个优秀的艺术作品。

情境：在即将到来的毕业典礼上，作为健美操校队的队员要为毕业班的同学表演一套健美操。教练要求表演队队员自行排练，并一定把这个任务完成，因为它代表了健美操队的综合实力与集体荣誉。

题目一：根据给定音乐，请你和随机组成的 6～8 名队员共同合作改编一段 16 个八拍的健美操动作。其必须至少包含 1 次托举、1 次集体完成的最高难度动作、1 次较复杂的技巧或过渡连接，限时 30 分钟。

题目二：自行分工，教学练习所编排的动作，做好完整的节目展示准备，限时 20 分钟。

题目三：以小组为单位，结合音乐进行展示，准备时间 10 分钟。

（二）试题分析

本试题采用开放性实践测试题。本试题考查健美操模块 10 的内容，包括成套移动路线、移动方向、队形变化编排以及托举与配合技术动作编排等。基于表演任务情境，学生应以团队合作的形式进行编排、教学练习与展示，充分发挥自己的综合能力。测评组分别对学生的运动能力、健康行为、体育品德三个维度的学科核心素养进行评价。本试题分为三个题目，分别对应三个不同的情境。为了尽可能接近真实环境，更好地模拟编排、教学练习与展示的情境，测评组在两个独立的空间进行考查，并在不同环节考查不同的学科核心素养表现。

(三)评分维度与预设标准

情境化的任务给学生提供了展示其行为、思想和解决问题能力的空间。在学生完成试题的过程中，测评组以其实际的行为与语言评价学生的学科核心素养表现，并为相应的评价内容赋值，再确定其水平。学生的言行表现是确定评分维度的重要依据。在本试题中，题目一考查学生的编排能力、沟通能力、责任感；题目二考查学生的协调性、沟通能力、认真程度、努力程度。题目三考查学生的展示能力、防伤能力、心理素质。测评前根据评价内容制定了相应的评分表，针对学科核心素养的不同维度预设了五级评分标准，以便于进行评价操作。健美操测试 A 卷考查的三大学科核心素养详见表 7-1 至表 7-3。

表 7-1　健美操测试 A 卷题目一考查的学科核心素养

学科核心素养	维度	具体表现	备注
运动能力	运动认知与技术运用	动作编排： 1. 完成程度 2. 编排多样性	
健康行为	环境适应	编排过程： 1. 主动与他人沟通交流编排思路与动作要求的表现 2. 主动观察与反馈编排效果与他人动作问题的表现	与题目二备注处合并评价
体育品德	体育品格	编排过程： 1. 承担编排任务的积极程度 2. 完成编排任务的认真程度	

表 7-2　健美操测试 A 卷题目二考查的学科核心素养

学科核心素养	维度	具体表现	备注
运动能力	体能状况	1. 掌握新编操化动作与其他技术动作的时效 2. 各身体部位间的动作协调配合程度	
健康行为	环境适应	练习过程： 1. 与他人交流动作要领与要求的主动性 2. 向他人回馈动作情况的积极程度	与题目一备注处合并评价

续表

学科核心素养	维度	具体表现	备注
体育品德	体育精神	练习过程： 1. 对他人的训练要求的严格程度 2. 对自己的训练要求的严格程度	
	体育道德	促使他人自觉练习的自我约束力、自我执行力表现	

表 7-3　健美操测试 A 卷题目三考查的学科核心素养

学科核心素养	维度	具体表现	备注
运动能力	体育展示与比赛	1. 针对展示任务调动身心状态的方法与时效 2. 在展示过程中所表现出的竞赛状态水平	展示
健康行为	健康知识掌握与运用	1. 准备活动的充分程度与方法的得当性 2. 对易受伤动作与已受伤部位的医学防护措施的运用	
	情绪调控	展示过程： 1. 由心理因素导致的动作失误情况 2. 出现问题后能迅速调整好心理状态的能力	

此外，本试题选取了 9 个学科核心素养维度中的 10 个健美操专项表现形式进行了考查，见表 7-4。

表 7-4　健美操测试 A 卷的评价内容

学科核心素养	维度	表现形式	得分指标
运动能力	体能状况	专项机能	肢体协调性
	运动认知与技战术运用	专项知识	编排能力
	体育展示与比赛	状态调控	进入竞技状态的方法与时效
		竞技状态	展示过程的身心状态
健康行为	健康知识掌握与运用	健康认知	损伤防控
	环境适应	合作与竞争	交流互动
	情绪调控	控制不良情绪	克服紧张与焦虑
体育品德	体育品格	社会责任感	集体责任感
	体育精神	勇于奋进	努力程度
	体育道德	自律自制	自我要求

　　健美操模块学科核心素养理论框架与评价指标内容在学科核心素养统领下呈现出多层次、多因素的结构，示例详见图 7-2。需要注意的是，测评的得分指标、得分点可能是单因素，也可能是多因素。例如，肢体协调性的表现除了学习新动作的时效性，还包括肢体动作的协调配合。这些都将被考虑在内，并作为有效分值相加，最终根据得到的分数确定表现水平。

　　该评价结构包括科目域、学科域、项目域三层结构。其中，科目域即语、数、英及体育与健康学科等。学科域即主要理论体系，包括学科核心素养、表现维度、表现形式。项目域即实测的操作层面，包括得分指标、得分点、评分标准。该评价结构最终以量化的方式呈现学生的表现水平。

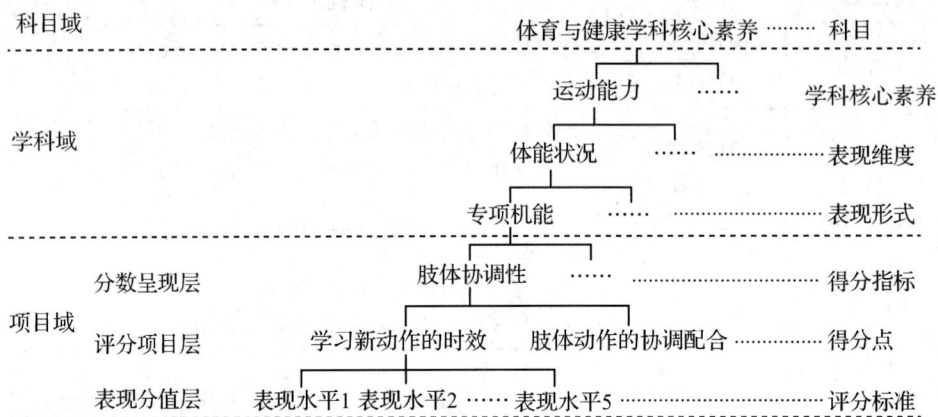

图 7-2　健美操模块的评价结构示例

　　根据健美操模块的评价结构，测试组根据学生的现场表现，对应评分标准给予由低到高 1～5 分的分值。具体评分标准举例如下。

编排完成程度的评分标准

1. 结构路径

　　结构路径为：学科核心素养（运动能力）—表现维度（运动认知与技战术运用）—表现形式（专项知识）—得分指标（编排能力）—得分点（编排完成程度）。

2. 评分标准

　　水平一（1 分）：完成或参与不多于 2 个 8 拍动作的编排。

　　水平二（2 分）：完成或参与 3～6 个 8 拍以上动作的编排。

　　水平三（3 分）：完成或参与 7～10 个 8 拍以上动作的编排。

　　水平四（4 分）：完成或参与 11～14 个 8 拍以上动作的编排。

　　水平五（5 分）：完成或参与 15～16 个 8 拍动作的编排。

编排过程的交流互动水平的评分标准

1. 结构路径

　　结构路径为：学科核心素养（健康行为）—表现维度（环境适应）—表现形式（合作

与竞争)—得分指标(交流互动)—得分点(编排过程的交流互动水平)。

2. 评分标准

水平一(1分)：拒绝沟通编排内容，或进行编排以外内容的沟通。

水平二(2分)：不主动交流与沟通，在编排中仅是被动服从。

水平三(3分)：存在极少数的以编排为目的的交流互动，在编排过程中积极服从相应安排。

水平四(4分)：主动地进行以编排为目的的交流互动，在编排过程中起到辅助作用。

水平五(5分)：主动地进行以编排为目的的交流互动，在编排过程中起到主导作用。

自身的训练执行力度的评分标准

1. 结构路径

结构路径为：学科核心素养(体育品德)—表现维度(体育精神)—表现形式(勇于奋进)—得分指标(努力程度)—得分点(自身的训练执行力度)。

2. 评价标准

水平一(1分)：拒绝努力练习，且对他人的鼓励无动于衷。

水平二(2分)：不愿努力练习，但在他人的鼓励下会练习。

水平三(3分)：较努力，但持续性不足。当停止练习时对他人的鼓励无动于衷，或自己不会再进行练习。

水平四(4分)：较努力，但持续性不足。当停止练习时在他人的鼓励下会再练习，或自己会再进行练习。

水平五(5分)：不需要外部激励，持续努力练习，精益求精。

得分指标的内容与特征不同，所包含的评价方式与评价结构也不同，其组成每个得分指标的得分点数量也不同。以得分指标"肢体协调性"为例，判断肢体协调性不仅应评价学新动作的时效，还应当判断肢体动作的协调配合。利用多个维度对得分指标进行观察，更有利于评价学生之间协调性的微小差异。

得分点数值不对称会造成得分指标分数权重的不同。对此，测评组将相同得分指标内得分点分数的和的平均数作为得分指标值。需要加以说明的是，测评组认同结构内容"区别而统一"的设想。即在任意两层结构中，同属一个上级的内容是区别表现，但又是高度统一的。例如，得分指标"肢体协调性"可以从得分点1"学动作的快慢"来判断，也可以通过得分点2"已会动作的表现"来判断。换一个说法就是，协调性好的人往往学动作也快，做动作也好看。当然这可能存在一些不一致，但不可否定它们的大致统一性与强关联性，以及该评价方法的分别判断、综合评价所具备的全面性。这就是"区别而统一"的客观现象。

基于此，测评组先是将各得分点的和的平均数作为得分指标值，然后又将得分指标值的和的平均数作为表现形式的表现水平，在一系列的平均化后最终得到所需数据。

二、测试数据分析

根据考核的具体内容和预设评价标准，测评组现场对学生在健美操模块中学科核心素养的具体行为表现进行判断与评分，举例如下（见表 7-5）。由于尚未对学生行为表现的数据进行测评，暂由测评组依据学科核心素养不同维度的 5 个水平等级拟定预设评价标准。因此，在测评结束后，测评组通过对实际测评数据进行整理与分析，并根据结果重新核对评价标准，对学科核心素养不同维度的五个水平等级进行修订和完善。

表 7-5　健美操测试 A 卷的学科核心素养评分

学生		运动能力（40分）				健康行为（30分）			体育品德（30分）			总分	水平
姓名	性别	专项机能（10分）	专项知识（10分）	状态调控（10分）	竞技状态（10分）	健康认知（10分）	合作与竞争（10分）	控制不良情绪（10分）	社会责任感（10分）	勇于奋进（10分）	自律自制（10分）		
A	女	6	10	10	10	10	10	10	10	10	10	96	水平五
B	女	8	8	10	10	8	6	10	8	6	10	84	水平四
C	女	6	2	10	8	2	8	10	8	8	10	72	水平三
D	女	4	2	8	6	2	6	6	6	6	10	56	水平二

（一）明确评价等级

为确保评价结果准确，获取实际测试结果后，测评组运用统计学的方法，根据正态分布结果获取了五个水平等级所对应的分值区间。首先，根据测评数据结果，检验健美操模块预设评价标准的水平划分是否准确。其次，对预设评价标准进行校正与修改，以便对学生的学科核心素养进行精准评价。例如，根据预设的评价标准，学生的运动认知与技战术运用是水平二；但评价标准经正态理论进行计算调整后，其运动认知与技战术运用水平可能会变为水平三。最后，确认各个水平、不同维度的评分区间，得出最终健美操测试 A 卷学科核心素养水平等级评分标准（见表 7-6）。对于出现的偏态分布情况，原因可能是本测评中学生的抽样均来自健美操开展得好的学校，导致整体水平偏高。

表 7-6　健美操测试 A 卷学科核心素养水平等级评分标准

水平等级	总分
水平一	$X \leqslant 30$
水平二	$30 < X \leqslant 60$

续表

水平等级	总分
水平三	$60 < X \leq 80$
水平四	$80 < X \leq 90$
水平五	$X > 90$

注：X 为所测学生的实际分数。

(二)核对各维度水平等级的行为描述

根据现场测评记录和测评视频，测评组对每名学生的不同行为表现进行描述，并依据评价标准给予不同行为表现对应的分值和等级(见表 7-7)。例如，李××在题目一中的行为表现描述是未参加动作编排；组织能力强，主动交流，提出合作方案，时间观念强，与伙伴相处融洽；未主动承担编排任务。她在题目二中的行为表现描述是较快地掌握新动作，肢体配合较为协调，但动作不够顺畅；积极主动参与编排；主动交流，提出编排方案，强调时间观念；主动练习，善于指出编排问题并提出自己的建议；全程积极认真，与同伴共同练习。她在题目三中的行为表现描述是口令下达后马上进入状态；较为主动展示动作，敢于主动表现，面部略带微笑；活动不太充分，只进行了操化动作练习；由于协调性稍差，因此展示时有些许紧张；核对后综合得分为72 分，综合水平等级为水平三。

表 7-7 健美操测试 A 卷的学生行为表现描述

姓名	题目一	题目二	题目三
郭××	几乎参与全部的编排，提出四个队形建议，动作难度编排合理，操作组合多样化；提出编排方案与建议，详细讲解动作要求，发现问题及时沟通，做到团队实时鼓励；主动要求承担编排与教学任务，全力以赴，专注认真	学动作较吃力，时效一般，肢体配合较为协调，但动作不够顺畅，也不够准确；提出编排方案与建议，详细讲解动作要求，发现问题及时沟通，做到团队实时鼓励；持续保持练习，针对难点反复练习，并对他人提出动作要求；自觉完成任务，主动响应各项集体行动，并调动他人共同完成任务	口令下达后即刻主动进行全面的准备活动，能迅速进入展示状态，神色自如，展示欲望强烈，表现突出；准备活动充分、积极主动，敢于表现，动作自如无失误，神情自信，面带微笑
	综合得分：96；综合水平等级：水平五		

姓名	题目一	题目二	题目三
郭××	参与大部分动作编排，含两个队形建议；编排内容包括方向变化、对称动作及双人配合，加入拉丁风格操化动作；主动参与交流与讨论，积极想动作，对展示提供建议；主动承担编排任务，认真负责	动作学得很快，肢体协调，动作连贯；主动参与编排，善于听取他人的建议，在练习过程中较为认真，敢于做动作示范；训练认真，严格要求自己，指出他人的错误动作；自觉参与编排与练习并完成各项任务	口令下达后马上进入状态，精神饱满，敢于表现，站在队伍最前排，但面部缺乏表现欲望，表情平淡；热身积极主动，活动内容全面；在展示过程中面部表情显得有些不自信，有些许紧张
	综合得分：84；综合水平等级：水平四		
李××	未参加动作编排；组织能力强，主动交流，提出合作方案，时间观念强，与伙伴相处融洽；未主动承担编排任务	较快地掌握新动作，肢体配合较为协调，但动作不够顺畅；积极主动参与编排；主动交流，提出编排方案，强调时间观念；主动练习，善于指出编排问题并提出自己的建议；全程积极认真，与同伴共同练习	口令下达后马上进入状态；较为主动展示动作，敢于主动表现，面部略带微笑；活动不太充分，只进行了操化动作练习；由于协调性稍差，因此展示时有些许紧张
	综合得分：72；综合水平等级：水平三		
曹××	未参与动作编排；不主动参与编排动作，但能配合他人的安排；与伙伴相处融洽，接受安排意见；未主动承担编排任务	学动作的时效处于中等水平，动作不连贯，肢体配合不协调；不主动参与编排动作，但能听从他人的安排；没有主动沟通交流；自觉完成自己的任务	在他人的带动下被动进入状态，进展缓慢，缺乏主动表现欲望，面部表情平淡；准备活动较消极；神色自如，情绪稳定，发挥正常
	综合得分：56；综合水平等级：水平二		

（三）提取各维度水平等级的行为表现特征

　　测评组确定对应的水平等级标准与具体表现后，对分值分布处于同一水平等级的行为表现进行提取与汇总。根据特征提取修订评价标准，不同维度、不同水平等级的典型行为表现和得分区间情况如下（见表7-8）。测评组通过将测试获取的真实数据与命题预设的评分标准对比，为最终确定评分标准提供科学的依据。参与健美操测试A卷测试的30人全部为女生。因此，健美操测试A卷测试均为女生行为特征的提取。

表 7-8 健美操测试 A 卷学科核心素养各水平等级的行为表现特征提取

水平等级	行为表现	特征提取	修订后的标准
水平一	1. 专项机能 无法完成动作学习，所有动作均不准确、不流畅 2. 专项知识 拒绝或完全没有参与成套编排 3. 状态调控与竞技状态 状态调控：在别人的带动下才被动消极地调动自己的身心状态 竞技状态：身体与心理状态消沉 4. 健康认知 准备活动单一，时间短，不针对容易受伤的高难技术动作进行器具和运动准备 5. 合作与竞争 独自行动，不进行任何交流互动 6. 控制不良情绪 神色紧张，或因焦虑导致无法完成完整的动作展示 7. 社会责任感 不参加或拒绝承担任何编排与教学任务 8. 勇于奋进 作风懒散，不进行任何练习 9. 自律自制 没有自我要求，也不指出他人的问题，不愿为集体水平的提高约束与管理自己 （30 分及以下）	1. 肢体：不协调、动作学得慢 2. 编排：不参与 3. 状态：被动且不可控，消沉 4. 防伤：敷衍地热身 5. 互动：不交流，孤僻 6. 情绪：焦虑导致失误 7. 责任感：不承担任务 8. 作风：放任 9. 自我要求：被动对付	对专项机能、专项知识、状态调控与竞技状态、健康认知、合作与竞争、控制不良情绪、社会责任感、勇于奋进、自律自制的表现进行评价，综合得分为 30 及以下
水平二	1. 专项机能 无法完成大部分动作学习或大部分动作均不正确 2. 专项知识 完成或参与小部分的成套编排，动作简单、单调 3. 状态调控与竞技状态 状态调控：在别人的带动下提高自己的身心兴奋程度 竞技状态：心理状态低沉，面部表情呆滞，身体状态调动差，动作经常出现问题	1. 肢体：动作不正确 2. 编排：效率低、队形变化少、动作单调 3. 状态：被动但可控，频繁出错	对专项机能、专项知识、状态调控与竞技状态、健康认知、合作与竞争、控制不良情绪、社会责任感、勇于奋进、自律自制的表现进行评价，综合得分为 31~60

续表

水平等级	行为表现	特征提取	修订后的标准
水平二	4. 健康认知 进行简单的热身运动，不针对容易受伤的高难技术动作进行器具和运动准备 5. 合作与竞争 沟通较少，且非任务交流更多，或全部都是非任务交流 6. 控制不良情绪 神色显露少许紧张，或因焦虑对发挥造成明显影响 7. 社会责任感 承担编排或教学任务的意愿不强，或不愿进行示范或讲解 8. 勇于奋进 作风懒散，练习极少且随意 9. 自律自制 自我要求较低，偶尔指导他人的动作，很少表现出自我约束与管理意志 （31~60 分）	4. 防伤：简短且不全面地热身 5. 互动：交流少，题外话多 6. 情绪：焦虑导致犯错 7. 责任感：不主动承担任务 8. 作风：懒散 9. 自我要求：敷衍了事	
水平三	1. 专项机能 肢体配合较为协调，但动作不够顺畅或部分动作不到位 2. 专项知识 完成或参与近一半的成套编排，有重复和原地的操化动作 3. 状态调控与竞技状态 状态调控：主动且有效地调动自己的身心状态 竞技状态：有较强的展示欲，但表现出来的水平不突出，出现以下 3~4 种身体能力问题，即动作完全跟不上节拍，无法完成全套展示，没有表现力，技术不正确，肢体动作无法判断到位程度，频繁出错，体能不足等；心理状态一般，没有显性的起伏，既不消极，也不兴奋	1. 肢体：动作不流畅或不到位 2. 编排：出现以下其中两项，即效率低、队形变化少、动作单调 3. 状态：主动，表现一般	对专项机能、专项知识、状态调控与竞技状态、健康认知、合作与竞争、控制不良情绪、社会责任感、勇于奋进、自律自制的表现进行评价，综合得分为 61~80

水平等级	行为表现	特征提取	修订后的标准
水平三	4. 健康认知 进行简短的有氧、柔韧、技术、操化等热身运动；针对容易受伤的高难技术动作进行简单的器具和运动准备 5. 合作与竞争 与同伴交流或发表自己的意见，偶尔脱离正题 6. 控制不良情绪 有一些外露的焦虑感或紧张情绪，对完成动作造成微弱影响 7. 社会责任感 承担编排或教学任务，但执行的责任心不强 8. 勇于奋进 作风一般，一半练习、一半歇息或长时间懒散地练习 9. 自律自制 有一定的自我要求，在集体项目中有自我管理意识，但没有全力以赴 （61～80分）	4. 防伤：简短但全面地热身 5. 互动：交流较多，会跑题 6. 情绪：焦虑导致小问题 7. 责任感：消极完成任务 8. 作风：懈怠 9. 自我要求：平平即可	
水平四	1. 专项机能 动作几乎或完全正确与准确，但肢体动作稍显僵硬，连贯和流畅稍微不足 2. 专项知识 完成或参与大部分的成套编排，但所编排的效果不是很好 3. 状态调控与竞技状态 状态调控：迅速、主动且有效地调动自己的身心状态 竞技状态：竞技状态在中上水平，出现以下1～2种身体能力问题，即动作完全跟不上节拍，无法完成全套展示，没有表现力，技术不正确，肢体动作无法判断到位程度，频繁出错，体能不足等；心理状态呈中上水平，有可控的较兴奋或无大碍的表现	1. 肢体：动作流畅 2. 编排：效率低，或队形变化少，或动作单调 3. 状态：积极主动，表现较好	对专项机能、专项知识、状态调控与竞技状态、健康认知、合作与竞争、控制不良情绪、社会责任感、勇于奋进、自律自制的表现进行评价，综合得分为81～90

水平等级	行为表现	特征提取	修订后的标准
水平四	4. 健康认知 有较全面的热身运动，进行有氧、柔韧、技术、操化等热身运动；针对容易受伤的高难技术动作进行简单的器具和运动准备 5. 合作与竞争 善于有针对性地沟通，与同伴针对主题进行交流或发表自己的意见 6. 控制不良情绪 没有外显性的焦虑或有轻微焦虑，但没有影响表现 7. 社会责任感 主动要求承担编排或教学任务，并负责任地完成 8. 勇于奋进 作风较好，大部分时间在练习 9. 自律自制 自我要求较高，较认真地完成集体项目分配的练习任务 （81~90分）	4. 防伤：全面地热身 5. 互动：主题内主动交流 6. 情绪：无焦虑，发挥正常 7. 责任感：主动承担任务 8. 作风：主动 9. 自我要求：严以对己	
水平五	1. 专项机能 动作几乎或完全正确与准确，连贯和流畅 2. 专项知识 完成或参与绝大部分的成套编排，且所编排的队形丰富 3. 状态调控与竞技状态 状态调控：迅速、主动且有效地调动自己的身心状态，且对他人有带动作用 竞技状态：竞技状态优异，没有以下身体能力问题，即动作完全跟不上节拍，无法完成全套展示，没有表现力，技术不正确，肢体动作无法判断到位程度，频繁出错，体能不足等；心理状态好，表现兴奋且可控 4. 健康认知 有全面的准备运动，进行有氧、柔韧、技术、操化等热身运动；针对容易受伤的高难技术动作进行完备的器具和运动准备	1. 肢体：动作优美 2. 编排：效率高、队形变化丰富、动作多样 3. 状态：积极主动，表现优异 4. 防伤：全面且充分地热身	对专项机能、专项知识、状态调控与竞技状态、健康认知、合作与竞争、控制不良情绪、社会责任感、勇于奋进、自律自制的表现进行评价，综合得分为90以上

水平等级	行为表现	特征提取	修订后的标准
水平五	5. 合作与竞争 善于有针对性的沟通，与同伴针对主题进行交流或发表自己的意见，且在团队中有主导作用 6. 控制不良情绪 能够完全克服焦虑，且自信自若 7. 社会责任感 主动要求承担编排或教学任务，并在负责任地完成任务的基础上为完成其他任务贡献力量 8. 勇于奋进 作风优良，精益求精，绝大部分时间在专注地练习 9. 自律自制 自我要求高，认真且追求高质量地完成集体项目中的个人任务，也会要求他人做得更好 （90分以上）	5. 互动：主题内主导交流 6. 情绪：自信，发挥出色 7. 责任感：主动承担任务，协助他人完成任务 8. 作风：精益求精 9. 自我要求：严以对己，严以对人	

三、测评结果运用

测评组通过测评数据分析，构建了健美操测试 A 卷在运动能力、健康行为与体育品德三个方面学科核心素养各维度的具体评价标准。每个水平等级与相应的评价标准对应，详见表 7-9。

表 7-9　健美操测试 A 卷各水平等级的评价标准与学生样例

水平等级	评价标准和学生样例
水平一	标准：对专项机能、专项知识、状态调控与竞技状态、健康认知、合作与竞争、控制不良情绪、社会责任感、勇于奋进、自律自制的表现进行评价，综合得分为 30 及以下
	样例：1. 动作学得慢；肢体不协调，大部分动作无法正确完成 2. 未参与编排 3. 状态消极被动，无法完整进行全套展示 4. 进行简单的操化动作热身活动，没有针对任何高难动作进行练习 5. 与同伴进行非编排的交谈 6. 紧张焦虑，动作频繁出错 7. 被动参与编排，不为他人示范动作 8. 几乎没有进行练习 9. 训练作风松散，不全力以赴 （综合得分：20，水平等级：水平一）

续表

水平等级	评价标准和学生样例
水平二	标准：对专项机能、专项知识、状态调控与竞技状态、健康认知、合作与竞争、控制不良情绪、社会责任感、勇于奋进、自律自制的表现进行评价，综合得分为31～60 样例：1. 学动作的速度处于中等水平；肢体配合较为协调，但部分动作不到位 2. 没有参与成套编排 3. 状态被动，无法完整地进行全套展示，没有表现力，体能不足，情绪不高 4. 进行操化动作与技术动作的热身运动，但没有针对高难技术动作做准备 5. 与他人有技术交流，但也有闲聊的情况 6. 紧张情绪对动作造成微弱影响 7. 承担编排任务，但完成得比较随意 8. 练习时自我要求不高，没有全力以赴 9. 作风散漫，有效练习时间为50％ （综合得分：50，水平等级：水平二）
水平三	标准：对专项机能、专项知识、状态调控与竞技状态、健康认知、合作与竞争、控制不良情绪、社会责任感、勇于奋进、自律自制的表现进行评价，综合得分为61～80 样例：1. 较快地掌握新教的动作；动作准确，但流畅性不足 2. 没有参加编排 3. 主动调整状态，但没有表现力，技术不正确；心理状态一般，不低沉也不兴奋 4. 进行充分的操化动作和技术动作热身活动 5. 针对编排进行交流与沟通 6. 不焦虑且有自信，发挥实际水平 7. 主动承担编排任务，且会给予他人意见 8. 较认真地提高动作的质量与熟练性 9. 大部分时间在自觉练习动作 （综合得分：72，水平等级：水平三）
水平四	标准：对专项机能、专项知识、状态调控与竞技状态、健康认知、合作与竞争、控制不良情绪、社会责任感、勇于奋进、自律自制的表现进行评价，综合得分为81～90 样例：1. 学动作快；动作准确且连贯流畅 2. 参与编排，但所编队形几乎没有变化 3. 主动调动状态；在成套展示时的身心状态优异 4. 热身全面且充分 5. 善于沟通且起主导作用

水平等级	评价标准和学生样例
水平四	6. 无焦虑且自信，发挥正常 7. 主动要求承担编排任务，也为他人提供编排意见 8. 高质量地完成自己的练习任务 9. 专注练习，精益求精 （综合得分：86，水平等级：水平四）
水平五	标准：对专项机能、专项知识、状态调控与竞技状态、健康认知、合作与竞争、控制不良情绪、社会责任感、勇于奋进、自律自制的表现进行评价，综合得分为 90 以上
	样例：1. 学动作速度一般；动作较流畅，但不到位、不准确 2. 完成大部分的编排任务，且队形变化丰富 3. 主动积极调动状态；在展示过程中的身心状态优异 4. 进行充分且全面的准备活动，包括柔韧、技术、操化等内容，针对高难技术动作进行辅助练习 5. 在编排过程中主动交流编排想法，并起主导作用 6. 自信且不焦虑，发挥应有水平 7. 主动承担编排与教学任务，也辅助与帮助他人 8. 认真且高质量地完成个人任务，鼓励与要求他人做得更好 9. 训练作风优良，持续对动作进行精益求精的练习 （综合得分：96，水平等级：水平五）

注：学生样例为各水平等级中选择的一名学生的具体行为表现。

第八章　水上或冰雪类运动的命题示例与分析

蛙泳作为一种独特的泳姿，其技术易于学习和掌握，对初学者的体能要求不高，且呼吸方式相对简单，具有健身性、竞技性等特点。蛙泳能通过安全、卫生、水环境适应等培养学生的健康行为，通过规则、挑战等培养学生的体育品德。在现实生活中，蛙泳更是一项生存技能。在特殊环境下，掌握了蛙泳能力的人，能够自救或者对别人实施救助。蛙泳运动的开展既表现了学校体育的功能，又满足了现实生活的需要，符合发展学生学科核心素养的整体要求。根据试题的测评框架和项目特点，本章选取蛙泳项目作为水上或冰雪类运动的命题示例进行介绍。

第一节　蛙泳模块试题设计的示例

依据普通高中体育与健康课程标准的要求，蛙泳是必修选学模块。试题命制应密切结合学科核心素养在蛙泳模块的具体表现，根据模块特点制定命题情境，考查学生在具体情境中学科核心素养的发展水平，确保测试过程的科学性和规范性，并且具有较强的操作性。

一、学科核心素养在蛙泳模块的具体化

基于学科核心素养的顶层设计，对于蛙泳模块的育人功能，必须打破固有的技战术能力的掌握程度这个单一的评价标准，从运动能力、健康行为、体育品德三大学科核心素养进行全方位评估。蛙泳模块的健身性、竞技性等特点可以让我们更好地在情境中融入教学内容，通过教学内容实现发展学生学科核心素养的目标。我们应明确蛙泳模块当中体育与健康学科核心素养的维度和具体表现（见表8-1）。运动能力方面强调充分理解并描述蛙泳技术的动作要点和战术方法，提高出发的反应速度，增强上下肢的爆发力并发展心肺功能，掌握上肢"推、划、收、伸"与下肢"蹬、合、收、伸"的协调配合并运用到游进中，在展示、比赛与生活实践中能够合理运用技战术并产生良好的效果。健康行为方面强调培养良好的锻炼习惯，实现每周3次以上的游泳活动，并能独立完成一般准备活动和专项准备活动；游泳结束后较好地完成拉伸等放松活动；了解游泳潜在的安全风险以及规避方法，能规范着泳装；能以饱满的热情完成运动，并能适应各种情境下复杂的环境，较轻松地参与。体育品德方面强调表现出团队合作、完全拼搏、超越自己的精神；能很好地遵守规则、公平参与；拥有自尊自信、

社会责任感和正确的胜负观等良好的品格。我们应让学科核心素养在学生的蛙泳活动中可见、可教、可测、可评，使学生在蛙泳活动中的每一个行为都可以密切地与学科核心素养相结合，使学科核心素养的各个维度都落实到点，最终使学生的学科核心素养得到发展。

表 8-1　蛙泳模块的学科核心素养表现

学科核心素养	维度	具体表现
运动能力	体能状况	出发速度、划臂蹬腿力量、游进速度与保持
	运动认知与技战术运用	出发动作（预备、跳起、入水、滑行） 游进中的动作（手、脚及呼吸的配合） 参与讨论建议的有效性
	体育展示与比赛	挑战赛中表现出来的综合能力
健康行为	体育锻炼意识与习惯	陆上准备活动、水中准备活动，放松行为
	健康知识掌握与运用	泳装的规范、进入水池的安全行为、救护技术运用合理
	情绪调控	活动过程中表现出来的积极参与的情绪状态
	环境适应	活动过程中对突发情况能正确应对
体育品德	体育品格	救助过程中表现出强烈的责任感；在挑战赛中自信，对比赛结果能正确看待
	体育精神	能与同伴良好合作，在测试过程中表现出强烈的拼搏意识
	体育道德	遵守测试要求，完成救助过程；在挑战赛中遵守规则

二、蛙泳模块试题的设计思路

蛙泳模块的测评需要围绕比赛竞技性和生活实用性两个方面，在真实复杂的情境中再现学生在蛙泳模块的具体任务或情境中的表现，对照标准判定学生学科核心素养各个维度的发展水平。本测评要准确把握学科核心素养的内涵，借助蛙泳模块的特点设计命题内容；立足蛙泳模块的生活化情境，创设引发学科核心素养表现的评价任务；结合具体情境设置考试环境；根据考试内容构建合理的评价方式。

(一)命题内容设计

蛙泳模块的命题内容设计应结合自身特点，根据学科核心素养在蛙泳模块当中的维度和具体表现进行设计。蛙泳模块的应用意义主要体现在两个方面：一是教学中的应用，可以让学生在水上运动项目比赛中凸显自己的运动技能；二是生活中的应用，可以让学生拥有一项水中求生技能。因此，无论是蛙泳教学还是测试都要从实战出发，尽可能设计模拟真实的应用场景，并选择与之适应的测试内容对学科核心素养进行评估。首先，通过蛙泳自救与救护或挑战赛时的体能状况、运动认知与技战术运用评估学生的运动能力；其次，通过蛙泳自主准备活动、水中自救和救护基本原则及关键方法等健康知识的掌握与应用、水下的情绪调控以及应对变化和复杂环境时表现出的随机应变的能力等观察学生的健康行为；最后，通过学生的临场救助行为与竞赛过程中的荣誉感、积极进取、尊重裁判等评估学生的体育品德。除了健康行为维度下的体育锻炼意识与习惯难以通过一次测试予以测评外，测评的命题应覆盖其他核心素养的所有表现维度。

(二)测试情境创设

蛙泳本身具有很高的锻炼价值和实用价值。蛙泳有助于保护人在水这种特殊环境下的生命安全，也是竞技体育的重要模块之一。因此，游泳模块情境任务的创设应重点关注蛙泳技术的习得与生活中的问题解决，以帮助学生应对健身、比赛及水中救护等真实应用情境中的各种需求。例如，设计自救与救助、蛙泳挑战赛的生活与比赛情境，评估学生蛙泳运动知识与技能的掌握和运用情况，不仅要关注学生单个动作的评价，还要关注学生在应对突发变化和复杂环境时发现问题、解决问题时的态度、情感、意志力等的综合表现。此外，在进行实际救助时，测评者要明确角色分工，助测学生在水中的状态应尽可能呈现出突然性和紧迫性，表现出水中的获救感要强烈。这样才能真实反映学生的蛙泳技术应用能力，有利于获取较为真实的评价结果。

(三)考试环境设置

蛙泳模块测评内容涉及在具体情境中考查学生真实的应变能力。试题对学生严格保密，学生进入考试环境后方能知晓。因此，为了确保测试过程的规范性，整个测试流程采用单向通道不可逆设计。考试环境分为待考区、准备区和测试区(见表8-2)，即学生仅能从待考区进入准备区，再进入测试区，测试结束后确认成绩。待考区内测评人员向学生宣读测试流程与要求，进行编号并让学生填写测试信息。学生经检录后进入准备区自主穿着泳装并完成准备活动。此时测评人员开始观察并用摄像机录制学生的考场行为表现。宣布测试开始后，三名测评人员根据点位分别进行打分，按照测试流程启动摄像机录制每名学生的表现过程，分别对学生的表现进行打分。学生在正式的考试环境下，在测试区运用所学蛙泳知识和技术，应对考试环境当中的具体任务，充分发挥运动能力、健康行为及体育品德等方面的综合能力，按要求完成考试任务。如出现学生表现评定不确定的情况，测评人员可通过录像再次确认。

表8-2　考试环境

区域	内容	学生行为	测评人员行为
待考区	等待测试	了解测试内容，熟悉测试流程，填写信息	组织检录、公示测试内容及流程，核对学生信息
准备区	准备测试	完成准备活动、根据试题要求着装、佩戴号码布	管理学生，并对学生的准备情况进行评分
测试区	情境状态下测试	根据试题要求参加测试，测试结束后确认成绩	按照评分标准对学生的表现进行评分

（四）评价方式运用

评价方式包括隐性考查和显性考查两种（见表8-3）。隐性考查的内容包括考前陆上和水中的准备活动、适应水环境、赛前做好生理和心理上的准备活动等。这些皆属于学生运动认知与习惯的表现。显性考查内容包括学生的技术、体能以及是否穿着适宜的服装等。学生进入准备区后，实际上就已经进入测试状态。测评人员通过准备活动、水中自救和救护基本原则及关键方法、救护的基本知识与步骤、落水后的情绪调控、负责任与担当等方面的表现进行测试。测评人员除根据测试流程发出必要的指令外，还应告知测试开始、违反规则、测试结束等。测试过程不得对学生进行任何提示与说明，学生的表现主要取决于平时学习过程中所养成的意识与习惯。测评人员根据学生的运动能力、健康行为及体育品德各个维度评分点的表现进行打分。

表8-3　评价方式分类

考查方式	考查内容
隐性考查	对试题的理解、准备活动表现、语言表现、安全意识、情绪状态、拼搏精神、责任意识、合作精神、对结果的态度
显性考查	着装表现、游进的时间、技战术运用表现

第二节　蛙泳模块的测评与结果运用

经过蛙泳模块学习后，学生能主动适应水环境，初步学会水中换气，运用蛙泳的基本知识与动作技术和方法，在一般体能和专项体能方面有一定程度的提高，基本掌握和运用蛙泳运动安全防护赛事，表现出一定的合作竞赛和竞争意识，并能克服困难，按照基本的规则参加蛙泳游戏、练习和比赛等。因此，试卷命制从体能与技能的自救和救助、蛙泳挑战赛两个角度，测评学生的学科核心素养发展水平。以下以普通高中体育与健康学科蛙泳测试B卷"考验体能与技能的自救与救助"和蛙泳测试C卷"蛙泳挑战赛，激发正能量"为例进行阐述。

一、试卷命制

(一)试题呈现

考验体能与技能的自救与救助

1. 蛙泳的特点和价值

蛙泳是一种人体俯卧水面，两臂在胸前对称直臂侧下屈划水，两腿对称屈伸蹬夹水，模仿青蛙游泳动作的游泳姿势。早在 4000 年前，中国、罗马、埃及就有类似这种姿势的游泳。蛙泳时，身体姿势比较平稳，水的支撑面积大，动作省力，呼吸方便，能持久，实用价值大，适用于长时间、远距离游泳。蛙泳时，游泳者可以方便观察前方是否有障碍物，避免撞上障碍物。因此，长期以来蛙泳被广泛应用于渔猎、泅渡、救护、水上搬运等，是人类的生存技能之一。

2. 溺水死亡的现状及原因

在全球范围内，溺水是儿童伤害的第二位死因。全世界每年有 10 多万名 0~19 岁儿童青少年因溺水死亡。在我国，溺水是儿童伤害死亡的首要原因。在媒体报道的学生溺水事故中，有多起是救助者缺乏救助技能，在救助落水同伴时溺亡。教育部办公厅关于中小学生溺水身亡事故的通报也特别指出，要坚决避免学生盲目施救。

因此，让学生掌握一些基本的自救和救护知识、技能和方法，对于提高学生的生存能力、让学生具备科学保护自己和他人的能力和素养、降低溺水死亡人数将会起到重要作用。

题目：现有学生 30 人，随机抽签分成 15 组，每组 2 人。请根据以下要求完成 30 米模拟落水自救及 30 米距离救护同伴的生存练习。

学生分两轮完成测试。第一轮模拟自救，从距离游泳池边 30 米处落水，采用着衣蛙泳(服装由测试组统一提供)的方式游到岸边；第二轮模拟救护同伴，从岸边出发，将离岸边 30 米等待救护的"溺水者"救回。在泳池 30 米处用浮标标出"落水区"，模拟完成自救和救护同伴。模拟救护同伴时，"溺水者"由本班同学轮流担任。

蛙泳挑战赛，激发正能量

蛙泳是出现较早的泳姿，蝶泳、仰泳、自由泳都是在其基础上发展起来的。由于蛙泳不是连续动作，因此在所有泳姿中蛙泳较为省力。蛙泳是一种全身运动，肩带、腰、背、腿部等大小肌群都参与工作，能够增强关节的灵活性与肌肉的柔韧性。经常进行较长时间、较长距离的中等强度的蛙泳练习，可以有效地增强心脏的泵血功能，对于增强心肺耐力、全面发展体能具有重要价值。长距离的游进要求学生掌握完整配合的技术要领，手脚与呼吸协调配合，动作紧凑连贯，臂腿动作产生的推进力紧密衔接，形成正确的动作节奏，保持较快的行进速度。此外，较长时间的快速蛙泳不仅要克服身体的疲劳，还要承受竞争带来的心理压力，对于学生学习在不同情境下情绪的调控很有帮助。

蛙泳挑战赛是一个集体比赛项目，团队内需要相互激励、挑战自我能力极限；团队间相互竞争，在与其他团队的比拼中获得整体实力的提升。参加挑战自我的蛙泳接力赛，能够激发学生的内在动力，挖掘学生蛙泳技术学习的潜能，使其处理好个人努力与集体成功、运动表现与技能改进的关系，还可以培养其自信勇敢、坚韧不拔、敢于超越自我、勇于进取等体育品德。

题目：30名学生随机分成6个小组，每组5人，依次完成每人1分钟的蛙泳挑战。小组成员可根据本组成员的情况及对比赛的理解安排本组出场顺序。在总共两轮的比赛中，挑战自己定时蛙泳的最近距离，与其他小组进行比赛。比赛有以下具体要求。

①由教师根据学生的学习水平均衡分组，30名学生共分6组，每组5人。

②要求每个小组自己完成准备活动和确定出场顺序，每名学生依次蛙泳游进1分钟。1分钟结束信号发出后，参赛成员停止游进，裁判计成绩。在符合规则的情况下，以5名学生游进距离相加，总数多的组获胜。

③第一轮结束以后，休息5分钟，提示每组学生针对第一轮比赛中的技战术进行讨论，鼓励学生运用相关学科知识来解决蛙泳学习和比赛中出现的问题。5分钟后进行第二轮挑战，鼓励学生在第一轮比赛的基础上挑战自我；鼓励学生群策群力，相互交流和协作，对比赛的战术和策略进行谋划。

(二)试卷分析

两套试题均为开放性实践测试题。测试B卷要求学生根据所学的水中自救和救助的基本原则和关键方法，展示自我保护和救护他人的基本科学步骤，具备自救和救助的基本能力；运用蛙泳、踩水、侧泳、反蛙泳等基本技术和动作学会自救与救助他人的能力。它还要求学生根据现场的溺水情况、场地环境及实际需求，在自救和救助过程中灵活地选用和组合踩水、侧泳、反蛙泳等多种技术，展现应对变化和复杂环境时发现问题、解决问题的能力；展现自己的现场救护意识、情绪调控、交流合作的能力，负责任、敢担当的品格以及坚韧不拔、不言放弃的体育精神。

测试C卷要求学生在比赛的情境下，在规定的时间内，运用速度、耐力、力量等体能和运用蛙泳出发、游进等技术，与同组成员协作，在蛙泳挑战赛中展现自己的运动能力。它要求学生根据蛙泳技术知识和动作练习，完成游泳前的一般准备活动和专项准备活动，在比赛和间歇的过程中与同伴相互协作，对技战术进行讨论，与对手公平竞争，顽强拼搏，克服心理压力和身体疲劳，保持良好的情绪，通过个人的努力最终争取全组的优异成绩。

(三)评分维度与预设标准

蛙泳模块测评的行为表现是确定评分维度的重要依据。运动能力包括救护和比赛中的专项体能状况、救护技术知识方法的运用和蛙泳技战术配合等行为表现；健康行为包括陆上和水下的准备活动、现场的情绪控制以及应对变化和复杂环境时表现出随机应变的能力等行为表现；体育品德包括学生在他人出现生命危险状况时的负责任、敢担当与积极主动科学救护同伴的体育精神等行为表现。测评前根据评价内容制定了相应的评分表，针对学科核心素养的不同维度预设了五级评分标准，以便于进行评价操作。测评具体考查的三大核心素养详见表 8-4 和表 8-5。

表 8-4　蛙泳测试 B 卷考查的学科核心素养

学科核心素养	维度	具体表现
运动能力	体能状况	肌肉力量、速度、爆发力、灵敏性、协调性等方面的体能能满足 30 米着衣蛙泳自救和 30 米模拟救护同伴的生存训练活动的需要
	运动认知与技战术运用	落水后能灵活地运用蛙泳中的划臂、蹬腿动作，使自己漂浮在水面 能协调地进行划水、蹬夹水力度与嘴出水面吸气时机的配合 能懂得救护技能的知识方法和动作技术，并熟练地运用 能主动使用所学的踩水、侧泳、反蛙泳等实用性蛙泳的基本动作方法和技战术 能根据现场的救护需要，对蛙泳、踩水、侧泳、反蛙泳等基本技术进行恰当的选用和合理改造
健康行为	健康知识掌握与运用	具有较强的安全意识，了解一些救护的基本知识和步骤，理解游泳运动安全对生命健康的重要性 能利用所学的水中自救和救护基本原则和关键方法，展示自我保护和生存的能力
	情绪调控	落水后能控制个人情绪，保持镇静，不慌张 遇到同伴落水，能保持镇定，判断现场环境，选取科学的救护方式
	环境适应	在救助同伴的过程中，能与同伴交流，表现出合作行为的意识 应对变化和复杂环境时表现出随机应变的能力
体育品德	体育品格	能根据个人的实际能力和现场情况进行救助判断，关爱个人生命 在他人出现生命危险状况时表现出负责任、敢担当的行为
	体育精神	在等待救助的过程中能不轻言放弃，坚韧不拔 表现出积极主动科学救护同伴的体育精神，表现出良好的分析问题和解决问题的能力

表 8-5 蛙泳测试 C 卷考查的学科核心素养

学科核心素养	维度	具体表现
运动能力	体能状况	在比赛中表现出心肺耐力、肌肉力量、速度、爆发力、灵敏性、协调性等方面的体能
	运动认知与技战术运用	在比赛中表现出对蛙泳技术的熟练程度（如出发动作速度迅速，游进中动作协调放松，上肢、腿部、呼吸技术配合一致，上肢划臂有力，能展现较长时间快速蛙泳的能力）；能与同伴共同努力，对本队的技战术进行分析和讨论
健康行为	健康知识掌握与运用	理解健康的价值，能够遵循比赛的特点和对准备活动的要求；通过陆上和水中的准备活动，适应水环境，在赛前做好生理和心理上的准备
	情绪调控	在有较高强度和竞争压力的情况下，能保持良好的精神状态和斗志；即使场上形势有变化时，仍能保持良好的情绪状态
	环境适应	能与同伴相互鼓舞，就完成本队的任务进行交流，表现出合作意识和团队竞争能力
体育品德	体育品格	能在各自位置上努力表现，为集体努力拼搏
	体育精神	表现出积极主动与同伴协作的体育精神，自信勇敢，坚韧不拔，敢于超越自我、勇于进取
	体育道德	尊重裁判、遵守规则

　　试题命制应考虑情境化，体现模块学习的结构化。因此，一套试题会涉及多模块的内容整合，对多模块技术内容皆会有所体现。测评的蛙泳模块内容详见表 8-6 和表 8-7。

表 8-6 蛙泳测试 B 卷的蛙泳模块内容

模块	内容
蛙泳模块 9	掌握踩水、侧泳、反蛙泳等实用性游泳的基本动作方法
蛙泳模块 9	着衣方式游进 30 米以上
蛙泳模块 10	掌握水中自救和救护的基本原则与主要方法

表 8-7 蛙泳测试 C 卷的蛙泳模块内容

模块	内容
蛙泳模块 5	学习和理解从岸上出发时入水角度与克服水的阻力关系的知识；掌握有针对性地做好专项准备活动和放松活动的知识及方法；较协调地做出蛙泳时手臂与腿和呼吸的配合动作，提高动作效率，能顺畅地游进 200 米左右；积极参与 50 米、100 米的蛙泳教学比赛；积极发展一般体能和专项体能；基本掌握蛙泳比赛规则；对自己的蛙泳比赛结果做出较为客观、全面的评价
蛙泳模块 8	在比赛中提高自己的情绪控制能力

表 8-8 和表 8-9 分别为蛙泳测试 B 卷和蛙泳测试 C 卷学科核心素养各维度的评分标准。

表 8-8　蛙泳测试 B 卷学科核心素养各维度的评分标准

学科核心素养	维度	评分点	水平等级	具体表现	分值	评价
运动能力（40分）	体能状况（20分）	自救和救护中的体能表现：观察自救时着衣蛙泳的速度；救护者完成 30 米同伴救护的手臂、腿部的动作保持和速度方面的表现	水平五	体能很充沛；30 米着衣蛙泳游进速度快，快速、轻松完成 30 米救护的过程	20	
			水平四	体能充沛；30 米着衣蛙泳游进速度快，轻松完成 30 米救护的过程	16	
			水平三	体能较充沛；30 米着衣蛙泳游进速度较快，基本完成 30 米的救护过程	12	
			水平二	体能较差；30 米着衣蛙泳游进速度较慢，较艰难地完成 30 米救护的过程	8	
			水平一	体能差；30 米着衣蛙泳游进速度很慢，十分艰难地完成 30 米救护的过程	4	
	运动认知与技战术运用（20分）	蛙泳、侧泳等技能表现：手臂、腿与呼吸的协调配合，救护动作的娴熟以及踩水、侧泳、反蛙泳等实用性技战术的使用；灵活运用蛙泳的划臂、蹬腿等技术	水平五	划臂、两腿同时或交替蹬夹水协调很有力，呼吸节奏很好，方法正确，动作熟练	20	
			水平四	划臂、两腿同时或交替蹬夹水协调有力，呼吸节奏好，方法正确，动作熟练	16	
			水平三	划臂、两腿同时或交替蹬夹水协调比较有力，呼吸节奏较好，方法基本正确，动作较熟练	12	
			水平二	划臂、两腿同时或交替蹬夹水不太协调，用力不够，呼吸节奏紊乱，方法基本正确但动作不够熟练	8	
			水平一	划臂、两腿同时或交替蹬夹水不协调，力量差，呼吸困难，方法基本正确，动作不太熟练，存在一些困难	4	

学科核心素养	维度	评分点	水平等级	具体表现	分值	评价
健康行为（40分）	健康知识掌握与运用（20分）	救护时的动作和行为：救护者游至离溺水者3米左右踩水急停，下潜至溺水者背面，单手或双手托腋或夹胸控制住溺水者；救护时溺水者口鼻必须露出水面，使溺水者身体保持水平	水平五	救护思路非常清晰，严格遵循救护的基本规则与程序；水中救护技能很熟练	20	
			水平四	救护思路清晰，遵循救护的基本规则与程序；水中救护技能熟练	16	
			水平三	救护思路较为清晰，遵循救护的基本规则与程序；水中救护技能较为熟练	12	
			水平二	大体上能按照救护的基本规则与程序，基本掌握水中救护的方法与技能	8	
			水平一	救护思路较混乱，救护动作存在一些错误，不能很好地保护自己和同伴	4	
	情绪调控（10分）	落水后自救和救护时的情绪表现	水平五	自救时情绪非常稳定；救护时保持镇定，不慌张，能据实情选择最佳救护方式	10	
			水平四	自救时情绪稳定；救护时保持镇定，能据实情选择救护方式	8	
			水平三	自救时情绪较稳定；救护时比较镇定，能按照救护的原则完成救护过程	6	
			水平二	自救时情绪调节能力一般；救护时有些紧张或者慌乱，有些影响救护效果	4	
			水平一	自救时情绪调节能力差；救护时紧张或者慌乱，影响救护效果	2	
	环境适应（10分）	合作与交流：合作意识和行为，以及自救和救护过程中相互间的鼓励和配合及应对环境变化的能力	水平五	救护时能积极地与同伴交流，主动鼓励同伴、安慰同伴	10	
			水平四	救护时能与同伴交流，鼓励同伴、安慰同伴	8	
			水平三	救护时与同伴有一些交流，对同伴有一些鼓励	6	
			水平二	救护时与同伴有少许交流，能基本完成任务	4	
			水平一	救护时与同伴缺乏交流，敷衍完成任务或者表现出冷漠的情绪	2	

续表

学科核心素养	维度	评分点	水平等级	具体表现	分值	评价
体育品德（20分）	体育品格（10分）	对个人救护能力的判断正确，表现出负责任、敢担当的行为	水平五	能非常正确地判断个人的救护能力，在救护的过程中表现出对自己和他人负责任，完成任务的主动性非常强	10	
			水平四	能正确地判断个人的救护能力，负责任，能完成任务	8	
			水平三	能较正确地判断个人的救护能力，比较负责任，基本能完成任务	6	
			水平二	能基本正确地判断个人的救护能力，责任意识不强，完成任务主动性较差	4	
			水平一	判断个人的救护能力有偏差，不愿负责任，完成任务的主动性很差	2	
	体育精神（10分）	坚韧不拔和勇敢自信：在自救和救护过程中遇到困难时的行为表现	水平五	在自救和救护过程中积极克服各种困难，并通过自己的表现给同伴积极影响	10	
			水平四	在自救和救护过程中克服困难，并通过自己的表现给同伴一定影响	8	
			水平三	在自救和救护过程中遇到救护情境和体能的困难能想办法克服，不放弃	6	
			水平二	在自救和救护过程中遇到救护情境和体能的困难能想一些办法克服，有一定畏难和消极情绪	4	
			水平一	在自救和救护过程中遇到救护情境和体能的困难时有畏难和消极情绪	3	

表 8-9　蛙泳测试 C 卷学科核心素养的评分

学科核心素养	维度	评分点	水平等级	具体表现	分值	评价
运动能力（50分）	体能状况（30分）	出发动作速度	水平五	出发动作非常快	10	
			水平四	出发动作快	8	
			水平三	出发动作较快	6	
			水平二	出发动作较慢	4	
			水平一	出发动作慢	2	
		划臂蹬腿力量	水平五	划臂蹬腿后身体加速非常明显	10	
			水平四	划臂蹬腿后身体加速明显	8	
			水平三	划臂蹬腿后身体加速比较明显	6	
			水平二	划臂蹬腿后身体加速不明显	4	
			水平一	划臂蹬腿后身体加速很不明显	2	
		游进速度	水平五	1分钟能游进60米以上	10	
			水平四	1分钟能游进55～59米	8	
			水平三	1分钟能游进50～54米	6	
			水平二	1分钟能游进45～49米	4	
			水平一	1分钟能游进40～44米	2	
	运动认知与技战术运用（20分）	出发动作：预备姿势正确，蹬离出发台用力，起跳角在30°～40°，蹬台后身体伸展，保持好的紧张度，两臂并拢；两臂前摆至前下方时制动入水，入水时身体保持流线型姿势，腾空、入水、滑行、划臂出水动作衔接流畅	水平五	拉台非常稳定，蹬离出发台很用力，入水角度很好，腾空、入水、滑行、划臂出水动作衔接很流畅	5	
			水平四	拉台稳定，蹬离出发台用力，入水角度好，腾空、入水、滑行、划臂出水动作衔接流畅	4	
			水平三	拉台稳定，蹬离出发台较用力，入水角度较好，腾空、入水、滑行、划臂出水动作衔接较为流畅	3	
			水平二	拉台稳定性较差，蹬离出发台用力不够，入水角度较差，腾空、入水、滑行、划臂出水动作衔接欠流畅	2	
			水平一	拉台稳定性差，蹬离出发台用力较小，入水角度差，腾空、入水、滑行、划臂出水动作衔接不流畅	1	

169

续表

学科核心素养	维度	评分点	水平等级	具体表现	分值	评价
运动能力（50分）	运动认知与技战术运用（20分）	在游进中动作：蹬一次腿，划一次臂，进行一次呼吸；其手、腿、呼吸之间协调配合	水平五	在游进中动作频率非常快，划臂、蹬夹腿用力，呼吸技术配合非常好	5	
			水平四	在游进中动作频率快，划臂、蹬夹腿较用力，呼吸技术配合好	4	
			水平三	在游进中动作频率较快，划臂、蹬夹腿较用力、呼吸技术配合较好	3	
			水平二	在游进中动作频率较慢，划臂、蹬夹腿用力不够，呼吸技术配合不够好	2	
			水平一	在游进中动作频率慢，划臂、蹬夹腿用力很不够，呼吸技术配合较差	1	
		参与小组讨论的程度与效果	水平五	熟练运用相关学科知识，对第一轮比赛进行分析，并对同伴或自己提出有针对性的建议，对全队的成绩提高有帮助	10	
			水平四	运用相关学科知识，积极参与对第一轮比赛的分析和讨论，能提出有针对性的建议	8	
			水平三	运用相关学科知识，积极参与针对第一轮比赛的讨论	6	
			水平二	能运用相关学科知识，参与讨论，但不够积极	4	
			水平一	几乎不参与讨论	2	
健康行为（30分）	健康知识掌握与运用（10分）	陆上准备活动：闭气、换气、划臂、蹬腿、划臂与呼气的配合、划臂与蹬腿的配合等练习水中准备活动：水上池边依次打水、蛙泳腿、漂浮、漂浮蛙泳腿等练习	水平五	能自觉认真完成岸上的拉伸和水中的专项准备活动；一般准备活动和专项准备活动目的明确，针对性强，活动充分，负荷适当	10	
			水平四	一般准备活动和专项准备活动目的较明确，针对性较强，活动充分，负荷适当	8	

续表

学科核心素养	维度	评分点	水平等级	具体表现	分值	评价
健康行为（30分）	健康知识掌握与运用（10分）		水平三	能自觉认真完成一般准备活动和专项准备活动，负荷安排基本达到要求	6	
			水平二	能完成一般准备活动和专项准备活动，但动作单一、针对性不强	4	
			水平一	准备活动草率、随意性强，完成质量差	2	
	情绪调控（10分）	比赛中的精神状态	水平五	精神饱满，无论是领先还是落后都保持稳定的心理状态；还能帮助同伴调整情绪	10	
			水平四	精神饱满，无论是领先还是落后都保持稳定的心理状态	8	
			水平三	精神饱满，无论是领先还是落后都保持较为稳定的心理状态	6	
			水平二	精神状态不佳，心理波动较大	4	
			水平一	精神状态很不佳，心理波动大	2	
	环境适应（10分）	合作与交流	水平五	能与队员相互鼓励、主动地交流合作	10	
			水平四	能与队员进行较为主动的交流合作	8	
			水平三	能与队员进行交流合作	6	
			水平二	与队员有一些交流合作	4	
			水平一	与队员几乎不交流	2	
体育品德（20分）	体育品格（5分）	集体荣誉感	水平五	在比赛中用自己的努力为整体成绩提高做贡献	5	
			水平四	在整个过程中注重个人表现，有较强的集体归属感	4	
			水平三	在整个过程中注重个人表现，集体归属感一般	3	
			水平二	拒绝交流，不太愿意为集体付出，缺乏大局意识，比赛和讨论的积极性不高	2	
			水平一	拒绝交流，不愿意为集体付出，没有大局意识，比赛和讨论不积极	1	

续表

学科核心素养	维度	评分点	水平等级	具体表现	分值	评价
体育品德（20分）	体育精神（10分）	超越自我、勇于进取：第二次的游进距离比第一次有进步	水平五	尽全力挑战自己的游进距离，游进距离较第一次有较大提高	10	
			水平四	努力挑战自己的游进距离，游进距离较第一次有提高	8	
			水平三	努力挑战自己的游进距离，两次游进距离变化不大	6	
			水平二	在不发生意外情况的前提下，游进距离较第一次稍有退步	4	
			水平一	在不发生意外情况的前提下，游进距离较第一次有明显退步	2	
	体育道德（5分）	遵守比赛规则	水平五	严格遵守比赛规则，服从裁判的判决	5	
			水平四	遵守比赛规则	4	
			水平三	基本能遵守比赛规则	3	
			水平二	规则意识较差，有少量违规行为	2	
			水平一	规则意识差，有多次违规行为	1	

二、测试数据分析

专家根据学生在测试中的各维度表现进行现场评分（见表 8-10 和表 8-11）。蛙泳测试 B 卷由于体育品德中的体育道德维度在测试中难以表现，需在日常教学活动中加以评价，未作为考核内容。蛙泳测试 C 卷依据学科核心素养水平描述，通过八个维度内容对学生进行评分，并且在运动能力的维度明确设计了各个技术环节的分值权重。此外，在预设标准时，蛙泳模块评价标准的五个水平等级暂由测评专家拟定。因此，在测评结束后，需要根据实际测评数据对预设标准进行修正与完善。

表 8-10　蛙泳测试 B 卷的学科核心素养评分

学生		运动能力(40分)		健康行为(40分)			体育品德(20分)	
		体能状况（20分）	运动认知与技战术运用（20分）	健康知识掌握与运用（20分）	情绪调控（10分）	环境适应（10分）	体育品格（10分）	体育精神（10分）
		自救和救护中的体能表现	蛙泳、侧泳等技能表现	救护时的动作和行为	落水后自救和救护时的情绪表现	合作与交流	对个人救护能力的判断正确，表现出负责任、敢担当的行为	坚韧不拔和勇敢自信
姓名	性别							
林××	女	20	20	20	10	6	10	8
申××	男	20	12	20	6	6	8	6
陈××	男	12	12	12	8	4	8	6
毛××	女	12	12	12	10	4	8	8
黄××	男	16	16	16	8	4	8	8
李××	男	16	16	16	8	4	8	8
钱××	男	12	12	12	8	4	8	6

表 8-11　蛙泳测试 C 卷的核心素养评分

学生		运动能力(50分)		健康行为(30分)			体育品德(20分)		
		体能状况（30分）	运动认知与技战术运用（20分）	健康知识掌握与运用（10分）	情绪调控（10分）	环境适应（10分）	体育品格（5分）	体育精神（10分）	体育道德（5分）
		出发动作速度、划臂蹬腿力量、游进速度	出发动作、游进中动作、参与小组讨论的程度与效果	陆上准备活动、水中准备活动	比赛中的精神状态	合作与交流	集体荣誉感	超越自我、勇于进取	遵守比赛规则
姓名	性别								
舒××	女	14	12	6	8	8	4	6	4
李××	女	24	20	8	8	10	5	6	4
朱××	女	16	16	10	8	10	5	10	4
梁××	女	30	20	8	10	10	5	10	5
陈××	男	22	12	8	8	8	4	2	5
郭××	女	30	20	10	10	8	4	2	5
李××	男	20	17	10	8	8	5	6	5

(一)明确评价标准

测评人员结合实际测试结果，运用统计学的方法，根据正态分布结果获取了五个水平等级所对应的分值区间。首先，根据测评数据结果，检验蛙泳模块预设评价标准的划分是否准确。其次，对预设评价标准进行校正与修改，以便对学生的学科核心素养进行精准评价。例如，根据预设的评价标准，学生的运动认知与技战术运用是水平一。但评价标准经正态理论进行计算调整后，学生的运动认知与技战术运用水平可能会变为水平二。最后，确认各个水平、不同维度的评分区间，得出最终测试 B 卷、测试 C 卷学生水平等级评价标准(见表 8-12 和表 8-13)。

表 8-12　蛙泳测试 B 卷的学生水平等级评价标准

水平等级	运动能力(40分)		健康行为(40分)			体育品德(20分)	
	体能状况(20分)	运动认知与技战术运用(20分)	健康知识掌握与运用(20分)	情绪调控(10分)	环境适应(10分)	体育品格(10分)	体育精神(10分)
水平一	4	4	4	2	2	2	2
水平二	8	8	8	4	4	4	4
水平三	12	12	12	6	6	6	6
水平四	16	16	16	8	8	8	8
水平五	20	20	20	10	10	10	10

表 8-13　蛙泳测试 C 卷的学生水平等级评价标准

水平等级	运动能力(50分)		健康行为(30分)			体育品德(20分)		
	体能状况(30分)	运动认知与技战术运用(20分)	健康知识掌握与运用(10分)	情绪调控(10分)	环境适应(10分)	体育品格(5分)	体育精神(10分)	体育道德(5分)
水平一	$X \leqslant 12$	$X \leqslant 12$	2	2	2	1	2	1
水平二	$12 < X \leqslant 20$	$12 < X \leqslant 15$	4	4	4	2	4	2
水平三	$20 < X \leqslant 26$	$15 < X \leqslant 18$	6	6	6	3	6	3

水平等级	运动能力(50分)		健康行为(30分)			体育品德(20分)		
	体能状况(30分)	运动认知与技战术运用(20分)	健康知识掌握与运用(10分)	情绪调控(10分)	环境适应(10分)	体育品格(5分)	体育精神(10分)	体育道德(5分)
水平四	26<X≤28	18<X≤19	8	8	8	4	8	4
水平五	X>28	X>19	10	10	10	5	10	5

注：X 为所测学生的实际分数。

(二)核对各维度水平等级的行为描述

基于评价标准，测评人员观察学生的测评过程和测评视频，对学生各个维度的行为表现进行水平描述，并依据评价标准对学生不同维度行为表现给出对应的分值和等级。举例如下(见表 8-14 和表 8-15)。例如，表 8-14 中，林××环境适应维度上的具体描述是，救护时与同伴有一些交流，对同伴有一些鼓励。该学生的综合得分为 6 分，综合水平等级为水平三。

表 8-14　蛙泳测试 B 卷的学生各维度水平描述

学生	运动能力(40分)		健康行为(40分)			体育品德(20分)	
姓名	体能状况(20分)	运动认知与技战术运用(20分)	健康知识掌握与运用(20分)	情绪调控(10分)	环境适应(10分)	体育品格(10分)	体育精神(10分)
林××(女)	体能很充沛；30米着衣蛙泳游进速度快，快速轻松完成30米救护的过程	划臂、两脚同时或交替蹬夹水协调很有力；呼吸节奏很好，方法正确、动作熟练	救护思路非常清晰，严格遵循救护的基本规则与程序；水中救护技能很熟练	自救时情绪非常稳定；救护时保持镇定，不慌张，能据实情选择最佳救护方式	救护时与同伴有一些交流，对同伴有一些鼓励	能非常正确地判断个人的救护能力，在救护的过程中表现出对自己和他人负责任，完成任务的主动性非常强	在自救和救护过程中克服困难，并通过自己的表现给同伴一定影响
综合得分	20	20	20	10	6	10	8
综合水平等级	水平五	水平五	水平五	水平五	水平三	水平五	水平四

175

表 8-15　蛙泳测试 C 卷的学生各维度水平描述

学生	运动能力(50分)		健康行为(30分)			体育品德(20分)		
姓名	体能状态(30分)	运动认知与技战术运用(20分)	健康知识掌握与运用(10分)	情绪调控(10分)	环境适应(10分)	体育品格(5分)	体育精神(10分)	体育道德(5分)
舒××	出发动作慢；划臂蹬腿后身体加速比较明显；第一次游进45米，第二次游进45.9米，在45～49米范围	不能从台上出发，没有入水技术动作 在游进中动作频率较快，划臂、蹬夹腿较用力，呼吸技术配合较好，偶尔采用两划一呼的配合 熟练运用相关学科知识，对第一轮比赛进行分析，并对同伴或自己提出有针对性的建议，对全队的成绩提高有帮助	能自觉认真完成一般准备活动和专项准备活动，负荷安排基本达到要求	精神饱满，无论是领先还是落后都保持稳定的心理状态	能与队员进行较为主动的交流合作	在整个过程中注重个人表现，有较强的集体归属感	努力挑战自己的游进距离，两次游进距离变化不大	严格遵守比赛规则，服从裁判的判决
综合得分	14	12	6	8	8	4	6	4
综合水平等级	水平二	水平一	水平三	水平四	水平四	水平四	水平三	水平四

(三)提取各维度水平等级的行为表现特征

经过对应的水平调整后，整合分值分布处于同一水平等级的行为表现并提取行为特征。根据特征提取修订评价标准，不同维度、不同水平等级的行为表现和得分区间情况如下(见表 8-16 和表 8-17)。测评人员通过将测试获取的真实数据与命题预设评分标准对比，为最终确定评分标准提供科学依据。参与蛙泳测试 B 卷的 30 人均为男生。因此，蛙泳测试 B 卷学科核心素养测试为男生行为特征的提取。

表 8-16　蛙泳测试 B 卷学生的行为表现特征提取

学科核心素养	维度	水平等级	行为表现	特征提取	修改后的标准
运动能力	体能状况	水平一	实测无此	30 米着衣蛙泳游进速度很慢，受服装影响很大，到达落水者附近耗时长，完成 30 米救护非常艰难	体能差；30 米着衣蛙泳游进速度很慢，十分艰难地完成 30 米救护的过程
		水平二	实测无此	30 米着衣蛙泳游进速度较慢，较艰难地完成 30 米救护的过程	体能较差；30 米着衣蛙泳游进速度较慢，较艰难地完成 30 米救护的过程
		水平三	体能较充沛；30 米着衣蛙泳游进速度较快，基本完成 30 米的救护过程；35.8 秒到达落水者旁边，较为吃力地将落水者带到安全区域	体能较充沛；30 米着衣蛙泳游进速度较快，35.8 秒到达落水者附近，基本完成 30 米的救护过程；救护时体力表现正常	体能较充沛；30 米着衣蛙泳游进速度较快，基本完成 30 米的救护过程
		水平四	体能充沛；30 米着衣蛙泳游进速度快，轻松完成 30 米救护的过程；33.1 秒到达落水者附近，较快地将落水者带到安全区域	体能充沛；30 米着衣蛙泳游进速度快；33.1 秒到达落水者附近，救援动作轻松，完成 30 米救护的过程流畅	体能充沛；30 米着衣蛙泳游进速度快，轻松完成 30 米救护的过程
		水平五	体能很充沛；30 米着衣蛙泳游进速度快，快速、轻松完成 30 米救护的过程；29.6 秒到达落水者附近，快速、轻松将其带到安全区域	体能很充沛；30 米着衣蛙泳游进速度快；29.6 秒就到达落水者附近，救护过程力量体现充分，动作干脆，整个过程流畅轻松	体能很充沛；30 米着衣蛙泳游进速度快，快速、轻松完成 30 米救护的过程

学科核心素养	维度	水平等级	行为表现	特征提取	修改后的标准
运动能力	运动认知与技战术运用	水平一	实测无此	不具备蛙泳能力，无法独立在深水区	不能自救，不能救护
		水平二	自救划臂、两腿同时或交替蹬夹水不太协调，用力不够，呼吸节奏紊乱，方法基本正确但动作不够熟练；救护游进时对落水者的观察方法错误，从正面接触落水者	具备蛙泳的初步能力，在水中不会下沉，能完成自我救护；在水中不能增加负荷，不能救护	能自救，不能救护
		水平三	划臂、两腿同时或交替蹬夹水协调比较有力；呼吸节奏较好，方法基本正确、动作较熟练；自救动作有一定变形；清楚知道救助方法，但救助犹豫，用时较长	自救时能正确运用蛙泳技术动作，基本做到不变形；救护的方法清楚，但运用不够准确，延误了较长时间	划臂、两腿同时或交替蹬夹水协调比较有力；呼吸节奏较好，方法基本正确，动作较熟练；救护方法基本正确，技术使用基本合理
		水平四	划臂、两腿同时或交替蹬夹水协调有力；呼吸节奏好，方法正确、动作熟练；自救受着衣影响，动作不够流畅；游向落水者时观察正确，接近落水者时欠果断，方法正确	落水后运用蛙泳技术合理；由于衣服产生的干扰，动作不够流畅；救护方法正确，运用时机选择不够果断	划臂、两腿同时或交替蹬夹水协调有力；呼吸节奏好，方法正确，动作熟练；救护方法正确，技术使用合理
		水平五	划臂、两腿同时或交替蹬夹水协调很有力；呼吸节奏很好，方法正确、动作熟练；运用蛙泳技术自救非常合理；游向落水者时始终保持抬头观察落水者的情况，判断准确，果断从身后靠近落水者，使用正确手法控制住落水者	落水后无压力，技术动作使用准确，服装没有产生干扰；救护过程各环节方法运用非常准确，动作使用合理，时机把握得好	划臂、两腿同时或交替蹬夹水协调很有力；呼吸节奏很好，方法正确，动作熟练；救护方法正确，技术使用合理、娴熟

学科核心素养	维度	水平等级	行为表现	特征提取	修改后的标准
健康行为	健康知识掌握与运用	水平一	实测无此	不清楚救护的方法；着衣游进动作技术差	不清楚救护的方法；着衣游进动作技术差
		水平二	大体上能按照救护的基本规则与程序，基本掌握水中救护的方法与技能；能说出一些救护的方法，但操作时体现不出来	救护方法能说出大概，略显混乱；在实际救助时没有具体体现使用方法，运用不出来	知道一些救护的知识，但不知道如何运用
		水平三	救护思路较为清晰，遵循救护的基本规则与程序，水中救护技能较为熟练；知道理论知识，但与救助结合不够好，导致救护时间浪费多	救护的知识点清楚，能分步骤说出来；实际救护的时候基本能遵照使用；但每个环节都显得刻意在想，理论与实际结合不够好，救助效果不够好	知道救护知识，基本能运用
		水平四	救护思路清晰，遵循救护的基本规则与程序；能回答出救护知识；救护时运用欠熟练，有犹豫情况	救护知识清楚，并基本理解，程序正确；救护时运用有些迟疑，不够果断	理解救护知识，能较合理运用
		水平五	救护思路非常清晰，严格遵循救护的基本规则与程序，水中救护技能很熟练；能完全回答观察落水者的方法，懂得在附近踩水，救助位置清楚，使用救助手法合理	理解救护知识，能将知识准确地与现场情况合理结合运用，熟练施救	理解救护知识，合理、熟练运用救护方法
	情绪调控	水平一	实测无此	自救时情绪调节能力差，救护时紧张或者慌乱，影响救护效果	自救时情绪调节能力差，救护时紧张或者慌乱，影响救护效果
		水平二	实测无此	自救时情绪调节能力一般，救护时有些紧张或者慌乱，有些影响救护效果	自救时情绪调节能力一般，救护时有些紧张或者慌乱，有些影响救护效果

学科核心素养	维度	水平等级	行为表现	特征提取	修改后的标准
健康行为	情绪调控	水平三	自救时情绪较稳定，救护时声音急促，有畏难情绪；能按照救护的原则完成救护过程	自救没有任何慌乱，表现出稳定情绪；救护时有些慌乱，表现出害怕，逐渐能控制	自救时情绪较稳定；救护时略紧张，能按照救护的原则完成救护过程
		水平四	自救时情绪稳定；救护时保持镇定，信心不足，能据实情选择救护方式	自救淡定，没有出现害怕、紧张情绪；救护时镇定，行为迟疑，体现出信心不足，但不会严重干扰救援	自救时情绪稳定；救护时保持镇定，能据实情选择救护方式
		水平五	自救时轻松自如，游进时充满自信；救护时沉着冷静，不慌张，能据实情选择最佳救护方式	自救如同享受蛙泳，毫无紧迫感；救护信心足，镇定，现场氛围不会影响判断，能合理、准确地选择救助方式	自救时情绪非常稳定；救护时保持积极、镇定、不慌张的状态，能据实情选择最佳救护方式
	环境适应	水平一	实测无此	救护时与落水者缺乏交流	救护时与落水者缺乏交流
		水平二	救护时有少许交流，对落水者指导简单，能基本完成任务	命令式的交流，简单的两个提醒语言	救护时与落水者有少许交流
		水平三	救护时与落水者有一些交流，有鼓励行为	与落水者交流略显轻松，语言有一定亲和力，对落水者有鼓励语言	语言亲切，稳定落水者的情绪
		水平四	救护时能与同伴交流，有鼓励同伴、安慰同伴的行为	与落水者交流轻松，转移落水者的注意力，重点从技术运用上给对方提示；有鼓励行为，对落水者的情绪稳定有积极作用	救护时与落水者交流，有鼓励安慰行为
		水平五	实测无此	救护时能积极地与落水者交流，积极鼓励、安慰落水者	救护时能积极地与落水者交流，积极鼓励、安慰落水者

学科核心素养	维度	水平等级	行为表现	特征提取	修改后的标准
体育品德	体育品格	水平一	判断个人的救护能力有偏差，不愿负责任，完成任务的主动性很差；没有救护动作，从落水者旁边游走了	刚开始敢于冲出去施救，但接近落水者时放弃，从旁边游走，停止了救护	判断个人的救护能力有偏差，不愿负责任，完成任务的主动性很差
		水平二	实测无此	能基本正确地判断个人的救护能力，责任意识不强，完成任务的主动性较差	能基本正确地判断个人的救护能力，责任意识不强，完成任务的主动性较差
		水平三	实测无此	能较正确地判断个人的救护能力，比较负责任，基本能完成任务	能较正确地判断个人的救护能力，比较负责任，基本能完成任务
		水平四	能正确地判断个人的救护能力，负责任，能完成任务	对自己的救护能力有正确判断，积极参与；完成任务情况良好，责任心得到体现	能正确地判断个人的救护能力，负责任，能完成任务
		水平五	能非常正确地判断个人的救护能力，在救护的过程中表现出对自己和他人负责任；完成任务的主动性非常强	准确判断自己的救护能力，果断参与；救护过程中能关注落水者的状况，责任心非常强	能非常正确地判断个人的救护能力，在救护的过程中表现出对自己和他人负责任，完成任务的主动性非常强
	体育精神	水平一	实测无此	在自救和救护过程中，遇到救护情景和体能的困难时有畏难和消极情绪	在自救和救护过程中，遇到救护情景和体能的困难时有畏难和消极情绪
		水平二	实测无此	在自救和救护过程中，遇到救护情景和体能的困难时能想一些办法克服，有一定畏难和消极情绪	在自救和救护过程中，遇到救护情景和体能的困难时能想一些办法克服，有一定畏难和消极情绪

续表

学科核心素养	维度	水平等级	行为表现	特征提取	修改后的标准
体育品德	体育精神	水平三	在自救和救护过程中，遇到救护情景和体能的困难时能想办法克服，不放弃；克服体力不足，坚持完成救护任务	在自救和救护过程中，遇到有体能问题和方法选择困难时能想办法克服，坚持完成	在自救和救护过程中，遇到救护情景和体能的困难时能想办法克服，不放弃
		水平四	在救护过程中有脱手行为，但继续实施救护行为，向落水者表现出了很好的精神状态	在救护过程中遇到脱手这样比较严重的问题时，积极弥补，向落水者展示出了足够的自信	在自救和救护过程中克服困难，并通过自己的表现给落水者一定影响
		水平五	在自救和救护过程中积极克服各种困难，并通过自己的表现给同伴积极影响	在自救和救护过程中以自己的能力和良好的救助方法，让落水者产生信任，并积极配合	在自救和救护过程中积极克服各种困难，并通过自己的表现给同伴积极影响

表 8-17　蛙泳测试 C 卷学科核心素养的行为表现特征提取

学科核心素养	维度	水平等级	行为表现	特征提取	修改后的标准
运动能力	体能状况	水平一	1. 出发动作慢，出发动作迟缓，后程动作频率明显降低，划臂、蹬腿后身体加速不明显 2. 第一次游进 34 米，第二次游进 37.8 米，在 50 米以下	出发动作：动作慢，体现不出腿部力量 划臂、蹬腿：动作僵硬，身体没有加速，看不出向前性 1 分钟游进距离：50 米以下	出发动作慢，划臂、蹬腿后身体加速很不明显，1 分钟游进 50 米以下
		水平二	1. 出发动作慢；划臂、蹬腿后身体加速比较明显；出发距离 1.5 米，在游进中速度保持较差，后程速度降低 2. 第一次游进 50 米，第二次游进 50 米，在 50~54 米范围	出发动作：动作较慢，有蹬腿动作，身体向前跃出不理想 划臂、蹬腿：身体有加速，向前性无持续 1 分钟游进距离：游进 50~54 米	出发动作较慢，划臂、蹬腿后身体加速不明显，1 分钟能游进 50~54 米

学科核心素养	维度	水平等级	行为表现	特征提取	修改后的标准
运动能力	体能状况	水平二	3. 第一次游进 53 米，第二次游进 53 米，在 50～54 米范围		
		水平三	1. 出发动作非常快；蹬台、抓台有力量体现，出发距离 2 米，划臂、蹬腿后身体加速明显 2. 第一次游进 55 米，第二次游进 57 米，在 55～59 米范围	出发动作：动作比较迅速，蹬台动作明显，身体向前有跃出距离 划臂、蹬腿：划臂、蹬腿后身体加速比较明显，向前性持续不理想 1 分钟游进距离：游进 55～59 米	出发动作较迅速，划臂、蹬腿后身体加速比较明显，1 分钟能游进 55～59 米
		水平四	出发动作较快；蹬台、抓台发力正确，出发距离 2.5 米，在游进中速度保持良好，划臂、蹬腿后身体加速非常明显；第一次游进 61 米，第二次游进 61.1 米，在 60 米以上	出发动作：动作迅速，蹬台有力，身体向前跃出良好 划臂、蹬腿：身体加速明显，向前好 1 分钟游进距离：游进 60～64 米	出发动作迅速，划臂、蹬腿后身体加速明显，1 分钟能游进 60～64 米
		水平五	1. 出发动作非常快；蹬台、抓台非常有力，出发距离 3 米，在游进中速度、节奏都能很好保持，划臂、蹬腿后身体加速非常明显 2. 第一次游进 68.5 米，第二次游进 68 米，在 65 米以上	出发动作：动作非常迅速，蹬台发力到位，向前跃出力量足 划臂、蹬腿：身体加速非常明显，向前持续好 1 分钟游进距离：游进 65 米以上	出发动作非常迅速，划臂、蹬腿后身体加速非常明显，1 分钟能游进 65 米以上

学科核心素养	维度	水平等级	行为表现	特征提取	修改后的标准
运动能力	运动认知与技战术运用	水平一	不能从台上出发，没有入水技术动作，在游进中动作频率较慢，划臂、蹬夹腿与呼吸技术配合不好，偶尔采用两划一呼的配合；几乎没有针对第一轮比赛的讨论	出发：蹬泳池边出发 游进：动作频率慢，划臂、蹬夹腿用力很不够，呼吸技术配合较差 技术改进：几乎不参与讨论	能蹬泳池边出发；在游进中动作频率慢，划臂、蹬夹腿用力很不够，呼吸技术配合较差；几乎不参与讨论
		水平二	1. 不能从台上出发，没有入水技术动作；在游进中动作频率较快，划臂、蹬夹腿较用力，呼吸技术配合较好，偶尔采用两划一呼的配合；熟练运用相关学科知识，对第一轮比赛进行分析，并对同伴或自己提出有针对性的建议，对全队的成绩提高有帮助 2. 不能从台上出发，没有入水技术动作，在游进中动作频率快，划臂、蹬夹腿较用力，呼吸技术配合好；运用相关学科知识，积极参与针对第一轮比赛的讨论	出发：抓台稳定，蹬离出发台较用力，入水角度较差，腾空、入水、滑行、划臂、出水动作衔接较为流畅 游进：划臂蹬夹腿与呼吸技术配合不够好 技术改进：能运用相关学科知识参与讨论，但不够积极	抓台稳定，蹬离出发台较用力，入水角度较差；腾空、入水、滑行、划臂、出水动作衔接较为流畅，划臂蹬夹腿与呼吸技术配合不够好；能运用相关学科知识参与讨论，但不够积极

学科核心素养	维度	水平等级	行为表现	特征提取	修改后的标准
运动能力	运动认知与技战术运用	水平三	1. 抓台稳定，蹬离出发台用力，入水角度好，腾空、入水、滑行、划臂出水动作衔接流畅；在游进中动作频率非常快，划臂、蹬夹腿用力，呼吸技术配合非常好；熟练运用相关学科知识对第一轮比赛进行分析，并对同伴或自己提出有针对性的建议，对全队的成绩提高有帮助 2. 站在池边，没能站在出发台上，入水角度较差，腾空、入水、滑行、划臂出水动作衔接欠流畅；在游进中动作频率快，划臂、蹬夹腿较用力，呼吸技术配合好；熟练运用相关学科知识对第一轮比赛进行分析，并对同伴或自己提出有针对性的建议，对全队的成绩提高有帮助 3. 抓台稳定，蹬离出发台较用力，入水角度较好，腾空、入水、滑行、划臂出水动作衔接较为流畅；游进中动作频率非常快，划臂、蹬夹腿用力，呼吸技术配合非常好；运用相关学科知识积极参与针对第一轮比赛的讨论	出发：抓台稳定，蹬离出发台用力，入水角度好，腾空、入水、滑行、划臂出水动作衔接流畅 游进：动作频率较快，划臂、蹬夹腿与呼吸技术配合较好，基本完成转身动作 技术改进：运用相关学科知识积极参与针对第一轮比赛的讨论	抓台稳定，蹬离出发台用力，入水角度好，腾空、入水、滑行、划臂出水动作衔接流畅；在游进中动作频率较快，划臂、蹬夹腿与呼吸技术配合较好，基本完成转身动作；运用相关学科知识积极参与针对第一轮比赛的讨论

续表

学科核心素养	维度	水平等级	行为表现	特征提取	修改后的标准
运动能力	运动认知与技战术运用	水平四	1. 抓台非常稳定，蹬离出发台很用力，入水角度很好，腾空、入水、滑行、划臂出水动作衔接很流畅；在游进中动作频率非常快，划臂、蹬夹腿用力，呼吸技术配合非常好；运用相关学科知识积极参与对第一轮比赛的分析和讨论，能提出有针对性的建议 2. 抓台非常稳定，蹬离出发台很用力，入水角度很好，腾空、入水、滑行、划臂出水动作衔接很流畅；在游进中动作频率非常快，划臂、蹬夹腿用力，呼吸技术配合非常好；运用相关学科知识积极参与针对第一轮比赛的讨论 3. 抓台非常稳定，蹬离出发台很用力，入水角度很好，腾空、入水、滑行、划臂出水动作衔接很流畅；游进中动作频率非常快，划臂、蹬夹腿用力，呼吸技术配合非常好；运用相关学科知识积极参与对第一轮比赛的分析和讨论，能提出有针对性的建议	出发：抓台稳定，蹬离出发台用力，入水角度好，腾空、入水、滑行、划臂出水动作衔接流畅 游进：动作频率快，划臂、蹬夹腿较用力，呼吸技术配合好，能正确完成转身动作 技术改进：运用相关学科知识积极参与对第一轮比赛的分析和讨论，能提出有针对性的建议	抓台稳定，蹬离出发台用力，入水角度好，腾空、入水、滑行、划臂出水动作衔接流畅；在游进中动作频率快，划臂、蹬夹腿较用力，呼吸技术配合好，能正确完成转身动作；运用相关学科知识积极参与对第一轮比赛的分析和讨论，能提出有针对性的建议

学科核心素养	维度	水平等级	行为表现	特征提取	修改后的标准
运动能力	运动认知与技战术运用	水平五	抓台非常稳定，蹬离出发台很用力，入水角度很好，腾空、入水、滑行、划臂出水动作衔接很流畅；在游进中动作频率非常快，划臂、蹬夹腿用力，呼吸技术配合非常好；熟练运用相关学科知识对第一轮比赛进行分析，并对同伴或自己提出有针对性的建议，对全队的成绩提高有帮助	出发：抓台非常稳定，蹬离出发台有力，腾空、入水、滑行、划臂出水动作衔接很流畅 游进：划臂、蹬夹腿与呼吸技术配合非常好，能完成转身动作 技术改进：熟练运用相关学科知识对第一轮比赛进行分析，并对同伴或自己提出有针对性的建议，对全队的成绩提高有帮助	抓台非常稳定，蹬离出发台有力，腾空、入水、滑行、划臂出水动作衔接很流畅，划臂、蹬夹腿与呼吸技术配合非常好，能完成转身动作；熟练运用相关学科知识对第一轮比赛进行分析，并对同伴或自己提出有针对性的建议，对全队的成绩提高有帮助
健康行为	健康知识掌握与运用	水平一	实测无此	准备活动草率、随意性强，无针对性，不系统，动作没有力度，完成质量差	准备活动草率、随意性强，完成质量差
		水平二	实测无此	一般准备活动不完整，专项准备活动简单，但动作单一、针对性不强，实效性差	能完成一般准备活动和专项准备活动，但动作单一、针对性不强
		水平三	能自觉认真完成一般准备活动和专项准备活动，负荷安排基本达到要求；做了全身徒手体操，做了肩背部的拉伸练习	准备活动自觉、认真；有一定的热身作用，但目的性不强	能自觉认真完成一般准备活动和专项准备活动
		水平四	一般准备活动和专项准备活动目的较明确，针对性较强；做了全身徒手体操，做了肩背部的拉伸练习；试水行为针对性较强，负荷适当	准备活动自觉、认真，有针对性 一般准备活动全面，热身效果好；专项准备活动目的较明确，针对性较强，活动充分	一般准备活动和专项准备活动目的较明确，针对性较强，活动充分

续表

学科核心素养	维度	水平等级	行为表现	特征提取	修改后的标准
健康行为	健康知识掌握与运用	水平五	能自觉认真完成岸上的拉伸和水中的专项准备活动；充分做了全身徒手体操，肩背部、腰部的拉伸练习到位，下水做了适应性练习；一般准备活动和专项准备活动目的明确，针对性强，活动充分，负荷适当	有岸上准备活动，有水里准备活动，自觉、认真 岸上的拉伸充分，水中的专项准备活动适应性强；一般准备活动和专项准备活动目的明确，针对性强，活动非常充分	能自觉认真完成岸上的拉伸和水中的专项准备活动；一般准备活动和专项准备活动目的明确，针对性强，活动充分
	情绪调控	水平一	实测无此	精神状态很不佳，心不在焉，有抵触情绪，心理波动大，不是很愿意参加测试	精神状态很不佳，心理波动大
		水平二	实测无此	精神状态不佳，对测试抱无所谓的看法；能做出调整，通过激励能比较认真对待	精神状态不佳，心理波动较大
		水平三	精神饱满，无论是领先还是落后都保持较为稳定的心理状态；第二次测试时有为难情绪表现出来，但能完成测试	对测试比较重视，能不抱怨地完成；两次测试情绪平稳，没有什么情绪变化	精神饱满，无论是领先还是落后都保持较为稳定的心理状态
		水平四	精神饱满，无论是领先还是落后都保持稳定的心理状态；自觉参加第二次测试，动作节奏控制稳定	有备而来，不畏惧测试，积极对待；身边同伴的水平对自身没有影响，保持稳定的心理状态	精神饱满，无论是领先还是落后都保持稳定的心理状态
		水平五	精神饱满，神情轻松、自然；无论是领先还是落后都保持稳定的心理状态，保持兴奋的同时能帮助同伴调整情绪	非常积极，表现出对测试的期待，也对测试信心满满，测试情绪稳定	精神饱满，无论是领先还是落后都保持轻松、积极、稳定的心理状态

续表

学科核心素养	维度	水平等级	行为表现	特征提取	修改后的标准
健康行为	环境适应	水平一	实测无此	与同伴没有语言交流，只做自己的事情	与同伴几乎不交流
		水平二	被动参与组内活动，有一些合作交流；有人对自己说话，能做一些交流	与同伴有一些交流合作；在别人主动的情况下进行交流，但语言不多，交流内容也是一般的内容	与同伴有一些交流合作
		水平三	能与同伴进行交流合作；能与队员交流一些技术动作和战术想法	在教师的要求下能与同伴进行交流合作；内容涉及本次测试内容，但探讨没有深度	能与同伴进行交流合作
		水平四	协助组长组织同伴练习，积极主动参与小组活动，主动与同伴交流	能与同伴进行较为主动的交流合作，主动找交流的内容，交流内容有针对性	能与同伴进行较为主动的交流合作
		水平五	主动担任组长，引导同伴完成准备活动；在两次测试间歇期与同伴交流，主动帮助同伴；能与同伴相互鼓励、主动地交流合作	能与同伴相互鼓励、主动地交流合作；交流内容和测试密切相关，表现出良好的协调作用	能与同伴相互鼓励、主动地交流合作
体育品德	体育品格	水平一	实测无此	比赛中完成任务差，消极对待任务	在比赛中完成任务差
		水平二	实测无此	能按照要求完成任务，对比赛的情景投入不够	在比赛中能基本完成比赛任务
		水平三	在整个过程中注重个人表现，能完成两次测试，集体归属感一般	看重比赛，水平发挥正常	在比赛中能基本发挥自己的最好成绩，为集体的荣誉做贡献
		水平四	在整个过程中注重个人表现，有较强的集体归属感	将比赛与团队看得比较重要，两次比赛能积极发挥	在比赛中能努力游出自己的最好成绩，为集体的荣誉做贡献

学科核心素养	维度	水平等级	行为表现	特征提取	修改后的标准
体育品德	体育品格	水平五	在比赛中用自己的努力为整体成绩提高做贡献；在游进中尽力完成测试，通过自己的行为感染同伴	非常看重比赛中自己的表现，也非常看重团队成绩，以自己的行为感染自己的同伴	在比赛中能游出自己的最好成绩，为集体的荣誉做贡献
	体育精神	水平一	第二次测试遇到体能状况就明显放弃；第一次游进 50 米，第二次游进 34 米，退步达到 16 米；在不发生意外情况的前提下，游进距离较第一次有明显退步	游进距离较第一次有明显退步，毫无拼搏精神，甚至放弃	游进距离较第一次有明显退步
		水平二	游进距离较第一次稍有退步；第一次游进 60 米，第二次游进 58 米；毅力不足，表现出想法和做法不一致	游进距离较第一次稍有退步，有努力的表现，但没有坚持	游进距离较第一次稍有退步
		水平三	努力挑战自己的游进距离，两次游进距离变化不大，保持一定的游进节奏；第一次游进 50 米，第二次游进 50 米	能完成两次测试，游进距离变化不大；在体能略有下降的情况下能保持游进	能完成两次测试，游进距离变化不大
		水平四	努力挑战自己的游进距离，游进距离较第一次有提高，克服疲惫状态，积极调整，第一次游进 75 米，第二次游进 78.5 米	游进距离较第一次有提高，有拼搏的意识，并有良好的行为表现	游进距离较第一次有提高
		水平五	以饱满的精神状态参与，并且主动挑战自己的第一次成绩，力求突破；游进距离较第一次有较大提高；第一次游进 58 米，第二次游进 68.5 米	游进距离较第一次有较大提高；积极挑战自己的成绩，以突破为自己的快乐点	积极挑战，游进距离较第一次有较大提高

续表

学科核心素养	维度	水平等级	行为表现	特征提取	修改后的标准
体育品德	体育道德	水平一	实测无此	规则意识差,漠视判决;我行我素,没有约束力	规则意识差,漠视判决
		水平二	有抢在发令前出发的行为	规则意识较差,有犯规行为,如抢在发令前出发,或者中途有不符合规定的动作出现	规则意识较差
		水平三	在裁判的提示下能按要求完成	有随意对待比赛的想法,但在裁判的提示下能遵守比赛规则,对裁判的判决认可	遵守比赛规则,服从判决
		水平四	严格遵守比赛规则,服从裁判的判决	自觉遵守比赛规则,服从判决,尊重对手,表现出友好的态度	自觉遵守比赛规则,服从判决,尊重对手
		水平五	严格遵守比赛规则,服从裁判的判决,有语言提示同伴遵守规则的行为	自觉遵守比赛规则,服从判决,尊重对手,发挥表率作用,对违体行为积极制止	自觉遵守比赛规则,服从判决,尊重对手,发挥表率作用

三、测试结果运用

测评人员通过测评数据分析,构建了蛙泳测试 B 卷、蛙泳测试 C 卷在运动能力、健康行为与体育品德三个方面学科核心素养各维度的评价标准和学生样例(见表 8-18 和表 8-19)。每个水平等级对应五个水平,各个水平对应具体的评价标准。

表 8-18　蛙泳测试 B 卷各维度的评价标准和学生样例

学科核心素养	维度	水平等级	评价标准和学生样例	备注
运动能力	体能状况	水平一	标准：体能差；30 米着衣蛙泳游进速度很慢，十分艰难地完成 30 米救护的过程	测试学校学生的体能状况总体强
			样例：实测无此	
		水平二	标准：体能较差；30 米着衣蛙泳游进速度较慢，较艰难地完成 30 米救护的过程	
			样例：实测无此	
		水平三	标准：体能较充沛；30 米着衣蛙泳游进速度较快，基本完成 30 米的救护过程	
			样例：35.8 秒到达落水者旁边，较为吃力地将落水者带到安全区域	
		水平四	标准：体能充沛；30 米着衣蛙泳游进速度快，轻松完成 30 米救护的过程	
			样例：33.1 秒到达落水者附近，较快地将落水者带到安全区域	
		水平五	标准：体能很充沛；30 米着衣蛙泳游进速度快，快速、轻松地完成 30 米救护的过程	
			样例：29.6 秒到达落水者附近，快速、轻松地将其带到安全区域	
	运动认知与技战术运用	水平一	标准：不能自救，不能救护	
			样例：实测无此	
		水平二	标准：能自救，不能救护	
			样例：自救划臂、两腿同时或交替蹬夹水不太协调，用力不够，呼吸节奏紊乱，方法基本正确但动作不够熟练；救护游进时对落水者的观察方法错误，从正面接触落水者	
		水平三	标准：划臂、两腿同时或交替蹬夹水协调比较有力；呼吸节奏较好，方法基本正确，动作较熟练；救护方法基本正确，技术使用基本合理	
			样例：自救动作有一定变形；清楚知道救助方法，但救助犹豫，用时较长	

学科核心素养	维度	水平等级	评价标准和学生样例	备注
运动能力	运动认知与技战术运用	水平四	标准：划臂、两腿同时或交替蹬夹水协调有力；呼吸节奏好，方法正确，动作熟练；救护方法正确，技术使用合理	
			样例：自救受着衣影响，动作不够流畅；游向落水者时观察正确，接近落水者时欠果断，方法正确	
		水平五	标准：划臂、两腿同时或交替蹬夹水协调很有力；呼吸节奏很好，方法正确，动作熟练；救护方法正确，技术使用合理、娴熟	
			样例：运用蛙泳技术自救非常合理；游向落水者时始终保持抬头观察落水者的情况，判断准确，果断从身后靠近落水者，使用正确手法控制住落水者	
健康行为	健康知识掌握与运用	水平一	标准：不清楚救护的方法；着衣游进动作技术差	
			样例：实测无此	
		水平二	标准：知道一些救护的知识，但不知道如何运用	
			样例：能说出一些救护的方法，但操作时体现不出来	
		水平三	标准：知道救护知识，基本能运用	
			样例：知道理论知识，但与救助结合得不够好，导致救护时间浪费多	
		水平四	标准：理解救护知识，能较合理运用	
			样例：能回答出救护知识，救护时运用欠熟练，有犹豫情况	
		水平五	标准：理解救护知识，合理、熟练运用救护方法	
			样例：能完全回答观察落水者的方法，懂得在附近踩水，救助位置清楚，使用救助手法合理	
	情绪调控	水平一	标准：自救时情绪调节能力差，救护时紧张或者慌乱，影响救护效果	
			样例：实测无此	
		水平二	标准：自救时情绪调节能力一般，救护时有些紧张或者慌乱，有些影响救护效果	
			样例：实测无此	

续表

学科核心素养	维度	水平等级	评价标准和学生样例	备注
健康行为	情绪调控	水平三	标准：自救时情绪较稳定；救护时略紧张，能按照救护的原则完成救护过程	救护者都是具备较强游泳能力的学生，救助时没有紧迫氛围，情绪自然
			样例：自救时情绪较稳定；救护时声音急促，有畏难情绪，能按照救护的原则完成救护过程	
		水平四	标准：自救时情绪稳定；救护时保持镇定，能据实情选择救护方式	
			样例：自救时情绪正常；救护时信心不足，能据实情选择救护方式	
		水平五	标准：自救时情绪非常稳定；救护时保持积极、镇定、不慌张的状态，能据实情选择最佳救护方式	
			样例：自救时轻松自如，游进充满自信；救护时沉着冷静，能据实情选择最佳的救护方式	
	环境适应	水平一	标准：救护时与落水者缺乏交流	
			样例：实测无此	
		水平二	标准：救护时与落水者有少许交流	
			样例：有少许对话，对落水者指导简单	
		水平三	标准：语言亲切，稳定落水者的情绪	
			样例：与落水者交流，有鼓励行为	
		水平四	标准：救护时与落水者交流，有鼓励安慰行为	
			样例：与落水者交流到位，语言有激励作用	
		水平五	标准：救护时能积极地与落水者交流，积极鼓励、安慰落水者	
			样例：实测无此	
体育品德	体育品格	水平一	标准：判断个人的救护能力有偏差，不愿负责任，完成任务的主动性很差	
			样例：没有救护动作，从落水者旁边游走了	
		水平二	标准：能基本正确地判断个人的救护能力，责任意识不强，完成任务的主动性较差	
			样例：实测无此	
		水平三	标准：能较正确地判断个人的救护能力，比较负责任，基本能完成任务	
			样例：实测无此	

学科核心素养	维度	水平等级	评价标准和学生样例	备注
体育品德	体育品格	水平四	标准：能正确地判断个人的救护能力，负责任，能完成任务	
			样例：主动救护落水者	
		水平五	标准：能非常正确地判断个人的救护能力，在救护的过程表现出对自己和他人负责任，完成任务的主动性非常强	
			样例：完成救护任务的主动性非常强	
	体育精神	水平一	标准：在自救和救护过程中，遇到救护情景和体能的困难时有畏难和消极情绪	
			样例：实测无此	
		水平二	标准：在自救和救护过程中，遇到救护情景和体能的困难时能想一些办法克服，有一定畏难和消极情绪	
			样例：实测无此	
		水平三	标准：在自救和救护过程中，遇到救护情景和体能的困难时能想办法克服，不放弃	
			样例：克服体力不足，坚持完成救护任务	
		水平四	标准：在自救和救护过程中克服困难，并通过自己的表现给落水者一定影响	
			样例：在救护过程中有脱手行为，但继续实施救护行为，向落水者表现出了很好的精神状态	
		水平五	标准：在自救和救护过程中积极克服各种困难，并通过自己的表现给同伴积极影响	
			样例：在自救和救护过程中积极克服各种困难，并通过自己的表现给同伴积极影响	

注：学生样例为各水平中选择的一名学生的具体行为表现。

表 8-19　蛙泳测试 C 卷各维度的评价标准和学生样例

学科核心素养	维度	水平等级	评价标准和学生样例	备注
运动能力	体能状况	水平一	标准：出发动作慢，划臂、蹬腿后身体加速很不明显，1 分钟游进 50 米以下	
			样例：出发动作迟缓，后程动作频率明显降低；第一次游进 45 米，第二次游进 45.9 米	

续表

学科核心素养	维度	水平等级	评价标准和学生样例	备注
运动能力	体能状况	水平二	标准：出发动作较慢，划臂、蹬腿后身体加速不明显，1分钟能游进50～54米	
			样例：出发距离1.5米，在游进中速度保持较差，后程速度降低；第一次游进54米，第二次游进50米	
		水平三	标准：出发动作较迅速，划臂、蹬腿后身体加速比较明显，1分钟能游进55～59米	
			样例：蹬台、抓台有力量体现，出发距离2米，划臂、蹬腿后身体加速比较明显；第一次游进53米，第二次游进57米	
		水平四	标准：出发动作迅速，划臂、蹬腿后身体加速明显，1分钟能游进60～64米	
			样例：蹬台、抓台发力正确，出发距离2.5米，在游进中速度保持良好；第一次游进61米，第二次游进60.5米	
		水平五	标准：出发动作非常迅速，划臂、蹬腿后身体加速非常明显，1分钟能游进65米以上	
			样例：蹬台、抓台非常有力，出发距离3米，在游进中速度、节奏都能很好保持；第一次游进74米，第二次游进80米	
	运动认知与技战术运用	水平一	标准：能蹬泳池边出发；在游进中动作频率慢，划臂、蹬夹腿用力很不够，呼吸技术配合较差；几乎不参与讨论	
			样例：不能从台上出发，直接站泳池里蹬边出发，没有入水技术动作，划臂、蹬夹腿与呼吸技术配合较差；几乎不参与讨论	
		水平二	标准：抓台稳定，蹬离出发台较用力，入水角度较差；腾空、入水、滑行、划臂出水动作衔接较为流畅，划臂、蹬夹腿与呼吸技术配合不够好；能运用相关学科知识参与讨论，但不够积极	
			样例：没能站在出发台上，从池边跳起，入水角度较差，腾空、入水、滑行、划臂出水动作衔接欠流畅，划臂、蹬夹腿与呼吸技术配合不好；能运用相关学科知识参与讨论，但不够积极	

学科核心素养	维度	水平等级	评价标准和学生样例	备注
运动能力	运动认知与技战术运用	水平三	标准：抓台稳定，蹬离出发台用力，入水角度好，腾空、入水、滑行、划臂出水动作衔接流畅；在游进中动作频率较快，划臂、蹬夹腿与呼吸技术配合较好，基本完成转身动作；运用相关学科知识积极参与针对第一轮比赛的讨论	
			样例：有良好的抓台及入水角度，划臂、蹬夹腿与呼吸技术配合较好，偶尔采用两划一呼的配合；运用相关学科知识积极参与针对第一轮比赛的讨论	
		水平四	标准：抓台稳定，蹬离出发台用力，入水角度好，腾空、入水、滑行、划臂出水动作衔接流畅；在游进中动作频率快，划臂、蹬夹腿较用力，呼吸技术配合好，能正确完成转身动作；运用相关学科知识积极参与对第一轮比赛的分析和讨论，能提出有针对性的建议	
			样例：抓台稳定，蹬离出发台协调有力，腾空、入水、滑行、划臂动作衔接流畅，划臂、蹬夹腿与呼吸技术配合好，能正确完成转身动作；运用相关学科知识积极参与对第一轮比赛的分析和讨论，对节奏把握提出了自己的建议	
		水平五	标准：抓台非常稳定，蹬离出发台有力，腾空、入水、滑行、划臂出水动作衔接很流畅，划臂、蹬夹腿与呼吸技术配合非常好，能完成转身动作；熟练运用相关学科知识对第一轮比赛进行分析，并对同伴或自己提出有针对性的建议，对全队的成绩提高有帮助	
			样例：抓台非常稳定，蹬离出发台用力准确，入水角度很好，腾空、入水、滑行、划臂出水动作衔接很流畅，划臂、蹬夹腿与呼吸技术配合非常好，熟练完成转身动作；熟练运用相关学科知识对第一轮比赛进行分析，并对同伴或自己提出有针对性的建议，对全队的成绩提高有帮助	

学科核心素养	维度	水平等级	评价标准和学生样例	备注
健康行为	健康知识掌握与运用	水平一	标准：准备活动草率、随意性强，完成质量差	
			样例：实测无此	
		水平二	标准：能完成一般准备活动和专项准备活动，但动作单一、针对性不强	
			样例：实测无此	
		水平三	标准：能自觉认真完成一般准备活动和专项准备活动	
			样例：做了全身徒手体操，做了肩背部的拉伸练习，负荷安排基本达到要求	
		水平四	标准：一般准备活动和专项准备活动目的较明确，针对性较强，活动充分	
			样例：做了全身徒手体操，做了肩背部的拉伸练习；试水行为针对性较强，活动充分，负荷适当	
		水平五	标准：能自觉认真完成岸上的拉伸和水中的专项准备活动；一般准备活动和专项准备活动目的明确、针对性强，活动充分	
			样例：充分做了全身徒手体操，肩背部、腰部的拉伸练习到位；下水做了适应性练习，针对性强，活动充分，负荷适当	
	情绪调控	水平一	标准：精神状态很不佳，心理波动大	
			样例：实测无此	
		水平二	标准：精神状态不佳，心理波动较大	
			样例：实测无此	
		水平三	标准：精神饱满，无论是领先还是落后都保持较为稳定的心理状态	
			样例：第二次测试时有畏难情绪表现出来，但能完成测试	
		水平四	标准：精神饱满，无论是领先还是落后都保持稳定的心理状态	
			样例：自觉参加第二次测试，动作节奏控制稳定	
		水平五	标准：精神饱满，无论是领先还是落后都保持轻松、积极、稳定的心理状态	
			样例：积极参加第二次测试，神情轻松自然，保持兴奋的同时能帮助同伴调整情绪	

学科核心素养	维度	水平等级	评价标准和学生样例	备注
健康行为	环境适应	水平一	标准：与同伴几乎不交流	
			样例：实测无此	
		水平二	标准：与同伴有一些交流合作	
			样例：被动参与组内活动，有一些合作交流	
		水平三	标准：能与同伴进行交流合作	
			样例：积极参与，能与同伴交流	
		水平四	标准：能与同伴进行较为主动的交流合作	
			样例：协助组长组织同伴练习，积极主动参与小组活动，主动与同伴交流	
		水平五	标准：能与同伴相互鼓励、主动地交流合作	
			样例：主动担任组长，引导同伴完成准备活动；在两次测试间歇期与同伴交流，主动帮助同伴	
体育品德	体育品格	水平一	标准：在比赛中完成任务差	学生的蛙泳能力强，都能较好地完成任务
			样例：实测无此	
		水平二	标准：在比赛中能基本完成比赛任务	
			样例：实测无此	
		水平三	标准：在比赛中能基本发挥自己的最好成绩，为集体的荣誉做贡献	
			样例：在整个过程中注重个人表现，能自觉完成两次测试，集体归属感一般	
		水平四	标准：在比赛中能努力游出自己的最好成绩，为集体的荣誉做贡献	
			样例：在整个过程中注重个人表现，有较强的集体归属感	
		水平五	标准：在比赛中能游出自己的最好成绩，为集体的荣誉做贡献	
			样例：尽全力完成测试，通过自己的行为感染同伴，为集体的荣誉做贡献	

续表

学科核心素养	维度	水平等级	评价标准和学生样例	备注
健康行为	体育精神	水平一	标准：游进距离较第一次有明显退步	
			样例：第二次测试遇到体能状况就明显放弃；第一次游进 50 米，第二次游进 34 米，退步达到 16 米	
		水平二	标准：游进距离较第一次稍有退步	
			样例：游进距离较第一次稍有退步；第一次游进 60 米，第二次游进 58 米	
		水平三	标准：能完成两次测试，游进距离变化不大	
			样例：保持一定的游进节奏；第一次游进 50 米，第二次游进 50 米	
		水平四	标准：游进距离较第一次有提高	
			样例：克服疲惫状态，积极调整，游进距离较第一次有提高；第一次游进 75 米，第二次游进 78.5 米	
		水平五	标准：积极挑战，游进距离较第一次有较大提高	
			样例：以饱满的精神状态参与，并且主动挑战自己的第一次成绩；力求突破，游进距离较第一次有较大提高；第一次游进 58 米，第二次游进 68.5 米	
	体育道德	水平一	标准：规则意识差，漠视判决	测试氛围对学生的行为有足够的约束，力体育道德表现良好
			样例：实测无此	
		水平二	标准：规则意识较差	
			样例：出发有犯规行为	
		水平三	标准：遵守比赛规则，服从判决	
			样例：在裁判的提醒下能及时调整自己	
		水平四	标准：自觉遵守比赛规则，服从判决，尊重对手	
			样例：遵守比赛规则，按照裁判的要求，及时准确完成动作	
		水平五	标准：自觉遵守比赛规则，服从判决，尊重对手，发挥表率作用	
			样例：遵守比赛规则，服从判决，尊重对手，提示同伴按照裁判的要求完成动作	

注：学生样例为各水平中选择的一名学生的具体行为表现。

第九章　武术与民族民间传统体育类运动的命题示例与分析

　　根据试题测评框架的具体要求，武术与民族民间传统体育类运动模块选择以防身术模块为命题示例。防身术把武术中各种适合实战应用的招法提炼出来，结合现实生活中可能出现的侵害情况，不断创造、完善，使其成为一种一招制胜的搏击技术，并且具有简单、实用、易学的特点。它既不同于传统的武术套路演练，也不同于竞技散打运动，而是根据不法侵害行为的实施手段、规律以及可能产生的后果有针对性地采取相应的防卫方法和反击措施，是一种实用性、实效性较为突出的搏击技艺。

　　防身术模块共征集到7道实践测试题。总体来看，防身术模块的命题质量较高，各题目之间的难易程度较为均衡，区分度不高。因此，本章根据学科核心素养对防身术模块进行试题设计，选取了防身术模块部分试题作为样例，呈现了试题的测评与结果运用，以期为指导教学实践提供一定的参考价值。

第一节　防身术模块试题设计的示例

　　基于学科核心素养命题设计的具体要求，防身术模块的命题应紧紧围绕学科核心素养的各个维度展开，促进所有的教学设计和教学实施过程都指向学科核心素养的发展。因此，防身术模块试题设计就应当明确学科核心素养的具体表现，根据模块的特点设置命题情境，从而确保测评实施的科学性、针对性及可操作性。

一、学科核心素养在防身术模块的具体化

　　学科核心素养的具体化就是把防身术模块的特点与三大学科核心素养相结合，对内容和教学过程进行梳理与挖掘，明确防身术模块当中学科核心素养的表现维度和具体形式，并以此针对具体的任务情境进行测评。防身术模块的主体是防身术专项运动技能知识学习和体能练习。学生在具体的学习过程中，需要掌握防身术运动的基本知识、原理和规则；在各种对抗情境下，运用所学的防身术技能在个人体能支撑下完成攻防任务；掌握安全防护与保健知识，学会常见运动损伤的处理及运动疲劳的恢复方法；在攻防练习和实战对抗中，恪守安全第一的原则，面对不同强度的对抗敢于拼搏，能够包容"非恶意非故意的意外"情景，点到为止等。所有的行为表现都应与三大学科核心素养相契合，使学科核心素养的不同维度在防身术模块教学过程中都有实际抓手，最终促进学生学科核心素养的提升。

二、防身术模块试题的设计思路

根据防身术模块学科核心素养的表现维度和具体形式，设定相应的测评情境，既要保证情境的真实性，也要确保在具体情境中能够选用合适的课程内容对学科核心素养的表现维度进行评估。试题设计不仅是对防身术模块学科核心素养可表达、可教、可学、可观察、可评价的验证，也是对防身术模块命题和评价技术的探索，对于检验学业质量标准水平划分、各水平表述的精确性和现实性，探索针对学科核心素养进行合理测评具有极为关键的作用。

(一)命题内容设计

防身术模块命题内容应结合自身的特点，针对运动能力、健康行为和体育品德三大学科核心素养的各维度进行设计。学习防身术重要的目的就是培养在危险情境中保护自己、脱离危险的能力。因此，无论是防身术教学还是测试都要从实战出发，尽可能设计模拟真实的防身术应用场景，并选择与之适应的测试内容对学科核心素养进行评估。首先，通过突发被攻击时的应对反应能力、对所学防身术技能的运用水平和效果、规定时间内规定动作的击靶练习评估学生的运动能力；其次，通过学生自主准备活动和运动护具的佩戴考查学生的健康行为；最后，通过学生对裁判和同学的行为态度评估学生的体育品德。除了健康行为维度下的体育锻炼意识与习惯难以通过一次测试予以测评外，试题设计应覆盖其他学科核心素养的所有表现维度。

(二)测试情境创设

防身术是一门综合性较强的斗智斗勇的技术，攻防战术是其有效发挥的保障。防身术的运用往往与现实生活中可能出现的侵害情境密切相关。当遭遇歹徒的人身侵犯时，防卫动作与技法的运用能力将直接影响到防身自卫。因此预设模拟情境下的防身术实战对抗就显得非常重要。基于防身术模块的特点，设计遭遇歹徒正面抓头发、掐喉等侵犯情境，着力聚焦学生对于防身术知识技能的掌握与运用情况，而不仅仅拘泥于单个防卫动作的呈现，关注学生在遭受人身侵犯情境中面对复杂任务时的态度、情感、意志力等的表现。另外，开展防身术实战测试时，学生的角色分工要明确，尤其是助测学生的动作一定要有突然性和隐蔽性，表现出的进攻突袭感要强。这样才能真实反映学生的实战对抗能力，也有利于获得较真实的评价结果。

(三)考试环境设置

防身术模块测评涉及在具体情境中考查学生的应对反应能力。故而试题对学生严格保密，学生进入考试环境后方能知晓。因此，为了确保对应情境的考试要求，整个考试环境分为待考区、准备区和测试区，采取单向通道不可逆设计。即学生仅能从待考区进入准备区，再进入测试区，最后结束考试。学生先在待考区休息，一旦进入准备区实际上就已进入了测试状态；仅准备区和测试区考查的内容有所不同。准备区放置了护具以供选择、佩戴；在准备区完成准备活动和佩戴护具后，在测试区完成规定时间的击靶练习和攻防练习。

(四)评价方式运用

防身术模块测评有隐性和显性考查两种方式。隐性考查的内容包括考前的准备活动、随身物品的处理及护具的选择和佩戴，属于测试前必要的基本准备，也是运动者自我保护意识能力的表现。当测评人员明确告知 10 分钟后进入测试区开始考试，该信号就是为学生提供完成准备活动和佩戴护具的具体操作时间。学生要在 10 分钟内完成准备活动和佩戴护具，这主要取决于学生平时学习过程中养成的良好意识和习惯。当然不排除存在个别日常意识和习惯差的聪明学生，他们会根据考试环境揣摩出考题意图并做出迎合之举。这说明此类学生在认知层面知晓准备活动和佩戴护具的重要性，只是尚未内化成行为习惯。待学生进入测试区后现场告知学生测试内容，但对于防身术的礼仪、攻击部位皆不做提示，借此考查学生的健康行为和体育品德。

第二节　防身术模块的测评与结果运用

防身术除了其健身价值外，还是一项重要的自救、生存技能。因此，防身术模块测评以学生具备连续打击目标靶和实战防卫对抗体能、知识和技战术运用能力为主线，围绕运动能力、健康行为、体育品德，从防身术动作技能的掌握与实战两个方面设计命题，来考查学生的学科核心素养。以下以普通高中体育与健康学科防身术测试 C 卷"正面头发被抓自救攻略"为例进行阐述。

一、试题命制

(一)试题呈现

正面头发被抓自救攻略

当我们面临危险时，在没有外界及时帮助的情况下，利用防身术有效保护自我才是明智和现实的选择。

1.了解防身术中手法、腿法的基本内涵和要求

(1)手法

防身术中主要进攻的手法有冲拳、贯拳、抄拳。我们在练习时必须强调转体、扭腰、蹬地等动作结合为一体。只有这样才能通过转化将全部的力量集中到一点，快速打击，形成有效的杀伤力。

(2)腿法

腿法是防身术中的主要进攻"武器"。腿法由于攻击力量大，攻击距离远，使用起来隐蔽，且不易被对方防守住等特点，因此被专家重视。

正踢腿的动作发力过程是快速向身体内侧拧动，打击对方的同腰位。由于正踢腿的打击点比较特殊，主要针对男性的裆部，因此无论在任何国家或组织的防卫术里

面，正踢腿技术都是每一个学员应掌握的打击技术。

2. 案例呈现

在实施侵犯行为时，紧抓受害者的头发来控制其肢体是歹徒常用的手段。

试想当你正面被歹徒抓住头发时，你将会如何运用所学的防身技术来摆脱纠缠，化险为夷？

题目一：当正面被歹徒抓拉头发时，及时地运用防卫技术来解脱是至关重要的。根据要求完成30秒内左冲拳—右冲拳—右弹踢的连续击靶练习。

题目二：当你被歹徒从正面抓拉头发时，你会采用何种方法来摆脱歹徒，化险为夷。

(二)试题分析

本试题属于开放性实践测试题，模拟遭遇近身攻击情境进行测试。虽然防身术的攻防对抗动作快、时间短，对学生防身术的技战术运用、展示与比赛、体育品德的行为表现可以观测，但学生具体运动能力中的体能状况水平、健康行为就很难在实战过程中体现出来。针对这个特点，防身术模块的测评设计了如下内容。

测评内容一：根据所学防身术的手法、腿法技术，进行规定时间内左冲拳—右冲拳—右弹踢的连续击靶练习。

测评内容二：模拟攻击的情境进行防身术实战对抗的测试，要求守方在头发被抓拉的情况下，能够有效地运用所学的1~2个防身动作，达到摆脱对方或者制服对方的效果。

通过测评内容一，教师可以观察学生准备活动、穿戴护具、连续击靶的体能衰减和击靶效果等行为表现，尤其是学生击靶的速度、力度、有效的击靶次数，这样就能很好地评定学生的体能状况；借助测评内容二，尤其是学生的实战对抗测试，教师能了解学生对防身术基本动作与技战术的掌握与运用情况。只有测评内容一和测评内容二相互补充才能较全面地评价学生防身术模块的学科核心素养水平。

(三)评分维度与预设标准

防身术模块测评中的行为表现是确定评分维度的重要依据。运动能力包括组合拳、腿动作连续打击目标靶的专项体能状况、实战对抗中的运动认知与技战术运用、参与防卫动作打靶展示与实战对抗等行为表现；健康行为包括服装与防护护具的穿戴、自主热身活动、现场的情绪控制等行为表现；体育品德包括遵守防身术礼仪与规则以及面对困难的态度等行为表现。测评前根据评价内容制定了相应的评分表，针对学科核心素养的不同维度预设了五级评分标准，以便于进行评价操作。具体考查的学科核心素养内容详见表9-1和表9-2。

表 9-1　防身术测试 C 卷题目一考查的学科核心素养

学科核心素养	维度	具体表现
运动能力	体能状况	30 秒击靶动作的连续性、流畅性、速度
	运动认知与技战术运用	连续全力左冲拳—右冲拳—右弹踢动作的准确性、熟练性和有效性
	体育展示与比赛	参与展示过程中的表现能力和表现意愿，展示出的专项体能和技能
健康行为	健康知识掌握与运用	测试前合理穿戴护具，主动有效完成准备活动
	情绪调控	在击靶练习中有效控制情绪，做出快速的反应和果断决策
体育品德	体育品格	击靶练习前后能主动与持靶配合的同伴行抱拳礼；能胜任角色，在实战对抗中主动承担任务并能用语言与同伴相互激励，共同完成击靶演练任务
	体育精神	击靶时表现出的精神面貌（如自信豁达、有争胜意识）
	体育道德	现场对裁判和规则的尊重服从度

表 9-2　防身术测试 C 卷题目二考查的学科核心素养

学科核心素养	维度	具体表现
运动能力	运动认知与技战术运用	所学技能动作的掌握和运用程度，在实战中的时机把握、力度控制、打击部位、动作的准确性；能根据对方的动作选择适宜的防护和反击技术与战术
	体育展示与比赛	在测试与展示过程中能积极应对，展示出自己的专项技术
健康行为	健康知识掌握与运用	在进行实战对抗练习中，对防卫与反击原则与要求的掌握与运用；能主动有效进行测试前的准备活动，进行自我保护
	情绪调控	在实战对抗中的情绪控制能力；能快速判断和果断决策，尽快摆脱对方纠缠
体育品德	体育品格	实战前后能主动与对战同伴行抱拳礼；能胜任角色承担的任务；能用语言激励同伴，配合其完成实战对抗任务
	体育精神	在测试中表现出的精神面貌（如自信、勇敢等）
	体育道德	现场对裁判和规则的尊重服从度

本测评内容并非一个模块能全部涵盖的，也包括之前其他模块所学的知识与技能，具体详见表 9-3 和表 9-4。

表 9-3　防身术测试 C 卷题目一的防身术模块内容

模块	内容
防身术模块 1	做出防身术的基本姿势以及冲拳、抄拳（勾拳）和防身手法中的爪、勾以及抓拉、闪躲等基本技法
防身术模块 8	提高各种拳法和腿法的击靶动作、上下肢和腰腹部力量、柔韧性、动作速度、躲闪、滚动等体能水平
防身术模块 9	综合运用所学防身技法进行较强对抗性的练习和比赛，提高防身术水平

表 9-4　防身术测试 C 卷题目二的防身术模块内容

模块	内容
防身术模块 7	做出在头发被抓和正面被抱住的状态下进行打击和解脱的基本动作
防身术模块 9	综合运用所学防身技法进行较强对抗性的练习和比赛，提高防身术水平
防身术模块 10	提高所学防身技法的综合运用水平，能进行有较强对抗性的练习和实战演练

　　本测评根据体育与健康学科核心素养的五级水平划分，结合防身术模块的运动特点研制了学科核心素养的预设评分标准。其中运动能力 50 分，健康行为 20 分，体育品德 30 分。具体的评分标准见表 9-5 和表 9-6。

表 9-5　防身术测试 C 卷题目一学科核心素养的评分标准

学科核心素养	维度	评分点	具体表现	分值	评价
运动能力（50 分）	体能状况（24 分）	耐力表现（4 分）	只能坚持 10 秒钟以内的有效测试	1	
			能坚持 15 秒以内的有效测试	2	
			能坚持 20 秒以内的有效测试	3	
			能坚持 20 秒以上的测试	4	
		击打力度（5 分）	击打手靶软绵无力	1	
			击打手靶较有力度	2	
			击打手靶有力度	3	
			击打手靶力度强劲	5	
		动作速度（5 分）	连击动作速度缓慢、脱节	1	
			连击动作速度慢，且有明显停顿	2	
			连击动作速度较快，略有停顿	3	
			连击动作快，无停顿	4	
			连击动作快，一气呵成	5	

学科核心素养	维度	评分点	具体表现	分值	评价
运动能力（50分）	体能状况（24分）	有效击打次数（10分）	连续击打手靶在 6 次以下	3	
			连续击打手靶在 6～9 次	5	
			连续击打手靶在 10～14 次	7	
			连续击打手靶在 15～19 次	8	
			连续击打手靶在 20 次及以上	10	
	运动认知与技战术运用（16分）	动作规范程度（8分）	连击动作方法混乱、随意	2	
			连击动作方法不够清晰，有明显错误	4	
			连击动作方法清晰，无明显错误	6	
			连击动作方法准确，呈现规定化动作	8	
		身体协调程度（8分）	上下肢动作脱节	2	
			上下肢动作配合有序，但发力松散	5	
			上下肢动作配合合顺，重心平稳，发力顺达	7	
			上下肢动作流畅，重心平稳，发力顺达，且有爆发力	8	
	体育展示与比赛（10分）	参与展示程度（10分）	被动参与展示，表现力弱	0	
			能参与展示，表现力不强	4	
			能参与展示，表现力较强	7	
			能积极参与展示，表现力强	10	
健康行为（20分）	健康知识掌握与运用（10分）	服装、鞋子符合程度（3分）	不符合练习要求（服装随意；没有穿运动鞋或平底鞋）	0	
			基本符合练习要求（穿着运动装、运动鞋，但不符合练习要求）	2	
			完全符合练习要求	3	
		护具穿戴符合程度（3分）	没有穿戴必要的护具	0	
			护具穿戴基本符合练习要求	2	
			护具穿戴完全符合练习要求	3	
		准备活动的充分程度（4分）	没有进行准备活动	0	
			简单进行了局部性的准备活动	2	
			进行全面的上下肢关节、韧带准备活动	4	

续表

学科核心素养	维度	评分点	具体表现	分值	评价
健康行为（20分）	情绪调控（10分）	精神饱满程度（5分）	精神涣散，注意力不集中	0	
			精神较饱满，注意力集中	3	
			精神饱满，全神贯注	5	
		应激策略能力（5分）	动作慌乱，无击打意识	0	
			对手靶能做出适时的击打	3	
			能根据手靶的变化迅速移动，并给予有效击打	5	
体育品德（30分）	体育品格（8分）	尊重同学、裁判的程度（8分）	不尊重同学和裁判，无视他人	0	
			尊重同学和裁判，但自律性欠缺	5	
			尊重同学和裁判，能起到榜样的作用	8	
	体育精神（14分）	积极程度（7分）	消极应对击打练习，应付作业和任务	0	
			能应对击打练习，表现出的状态的稳定性不足	5	
			积极地应对击打练习，表现出全力以赴的状态	7	
		面对困难的态度（7分）	遇到击打困难知难而退，消极敷衍	0	
			具有一定的挑战意识，敢于克服困难	5	
			面对困难依然敢拼敢打，敢于挑战自己	7	
	体育道德（8分）	规则遵守程度（8分）	在击打练习中不遵守规则，不听从裁判的安排	0	
			按照规则进行击打练习，但有轻微违规行为	4	
			严格按照规则进行击打练习	8	

表9-6　防身术测试C卷题目二学科核心素养的评分标准

学科核心素养	维度	评分点	具体表现	分值	评价
运动能力（50分）	运动认知与技战术运用（38分）	防守反击时机的把握（8分）	反击时机把握不准确	2	
			反击时机把握较准确	4	
			反击时机把握准确	8	

学科核心素养	维度	评分点	具体表现	分值	评价
运动能力（50分）	运动认知与技战术运用（38分）	防守反击动作的连贯性（8分）	不能做出连续防守反击动作	0	
			能断断续续地做出防守反击动作	4	
			能连贯地做出防守反击动作	8	
		击打部位认知程度（7分）	对击打部位不能有效地认知	2	
			对击打部位的有效度有基本的认知	5	
			对击打部位的有效度认知清晰	7	
		防守反击时对防身术的运用（15分）	完全不能对攻击动作做出相应的防守反击	0	
			面对进攻能做出一些防守反击动作，但运用不合理	4	
			面对进攻能做出相应的防守反击动作，但防守的实效性不明显	10	
			面对进攻能有效运用防守反击动作，且防守的实效性明显	15	
	体育展示与比赛（12分）	参与展示程度（12分）	被动参与实战演练，表现力弱	3	
			能参与实战演练，表现力不强	6	
			能参与实战演练，表现力较强	9	
			能积极参与实战演练，表现力强	12	
健康行为（20分）	健康知识掌握与运用（10分）	服装、鞋子符合程度（3分）	不符合练习要求（服装随意，没有穿运动鞋或平底鞋）	0	
			基本符合练习要求（着运动装、运动鞋，但不符合练习要求）	2	
			完全符合练习要求	3	
		护具穿戴符合程度（3分）	没有穿戴必要的护具	0	
			护具穿戴基本符合练习要求	2	
			护具穿戴完全符合练习要求	3	
		准备活动充分程度（4分）	没有进行准备活动	0	
			简单进行了局部性的准备活动	2	
			进行全面的上下肢关节、韧带准备活动	4	

续表

学科核心素养	维度	评分点	具体表现	分值	评价
健康行为（20分）	情绪调控（10分）	精神饱满程度（5分）	精神涣散，注意力不集中	0	
			精神较饱满，注意力集中	3	
			精神饱满，全神贯注	5	
		应激策略能力（5分）	面对实战攻击，惊慌失措，毫无防守反击意识	0	
			面对实战攻击，能够做出判断，并做出相应的防守反击	3	
			面对实战攻击，果断决策，反应敏捷，防守反击得当	5	
体育品德（30分）	体育品格（8分）	尊重同学、裁判的程度（8分）	不尊重同学和裁判	0	
			尊重同学和裁判，但自律性欠缺	5	
			尊重同学和裁判，能起到榜样的作用	8	
	体育精神（14分）	应对实战的积极程度（7分）	消极懈怠地应对实战练习	0	
			能应对实战练习，表现出的状态的稳定性不足	5	
			积极地应对实战练习，表现出好学求学的状态	7	
		面对困难的态度（7分）	遇到突袭知难而退，不知所措	0	
			敢于面对袭击，并能想方设法做出防卫反应	5	
			面对突袭依然敢拼敢打，敢于挑战自己	7	
	体育道德（8分）	规则遵守程度（8分）	在实战演练中不遵守规则	0	
			在实战演练中基本遵守规则	4	
			在实战演练中严格遵守规则	8	

二、测试数据分析

防身术模块测评包括题目一、题目二两个内容。本测评采用专家现场实测的方法开展。专家根据每一名学生在防身术模块中学科核心素养的具体行为和表现进行判断与评分（见表9-7和表9-8）。由于制定预设评价标准时尚未对学生行为表现信息的数据进行测评，因此测评结束后需要对实际测评数据进行整理与分析，并根据分析结果重新对评价标准、学科核心素养不同维度的5个水平等级进行修订和完善。

表 9-7　防身术测试 C 卷题目一的学科核心素养评分

学生	运动能力(50分)							健康行为(20分)					体育品德(30分)			
	体能状况(24分)				运动认知与技战术运用(16分)		体育展示与比赛(10分)	健康知识掌握与运用(10分)			情绪调控(10分)		体育品格(8分)	体育精神(14分)		体育道德(8分)
	耐力表现(4分)	击打力度(5分)	动作速度(5分)	有效击打次数(10分)	动作规范程度(8分)	身体协调程度(8分)	参与展示程度(10分)	服装、鞋子符合程度(3分)	护具穿戴符合程度(3分)	准备活动的充分程度(4分)	精神饱满程度(5分)	应激策略能力(5分)	尊重同学、裁判的程度(8分)	积极程度(7分)	面对困难的态度(7分)	规则遵守程度(8分)
陈×× (女)	1	2	2	7	5	5	3	2.5	2.5	2	2	1	6	3	3	6
吕×× (女)	4	2	3	8	5	5	3	1	3	3	3	3	0	3	3	6
付×× (女)	4	4	4	10	8	7	10	1	3	4	5	4	6	7	5	6
曲×× (女)	3	3	2	7	4	6	3	2.5	3	3	3	3	4	3	3	4
侯×× (女)	4	3	4	10	8	6	6	3	3	4	4	4	6	3	3	8
忽×× (女)	2	2	3	7	4	6	3	2	2	1	3	3	6	3	3	6
艾×× (女)	4	4	4	7	6	7	8	3	3	3	5	4	8	5	5	6

表 9-8　防身术测试 C 卷题目二的学科核心素养评分

学生	运动能力(50分)					健康行为(20分)					体育品德(30分)			
	运动认知与技战术运用(38分)				体育展示与比赛(12分)	健康知识掌握与运用(10分)			情绪调控(10分)		体育品格(8分)	体育精神(14分)		体育道德(8分)
	防守反击时机的把握(8分)	防守反击动作的连贯性(8分)	击打部位认知程度(7分)	防守反击时对防身术的运用(15分)	参与展示程度(12分)	服装、鞋子符合程度(3分)	护具穿戴符合程度(3分)	准备活动充分程度(4分)	精神饱满程度(5分)	应激策略能力(5分)	尊重同学、裁判的程度(8分)	应对实战的积极程度(7分)	面对困难的态度(7分)	规则遵守程度(8分)
陈××(女)	6	5	6	10	7	2	2	3	3	4	6	5	5	6
吕××(女)	2	2	2	3	3	1	2.5	2	3	1	6	1	1	2
付××(女)	8	8	6	10	12	1	2.5	3	4	4	8	7	7	6
曲××(女)	4	4	6	7	5	2.5	2	2	3	3	6	3	3	4
侯××(女)	2	2	2	3	5	3	2.5	1	2	1	6	1	1	4
忽××(女)	6	5	6	10	9	2	2	3	4	4	6	5	5	8
艾××(女)	6	5	6	10	9	2.5	2.5	1	4	4	6	5	5	6

(一)明确评价等级

我们结合实际测试结果，运用统计学的方法，根据正态分布结果获取了五个水平等级所对应的分值区间(见表 9-9 和表 9-10)。主要有以下目的：一是检验预设评价标准的水平划分是否准确；二是根据测评结果对预设评价标准进行校对或修改，以得出更为准确的评价标准，便于对学生的学科核心素养进行综合性评定。例如，根据预先制定的评价标准，学生的体能状况是水平一；但评价标准根据正态理论进行计算调整后，其体能状况水平可能会变为水平二。

表 9-9　防身术测试 C 卷题目一的学科核心素养水平等级标准

水平等级	运动能力（50分）			健康行为（20分）		体育品德（30分）		
	体能状况（24分）	运动认知与技战术运用（16分）	体育展示与比赛（10分）	健康知识掌握与运用（10分）	情绪调控（10分）	体育品格（8分）	体育精神（14分）	体育道德（8分）
水平一	$X \leqslant 8$	$X \leqslant 6$	$X \leqslant 1$	$X \leqslant 4$	$X \leqslant 3$	0	$X \leqslant 2$	0
水平二	$8 < X \leqslant 14$	$6 < X \leqslant 9$	$1 < X \leqslant 4$	$4 < X \leqslant 6$	$3 < X \leqslant 5$	2	$2 < X \leqslant 5$	2
水平三	$14 < X \leqslant 17$	$9 < X \leqslant 12$	$4 < X \leqslant 6$	$6 < X \leqslant 8$	$5 < X \leqslant 6$	4	$5 < X \leqslant 8$	4
水平四	$17 < X \leqslant 21$	$12 < X \leqslant 14$	$6 < X \leqslant 8$	$8 < X \leqslant 9$	$6 < X \leqslant 8$	6	$8 < X \leqslant 12$	6
水平五	$X > 21$	$X > 14$	$X > 8$	$X > 9$	$X > 8$	8	$X > 12$	8

注：X 为所测学生的实际分数。

表 9-10　防身术测试 C 卷题目二的学生水平等级标准

水平等级	运动能力（50分）		健康行为（20分）		体育品德（30分）		
	运动认知与技战术运用（38分）	体育展示与比赛（12分）	健康知识掌握与运用（10分）	情绪调控（10分）	体育品格（8分）	体育精神（14分）	体育道德（8分）
水平一	$X \leqslant 6$	$X \leqslant 3$	$X \leqslant 4$	$X \leqslant 3$	0	$X \leqslant 1$	0
水平二	$6 < X \leqslant 18$	$3 < X \leqslant 6$	$4 < X \leqslant 6$	$3 < X \leqslant 6$	2	$1 < X \leqslant 6$	2
水平三	$18 < X \leqslant 26$	$6 < X \leqslant 8$	$6 < X \leqslant 7$	$6 < X \leqslant 7$	5	$6 < X \leqslant 10$	4
水平四	$26 < X \leqslant 33$	$8 < X \leqslant 11$	$7 < X \leqslant 8$	$7 < X \leqslant 8$	6	$10 < X \leqslant 13$	6
水平五	$X > 33$	$X > 11$	$X > 8$	$X > 8$	8	$X > 13$	8

注：X 为所测学生的实际分数。

（二）核对各维度水平等级的行为描述

根据现场测评记录和测评视频，对学生各维度的行为表现进行水平描述，并依据水平等级标准给予行为表现对应的分值和等级（见表 9-11 和表 9-12）。例如，在表 9-11 中，陈××的运动认知与技战术运用维度上描述呈现的是击靶连击动作方法基本正确，但有个别错误；身体上下肢动作配合有序，发力不顺畅；综合得分为 10 分，综合水平等级为水平三。

表 9-11 防身术测试 C 卷题目一学生的各维度水平描述

学生	运动能力（50分）			健康行为（20分）		体育品德（30分）		
姓名	体能状况（24分）	运动认知与技战术运用（16分）	体育展示与比赛（10分）	健康知识掌握与运用（10分）	情绪调控（10分）	体育品格（8分）	体育精神（14分）	体育道德（8分）
陈××（女）	只能坚持连续的有效击靶9秒，连续击打手靶16次；击打实测时连击动作速度慢，有明显停顿，无节奏；击靶较有力度，步伐比较呆板，双拳提拳过高，有耸肩现象	击靶连击动作方法基本正确，但有个别错误；身体上下肢动作配合有序，发力不顺畅	能参与击靶展示，表现力不强	着装符合练习要求，穿着平底运动鞋，护具穿戴基本符合练习要求，得体；但只进行了局部的准备活动	击靶实测时动作慌乱，无击打意识，精神不够饱满，注意力不够集中	击靶实测时能尊重裁判和同学，有良好的自律性	实测时能应对击靶练习，具有一定的挑战意识，能坚持应对困难；表现出的状态的稳定性不足	实测时能按照规则进行击靶练习，无违规现象
综合得分	12	10	3	7	3	6	6	6
综合水平等级	水平二	水平三	水平二	水平三	水平一	水平四	水平三	水平四

表 9-12　防身术测试 C 卷题目二学生的各维度水平描述

学生	运动能力(50分)		健康行为(20分)		体育品德(30分)		
姓名	运动认知与技战术运用(38分)	体育展示与比赛(12分)	健康知识掌握与运用(10分)	情绪调控(10分)	体育品格(8分)	体育精神(14分)	体育道德(8分)
陈××(女)	遭遇突袭时能有效运用防身术技术,反击时机把握准确,且能连贯地做出防守反击动作;对击打部位有准确的认知,实效性明显	能参与实战演练,表现力较强	着装基本符合练习要求,护具穿戴基本符合练习要求,实战前进行较全面的准备活动	实战演练时精神较为饱满,注意力相对集中,对进攻能做出适当的防守反击,反应较快	实战演练时能尊重同学和裁判,遵守纪律,有良好的自律性	积极应对实战练习;面对突袭时敢于决断,全力反击,表现出稳定的状态	能按照规则进行实战练习,无违规现象
综合得分	27	7	7	7	6	10	6
综合水平等级	水平四	水平三	水平三	水平三	水平四	水平三	水平四

(三)提取各维度水平等级的行为表现特征

完成相应的水平调整后,整合分值分布处于同一水平等级的行为表现并提取行为特征。根据特征提取修订评价标准,不同维度、不同水平等级的典型行为表现和得分区间情况如下(见表 9-13 和表 9-14)。最终通过将测试获取的真实数据与命题预设的评分标准对比,为最终确定评分标准提供科学的依据。参与防身术测试 C 卷的 30 人均为女生。因此,防身术测试 C 卷测评的均为女生的行为表现。

表 9-13　防身术测试 C 卷题目一的行为表现特征提取

学科核心素养	维度	水平等级	行为表现	特征提取	修改后的标准
运动能力	体能状况	水平一	只能坚持连续的有效击靶 6～10 秒，连续击靶 6～10 次；击打实测时连击动作速度缓慢，有明显脱节，无节奏；击靶绵软无力；步伐比较呆板，双拳下垂	有效击靶时间：6～10 秒 持续击靶次数：6～10 次 击打速度：慢 击打动作的连贯性：脱节 击靶力量：绵软无力 击靶步伐和动作：步伐呆板，双拳下垂	只能坚持连续的有效击靶 6～10 秒，连续击靶 6～10 次；击打实测时连击动作速度缓慢，有明显脱节，无节奏；击靶绵软无力；步伐比较呆板，双拳下垂
		水平二	能坚持连续的有效击靶 10～15 秒，连续击靶 10～17 次；击打实测时连击动作速度慢，有明显停顿，无节奏；击靶较有力度；步伐比较呆板，提拳过高，有耸肩现象	有效击靶时间：10～15 秒 持续击靶次数：10～17 次 击打速度：慢 击打动作的连贯性：有明显停顿 击靶力量：较有力度 击靶步伐和动作：步伐调整不自然，提拳过高，有耸肩现象	能坚持连续的有效击靶 10～15 秒，连续击靶 10～17 次；击打实测时连击动作速度慢，有明显脱节，无节奏；击靶较有力度；步伐比较呆板，双拳提拳过高，有耸肩现象
		水平三	能坚持连续的有效击靶 16～20 秒，连续击靶 15～19 次；击打实测时连击动作速度慢，有明显停顿，无节奏；击靶较有力度；步伐比较呆板，双拳提拳过高，有耸肩现象	有效击靶时间：16～20 秒 持续击靶次数：15～19 次 击打速度：较快 击打动作的连贯性：连贯略有停顿 击靶力量：有一定的力度，较大 击靶步伐和动作：步伐进退较自然，调整有序	能坚持连续的有效击靶 16～20 秒，连续击靶 15～19 次；击打实测时连击动作速度较快，稍有停顿；击靶有一定的力度；步伐比较灵活、协调

学科核心素养	维度	水平等级	行为表现	特征提取	修改后的标准
运动能力	体能状况	水平四	能坚持连续的有效击靶16～20秒，连续击靶19～23次，击打实测时连击动作速度较快，无停顿；步伐与移动有序，快速，击靶力度较大	有效击靶时间：16～20秒 持续击靶次数：19～23次 击打速度：较快 击打动作的连贯性：连贯无停顿 击靶力量：力度大 击靶步伐和动作：步伐与移动有序，快速	能坚持连续的有效击靶16～20秒，连续击靶19～23次；击打实测时连击动作速度较快，无停顿；击靶有一定的力度；步伐进退自然
		水平五	能坚持连续的有效击靶20秒以上，连续击靶22～24次；击靶力度较大，击打实测时连击动作速度较快，无停顿，一气呵成；步伐进退自然，调整有序	有效击靶时间：20秒以上 持续击靶次数：22～24次 击打速度：快速 击打动作的连贯性：连贯无停顿，一气呵成 击靶力量：强 击靶步伐和动作：步伐灵活快速	能坚持连续的有效击靶20秒以上，连续击靶22～24次；击打实测时连击动作速度较快，无停顿；击靶力度较大；步伐进退自然，调整有序
	运动认知与技战术运用	水平一	连击动作方法不正确，有明显错误；身体上下肢动作脱节，无序	动作规范：连击动作方法错乱、不标准，有明显错误 上下肢配合：动作脱节 发力流畅度：无序	连击动作方法错乱、击打无序、脱靶；身体上下肢动作配合脱节
		水平二	连击动作方法不正确，有明显错误；身体上下肢动作有配合，但发力不顺畅	动作规范：连击动作方法不正确，有明显错误 上下肢配合：动作有配合 发力流畅度：发力不顺畅	连击动作方法不正确，有明显错误和脱靶；身体上下肢动作有配合，但发力不顺畅

续表

学科核心素养	维度	水平等级	行为表现	特征提取	修改后的标准
运动能力	运动认知与技战术运用	水平三	连击动作方法基本正确，无明显错误；身体上下肢动作配合有序，发力较顺畅，但重心不稳定	动作规范：连击动作方法基本正确，但有个别错误 上下肢配合：动作配合有序 发力流畅度：发力较顺畅，但重心不稳定	连击动作方法基本正确，但有个别错误；身体上下肢动作配合有序，发力较顺畅，但重心不稳定
		水平四	连击动作方法较准确，无明显错误；上下肢动作配合适当，发力顺畅，重心平稳	动作规范：动作方法较正确，无明显错误 上下肢配合：上下肢动作配合得当 发力流畅度：发力顺畅，重心平稳	连击动作方法较正确，无明显错误；上下肢动作配合得当，重心平稳，发力顺畅
		水平五	连击动作方法准确、稳定，身体上下肢动作配合得当、有序，重心稳定；击打力点清晰，发力顺畅	动作规范：连击动作方法准确、稳定 上下肢配合：身体上下肢动作配合得当、流畅 发力流畅度：击打力点清晰，发力顺畅，重心平稳	连击动作方法准确、稳定；身体上下肢动作配合得当、流畅；击打力点清晰，发力顺畅，重心平稳
	体育展示与比赛	水平一	被动参与击靶展示，表现欲望极低	击靶练习参与度：被动参与 临场表现欲：表现欲望极低，表现力弱	被动参与击靶展示，表现力弱
		水平二	能参与击靶展示，表现力不强	击靶练习参与度：能参与击靶展示 临场表现欲：表现力不强	能参与击靶展示，表现力不强
		水平三	能参与击靶展示，表现力较强	击靶练习参与度：能参与击靶展示 临场表现欲：表现力较强	能参与击靶展示，表现力较强

学科核心素养	维度	水平等级	行为表现	特征提取	修改后的标准
运动能力	体育展示与比赛	水平四	能积极参与击靶展示，表现力强	击靶练习参与度：能积极参与击靶展示 临场表现欲：表现力强	能积极参与击靶展示，表现力强
		水平五	能积极主动参与击靶展示，表现力极强，行为大方	击靶练习参与度：积极主动参与击靶展示 临场表现欲：行为大方，表现力极强	能积极主动参与击靶展示，行为大方，表现力极强
健康行为	健康知识掌握与运用	水平一	实测无此	运动着装：完全不符合防身术练习要求（服装随意，没有穿运动鞋或平底鞋） 护具穿戴：击靶时没有穿戴任何护具 准备活动：没有进行任何准备活动	着装完全不符合练习要求（服装随意，没有穿运动鞋或平底鞋）；击靶时没有穿戴任何护具，没有进行任何准备活动
		水平二	着装基本符合练习要求，穿着得体；护具穿戴基本符合练习要求；只进行了原地简单的准备活动	运动着装：基本符合练习要求（运动鞋不合适） 护具穿戴：护具穿戴基本符合练习要求 准备活动：准备活动不全面，只进行了原地简单的准备活动	着装基本符合练习要求（运动鞋不合适）；护具穿戴基本符合练习要求；准备活动不全面，只进行了原地简单的准备活动
		水平三	着装基本符合练习要求；护具穿戴完全符合练习要求，非常得体；能够较全面地进行准备活动	运动着装：符合练习要求，穿着平底运动鞋 护具穿戴：护具穿戴基本符合练习要求，得体 准备活动：能较全面地进行准备活动	着装符合练习要求（穿着平底运动鞋）；护具穿戴基本符合练习要求，得体；能较全面地进行准备活动

续表

学科核心素养	维度	水平等级	行为表现	特征提取	修改后的标准
健康行为	健康知识掌握与运用	水平四	着装完全符合练习要求，非常合体；护具穿戴基本符合练习要求，得体；能较全面地进行准备活动	运动着装：符合练习要求，穿着得体 护具穿戴：护具穿戴完全符合练习要求，合体 准备活动：能较全面地进行准备活动	着装基本符合练习要求，得体；护具穿戴基本符合练习要求，合体；能较全面地进行准备活动
		水平五	着装完全符合练习要求，非常合体；护具穿戴基本符合练习要求，得体；进行全面的上下肢关节、韧带准备活动且充分	运动着装：着装完全符合练习要求，非常合体 护具穿戴：护具穿戴完全符合练习要求，合体 准备活动：进行全面的上下肢关节、韧带准备活动且充分	着装完全符合练习要求，非常得体；护具穿戴完全符合练习要求；能进行全面的上下肢关节、韧带准备活动且充分
	情绪调控	水平一	实测无此	精神涣散、注意力不集中，左顾右盼；动作慌乱，无击打意识	精神涣散、注意力不集中，左顾右盼；动作慌乱，无击打意识
		水平二	击靶实测时精神不够饱满，注意力不够集中，能做出击靶的动作，但反应迟缓	精神不够饱满，注意力不够集中，应急反应迟缓	击靶实测时精神不够饱满，注意力不够集中，能做出击靶的动作，但反应迟缓，击打动作控制不当
		水平三	击靶实测时精神不够饱满，注意力不够集中，对手靶能做出适时的击打，反应较快	精神较为饱满，注意力相对集中，应急反应不够快	击靶实测时精神较为饱满，注意力相对集中，对手靶能做出适时并较为有效的击打，但反应较慢
		水平四	击靶实测时精神较为饱满，注意力相对集中，对手靶能做出适时的击打，反应较快	精神较为饱满，注意力集中，应急反应快	击靶实测时精神饱满，注意力集中，对手靶能做出适时的击打，反应快

学科核心素养	维度	水平等级	行为表现	特征提取	修改后的标准
健康行为	情绪调控	水平五	击靶实测时精神饱满，全神贯注，对手靶能做出适时的击打，反应较快	精神饱满，注意力集中，全神贯注，应急反应迅快	击靶实测时精神饱满，全神贯注；能根据手靶的变化迅速移动，并给予准确、及时的有效击打
体育品德	体育品格	水平一	击靶实测时不尊重同学和裁判，无视他人	对同学的态度：不尊重 对裁判的态度：不尊重 行为纪律性：无视他人	击靶实测时不尊重同学和裁判，无视他人，缺乏自律性
		水平二	实测无此	击靶实测时对裁判不够尊重，行动拖延	击靶实测时对裁判不够尊重，行动拖延
		水平三	击靶实测时能尊重同学和裁判，但自律性欠缺	对同学的态度：能尊重 对裁判的态度：能尊重 行为纪律性：自律性欠缺	击靶实测时能尊重同学和裁判，但自律性欠缺
		水平四	击靶实测时能尊重同学和裁判，有良好的自律性	对同学的态度：能尊重 对裁判的态度：能尊重 行为纪律性：良好的自律性	击靶实测时能尊重同学和裁判，有良好的组织自律性
		水平五	击靶实测时能尊重同学和裁判，有良好的自律性，能起到榜样的作用	对同学的态度：能尊重 对裁判的态度：能尊重 行为纪律性：良好的自律性，有榜样的作用	击靶实测时能尊重同学和裁判，能起到榜样的作用
	体育精神	水平一	不情愿参加练习，应对击靶有抵触态度；遇到击打困难知难而退，消极敷衍	精神状态：抵触态度，消极敷衍 挑战意识：无挑战意识，知难而退	不情愿参加练习，应对击靶有抵触态度；遇到击打困难知难而退，中途中断

续表

学科核心素养	维度	水平等级	行为表现	特征提取	修改后的标准
体育品德	体育精神	水平二	击靶实测时能应对击靶练习，但遇到击打困难知难而退，消极敷衍，表现出不稳定的状态	精神状态：消极敷衍 挑战意识：消极敷衍作业和任务	消极应对击靶练习；遇到击打困难知难而退，消极敷衍作业和任务
		水平三	实测时能应对击靶练习；具有一定的挑战意识，能坚持应对困难，表现出的状态的稳定性不足	精神状态：能坚持应对困难，状态不稳定 挑战意识：具有一定的挑战意识	能应对击靶练习；具有一定的挑战意识；能坚持应对困难，表现出的状态不稳定
		水平四	实测时能积极应对击靶练习；具有较高的挑战意识，敢于面对困难，不放弃，表现出稳定的状态	精神状态：积极应对 挑战意识：敢于面对困难，不放弃	能积极应对击靶练习；具有较高的挑战意识，敢于面对困难，不放弃，表现出稳定的状态
		水平五	实测时积极地应对击靶练习；面对困难依然敢拼敢打，敢于挑战自己，超越自己，表现出全力以赴的状态	精神状态：积极应对 挑战意识：敢于面对困难，敢拼敢打，不放弃	积极地应对击靶练习，面对困难依然敢拼敢打，敢于挑战自己，表现出全力以赴的状态
	体育道德	水平一	实测无此	在击打练习中不遵守规则，不听从裁判的安排	在击打练习中不遵守规则，不听从裁判的安排
		水平二	实测时自行其是，有违规现象，武术礼仪欠缺；但能够服从安排、遵守规则	遵守规则：自行其是，有违规现象 武术礼仪：武术礼仪欠缺	实测时自行其是，有违规现象；能服从安排
		水平三	实测时按照规则进行击靶练习，武术礼仪规范，但有轻微违规行为	遵守规则：有轻微违规行为 武术礼仪：武术礼仪规范	实测时按照规则进行击靶练习，但有轻微违规行为

学科核心素养	维度	水平等级	行为表现	特征提取	修改后的标准
体育品德	体育道德	水平四	实测时能按照规则进行击靶练习，武术礼仪规范，无违规现象	遵守规则：无违规现象 武术礼仪：武术礼仪规范	实测时能按照规则进行击靶练习，无违规现象
		水平五	实测时严格按照规则进行击靶练习，武术礼仪规范，无违规现象	遵守规则：严格遵守规则，无违规现象 武术礼仪：武术礼仪规范	实测时严格按照规则进行击靶练习，无违规现象

表 9-14　防身术测试 C 卷题目二的行为表现特征提取

学科核心素养	维度	水平等级	行为表现	特征提取	修改后的标准
运动能力	运动认知与技战术运用	水平一	遭遇突袭时不能把握反击时机，不能做出反击动作；无打击反击意识，完全不能对攻击动作做出相应的防守反击，毫无防守反击的实效性	防守反击时间：不能把握反击时机 反击动作的连贯性：不能做出反击动作 击打部位的认知度：毫无防守实效性 防身术运用：不能运用	遭遇突袭时不能把握反击时机，不能做出反击动作；无打击反击意识，完全不能对攻击动作做出相应的防守反击，毫无防守反击的实效性
		水平二	遭遇突袭时反击时机把握不准确，不能做出连续的防守反击动作，防守反击的实效性较差，防身术运用不合理，对击打部位缺乏有效认知	防守反击时间：反击时机把握不准确 反击动作的连贯性：不能做出连续的反击动作 击打部位的认知度：不能有效认知 防身术运用：运用不合理	遭遇突袭时反击时机把握不准确，不能做出连续的防守反击动作，防身术运用不合理，对击打部位不能有效认知，防守反击的实效性较差

学科核心素养	维度	水平等级	行为表现	特征提取	修改后的标准
运动能力	运动认知与技战术运用况	水平三	遭遇突袭时能断断续续地做出防守反击动作，反击时机把握较准确，对击打部位有有效认知，但防守反击的实效性不明显	防守反击时间：反击时机把握较准确 反击动作的连贯性：能断断续续地做出连续的反击动作 击打部位的认知度：有基本的认知 防身术运用：能运用，但实效性不明显	遭遇突袭时能断断续续地做出防守反击动作，反击时机把握较准确，对击打部位能有效认知，但防守反击的实效性不明显
		水平四	遭遇突袭时能有效运用防身术，反击时机把握准确，能连贯地做出防守反击动作，对击打部位有准确的认知，防守反击的实效性明显	防守反击时间：反击时机把握准确 反击动作的连贯性：能连贯地做出防守反击动作 击打部位的认知度：有准确的认知 防身术运用：能有效运用，防守反击的实效性明显	遭遇突袭时能有效运用防身术，反击时机把握准确，能连贯地做出防守反击动作，对击打部位有准确的认知，防守反击的实效性明显
		水平五	遭遇突袭时有效运用防守反击动作，反击时机把握精准，动作迅快连贯、一气呵成；部位击打动作精准，防守反击一招制胜	防守反击时间：反击时机把握精准 反击动作的连贯性：动作迅快连贯、一气呵成 击打部位的认知度：有精准的认知 防身术运用：能有效运用，防守反击的实效性明显，一招制胜	遭遇突袭时有效运用防守反击动作，反击时机把握精准，动作迅快连贯、一气呵成；部位击打动作精准，防守反击一招制胜
	体育展示与比赛	水平一	被动参与实战演练，表现力弱	实战参与度：被动参与 临场表现欲：表现欲望极低，表现力弱	被动参与实战演练，临场表现欲望极低，表现力弱

学科核心素养	维度	水平等级	行为表现	特征提取	修改后的标准
运动能力	体育展示与比赛	水平二	能参与实战演练，表现力不强	实战参与度：能参与实战演练 临场表现欲：动作拖泥带水，犹豫不决，表现力不强	能参与实战演练，表现力不强
		水平三	能参与实战演练，动作较利落，表现力较强	实战参与度：能参与实战演练 临场表现欲：表现力较强	能参与实战演练，表现力较强
		水平四	能积极参与实战演练，动作干净利落，表现欲望强	实战参与度：能积极参与实战演练 临场表现欲：动作干净利落，表现欲望强	能积极参与实战演练，表现力强
		水平五	积极参与实战演练，敢打敢拼，表现力极强	实战参与度：积极主动参与实战演练 临场表现欲：敢打敢拼，表现力极强	积极参与实战演练，表现力极强
健康行为	健康知识掌握与运用	水平一	着装基本符合练习要求，但上衣不符合练习要求；护具穿戴符合练习要求，穿着合体，没有进行任何准备活动	运动着装：上衣不符合练习要求 护具穿戴：基本符合练习要求 准备活动：没有进行任何准备活动	着装基本符合练习要求，但上衣或鞋子不符合练习要求；护具穿戴基本符合练习要求，但没有进行任何准备活动
		水平二	基本符合练习要求：着运动装，但运动鞋与练习符合度不高；护具穿戴符合练习要求，穿着得体；只进行了局部性的准备活动	运动着装：基本符合练习要求 护具穿戴：护具穿戴基本符合练习要求 准备活动：准备活动不全面，只进行了原地简单的准备活动	着装基本符合练习要求；护具穿戴基本符合练习要求；准备活动不全面，只进行了原地简单的准备活动

学科核心素养	维度	水平等级	行为表现	特征提取	修改后的标准
健康行为	健康知识掌握与运用	水平三	着装完全符合练习要求，十分得体；护具穿戴得体，符合练习要求；只进行了原地简单的准备活动	运动着装：符合练习要求，着平底运动鞋护具穿戴：护具穿戴基本符合练习要求，得体准备活动：能较全面地进行准备活动	着装符合练习要求，着平底运动鞋；护具穿戴符合练习要求，得体；实战前进行了局部性的准备活动
		水平四	着装基本符合练习要求；护具穿戴符合练习要求，穿着合体；实战前能较全面地进行准备活动	运动着装：符合练习要求，穿着得体护具穿戴：护具穿戴完全符合练习要求，合体准备活动：能较全面地进行准备活动	着装基本符合练习要求，穿着得体；护具穿戴完全符合练习要求，合体；实战前能进行较全面的准备活动
		水平五	着装完全符合练习要求，十分得体；护具穿戴符合练习要求，穿着合体；实战前能较全面地进行准备活动	运动着装：着装完全符合练习要求，非常合体护具穿戴：护具穿戴完全符合练习要求，合体准备活动：能进行全面的上下肢关节、韧带准备活动且充分	着装完全符合练习要求，非常合体；护具穿戴完全符合练习要求；实战前能进行全面的上下肢关节、韧带准备活动且充分
	情绪调控	水平一	实战演练时精神较为饱满，但面对实战攻击时惊慌失措，毫无防守反击意识	注意力：注意力不够集中精神状态：精神不够饱满应急反应：惊慌失措，反应迟缓	实战演练时精神不够饱满，注意力不够集中；面对实战攻击时，惊慌失措，反应迟缓，甚至毫无防守反击意识
		水平二	实战演练时精神较为饱满，能集中注意力，能做出一些防守反击动作，但反应迟缓	注意力：注意力相对集中精神状态：精神较为饱满应急反应：反应迟缓	实战演练时精神较为饱满，注意力相对集中；能根据进攻的变化做出一些防守反击动作，但反应迟缓

学科核心素养	维度	水平等级	行为表现	特征提取	修改后的标准
健康行为	情绪调控	水平三	实战演练时精神饱满，对进攻能做出适当的防守反击，注意力集中，反应较快	注意力：注意力集中 精神状态：精神较为饱满 应急反应：反应速度较快	实战演练时精神饱满，注意力集中；能根据进攻的变化调整位移，并予以适时的反击，反应速度较快
		水平四	实战演练时精神饱满，注意力集中；能根据进攻的变化迅速调整位移，调整并予以适时的反击，反应迅快	注意力：注意力集中 精神状态：精神饱满 应急反应：能根据进攻的变化迅速位移，反应速度迅快	实战演练时精神饱满，注意力集中；能根据进攻的变化迅速调整位移，调整步伐，并予以及时的反击，反应迅快
		水平五	实战演练时精神饱满，全神贯注；能根据进攻的变化迅速调整位移，调整并予以适时的反击，反应迅快，一气呵成	注意力：注意力集中，全神贯注 精神状态：精神饱满 应急反应：反应迅快，一气呵成	实战演练时精神饱满，全神贯注；能根据进攻的变化迅速调整位移，调整并予以适时的反击，反应迅快，一气呵成
体育品德	体育品格	水平一	实测无此	实战演练时不尊重同学和裁判，无视他人，缺乏自律性	实战演练时不尊重同学和裁判，无视他人，缺乏自律性
		水平二	实测无此	实战演练时对裁判不够尊重，行动拖延	实战演练时对裁判不够尊重，行动拖延
		水平三	实战演练时能尊重同学和裁判，但自律性欠缺，需要同学和裁判的提示	对同学的态度：能尊重 对裁判的态度：能尊重 行为纪律性：自律性欠缺	实战演练时能尊重同学和裁判，但自律性欠缺
		水平四	实战演练时能尊重同学和裁判，遵守纪律，有良好的自律性	对同学的态度：能尊重 对裁判的态度：能尊重 行为纪律性：有良好的自律性	实战演练时能尊重同学和裁判，有良好的自律性

续表

学科核心素养	维度	水平等级	行为表现	特征提取	修改后的标准
体育品德	体育品格	水平五	实战演练时能尊重同学和裁判，有良好的自律性，能起到榜样的作用	对同学的态度：能尊重 对裁判的态度：能尊重 行为纪律性：良好的自律性，有榜样的作用	实战演练时能尊重同学和裁判，能起到榜样的作用
	体育精神	水平一	不情愿参加实战练习，遇到突袭不知所措；知难而退；懈怠应付	精神状态：消极敷衍，不知所措 挑战意识：无挑战意识，知难而退	不情愿参加实战练习，遇到突袭不知所措；知难而退，采取消极敷衍的态度
		水平二	消极应对实战练习，遇到突袭消极敷衍，表现出不稳定的状态	精神状态：消极敷衍，状态不稳定 挑战意识：消极敷衍作业和任务	消极应对实战练习，遇到突袭消极敷衍，表现出不稳定的状态
		水平三	实测时能应对实战练习，敢于面对袭击，能努力做出相应的防卫动作，但表现出的状态的稳定性不足	精神状态：能坚持应对困难，状态不稳定 挑战意识：敢于面对袭击	积极应对实战练习，敢于面对袭击，具有一定的挑战意识，能想方设法做出防卫反应，但表现出的状态不稳定
		水平四	积极应对实战练习，面对突袭敢于决断，全力反击，表现出稳定的状态	精神状态：积极应对，全力反击 挑战意识：敢于决断，敢于面对突袭	积极应对实战练习，面对突袭敢于决断，全力反击，表现出稳定的状态
		水平五	积极应对实战练习，面对突袭决策果断，依然敢拼敢打，表现出全力以赴的状态	精神状态：积极应对，敢拼敢打 挑战意识：敢于面对突袭，决策果断	积极应对实战练习，面对突袭决策果断，依然敢拼敢打，表现出全力以赴的状态

续表

学科核心素养	维度	水平等级	行为表现	特征提取	修改后的标准
体育品德	体育道德	水平一	实测无此	在实战演练中不遵守规则，不听从裁判的安排	实测时不遵守规则，不听从裁判的安排
		水平二	实战演练中有时自行其是，武术礼仪欠缺，有违规现象，但能够服从安排	遵守规则：自行其是，有违规现象 武术礼仪：武术礼仪欠缺	实测时自行其是，有违规现象，但能服从安排、遵守规则
		水平三	能按照规则进行实战演练，武术礼仪规范，但有轻微违规现象	遵守规则：有轻微违规现象 武术礼仪：武术礼仪规范	实测时按照规则进行实战演练，但有轻微违规现象
		水平四	能按照规则进行实战演练，武术礼仪规范，无违规现象	遵守规则：无违规现象 武术礼仪：武术礼仪规范	实测时能按照规则进行实战演练，无违规现象
		水平五	严格遵守规则进行实战演练，武术礼仪规范，击打点到为止，无违规现象	遵守规则：严格遵守规则，无违规现象 武术礼仪：武术礼仪规范，击打点到为止	实测时严格遵守规则进行实战演练，击打点到为止，无违规现象

三、测试结果运用

测评人员通过测评数据分析，构建了题目一、题目二在运动能力、健康行为与体育品德三个方面学科核心素养各维度的评价标准和学生样例（见表 9-15 和表 9-16）。每个水平等级对应五个水平，各个水平对应具体的评价标准和学生样例。

表 9-15　防身术测试 C 卷题目—各维度的评价标准和学生样例

学科核心素养	维度	水平等级	评价标准和学生样例	备注
运动能力	体能状况	水平一	标准：只能坚持连续的有效击靶 6～10 秒，连续击靶 6～10 次；击打实测时连击动作速度缓慢，有明显脱节，无节奏；击靶绵软无力；步伐比较呆板，双拳下垂	
			样例：只能坚持连续的有效击靶 6～10 秒，连续击靶 6～10 次；击打实测时连击动作速度缓慢，有明显脱节，无节奏；击靶绵软无力；步伐比较呆板，双拳下垂	
		水平二	标准：能坚持连续的有效击靶 10～15 秒，连续击靶 10～17 次；击打实测时连击动作速度慢，有明显脱节，无节奏；击靶较有力度；步伐比较呆板，双拳提拳过高，有耸肩现象	
			样例：能坚持连续的有效击靶 10～15 秒，连续击靶 10～17 次；击打实测时连击动作速度慢，有明显停顿；击靶较有力度；步伐调整不自然，双手提拳过低	
		水平三	标准：能坚持连续的有效击靶 16～20 秒，连续击靶 15～19 次；击打实测时连击动作速度较快，稍有停顿；击靶有一定的力度；步伐比较灵活、协调	
			样例：能坚持连续的有效击靶 16～20 秒，连续击靶 15～19 次；击打实测时连击动作速度较快，略有停顿；击靶有一定的力度；步伐进退较自然，调整有序	
		水平四	标准：能坚持连续的有效击靶 16～20 秒，连续击靶 19～23 次；击打实测时连击动作速度较快，无停顿；击靶有一定的力度；步伐进退自然	
			样例：能坚持连续的有效击靶 16～20 秒，连续击靶 19～23 次；击打实测时连击动作速度较快，略有停顿；步伐与移动有序、快速；击靶力度较大	

续表

学科核心素养	维度	水平等级	评价标准和学生样例	备注
运动能力	体能状况	水平五	标准：能坚持连续的有效击靶 20 秒以上，连续击靶 22～24 次；击打实测时连击动作速度较快，无停顿；击靶力度较大，步伐进退自然，调整有序	
			样例：能坚持连续的有效击靶 20 秒以上，连续击靶 22～24 次；击打实测时连击动作速度较快，无停顿；击靶力度较大，步伐进退自然，调整有序	
	运动认知与技战术运用	水平一	标准：连击动作方法错乱、击打无序、脱靶；身体上下肢动作配合脱节	
			样例：连击动作方法错乱、不标准；身体上下肢动作脱节、无序	
		水平二	标准：连击动作方法不正确，有明显错误和脱靶；身体上下肢动作有配合，但发力不顺畅	
			样例：连击动作方法不清晰，有明显错误；身体上下肢动作有配合，但发力较僵硬、不顺达	
		水平三	标准：连击动作方法基本正确，但有个别错误；身体上下肢动作配合有序，发力较顺畅，但重心不稳定	
			样例：连击动作方法基本正确，但偶有个别错误；身体重心控制不当，上下肢动作配合有序；击打力点较清晰，发力较顺畅	
		水平四	标准：连击动作方法较正确，无明显错误；上下肢动作配合得当，重心平稳，发力顺畅	
			样例：连击动作方法较正确，无明显错误；上下肢动作配合得当，重心平稳，发力顺畅	
		水平五	标准：连击动作方法准确、稳定；身体上下肢动作配合得当流畅；击打力点清晰，发力顺畅，重心平稳	
			样例：连击动作方法准确、稳定；身体上下肢动作配合得当、有序，重心稳定；击打力点清晰，发力顺畅	

续表

学科核心素养	维度	水平等级	评价标准和学生样例	备注
运动能力	体育展示与比赛	水平一	标准：被动参与击靶展示，表现力弱	
			样例：被动参与击靶展示，表现欲望极低	
		水平二	标准：能参与击靶展示，表现力不强	
			样例：能参与击靶展示，表现欲望不强	
		水平三	标准：能参与击靶展示，表现力较强	
			样例：能参与击靶展示，表现欲望较强，有较好的展示度	
		水平四	标准：能积极参与击靶展示，表现力强	
			样例：能参与击靶展示，表现欲望强，有较好的展示度	
		水平五	标准：能积极主动参与击靶展示，行为大方，表现力极强	
			样例：能积极主动参与击靶展示，表现力极强，行为大方	
健康行为	健康知识掌握与运用	水平一	标准：着装完全不符合练习要求（服装随意，没有穿运动鞋或平底鞋）；击靶时没有穿戴任何护具，没有进行任何准备活动	实测时没有测得这一水平
			样例：无	
		水平二	标准：着装基本符合练习要求（运动鞋不合适）；护具穿戴基本符合练习要求；准备活动不全面，只进行了原地简单的准备活动	
			样例：着装基本符合练习要求，护具穿戴基本符合练习要求；只在原地做了简单的准备活动	
		水平三	标准：着装符合练习要求（穿着平底运动鞋）；护具穿戴基本符合练习要求，得体；能较全面地进行准备活动	
			样例：着装符合练习要求，得体；护具穿戴基本符合练习要求，非常得体；能较全面地进行准备活动	

学科核心素养	维度	水平等级	评价标准和学生样例	备注
健康行为	健康知识掌握与运用	水平四	标准：着装基本符合练习要求，得体；护具穿戴基本符合练习要求，合体；能较全面地进行准备活动	
			样例：着装基本符合练习要求；护具穿戴基本符合练习要求，非常得体；能较全面地进行准备活动	
		水平五	标准：着装完全符合练习要求，非常得体；护具穿戴完全符合练习要求；能进行全面的上下肢关节、韧带准备活动且充分	
			样例：着装完全符合练习要求，非常合体；护具穿戴基本符合练习要求，得体；进行全面的上下肢关节、韧带准备活动且充分	
	情绪调控	水平一	标准：精神涣散，注意力不集中，左顾右盼；动作慌乱，无击打意识	
			样例：精神不够饱满，注意力不够集中；击靶实测时动作慌乱，无击打意识	
		水平二	标准：击靶实测时精神不够饱满，注意力不够集中，能做出击靶的动作，但反应迟缓	
			样例：击靶实测时精神较为饱满，注意力相对集中，能做出击靶的动作，但反应迟缓，击打动作控制不当	
		水平三	标准：击靶实测时精神较为饱满，注意力相对集中，对手靶能做出适时并较为有效的击打，但反应较慢	
			样例：精神较为饱满，注意力相对集中；击靶实测时对手靶能做出适时的击打，但反应较慢	
		水平四	标准：击靶实测时精神饱满，注意力集中，对手靶能做出适时的击打，反应较快	
			样例：击靶实测时精神饱满，注意力集中，对手靶能做出及时的反应、调整并予以适时的击打，反应速度快	
		水平五	标准：击靶实测时精神饱满，全神贯注；能根据手靶的变化迅速移动，并给予准确、及时的有效击打	
			样例：击靶实测时精神饱满，全神贯注；对手靶能做出适时的反应与击打，反应速度快	

续表

学科核心素养	维度	水平等级	评价标准和学生样例	备注
体育品德	体育品格	水平一	标准：击靶实测时不尊重同学和裁判，无视他人，缺乏自律性	
			样例：击靶实测时不尊重同学和裁判，无视他人，我行我素	
		水平二	标准：击靶实测时对裁判不够尊重，行动拖延	实测时没有测得这一水平
			样例：无	
		水平三	标准：击靶实测时能尊重同学和裁判，但自律性欠缺	
			样例：击靶实测时能尊重同学和裁判，但自律性欠缺，需要同学、裁判的提示	
		水平四	标准：击靶实测时能尊重同学和裁判，有良好的自律性	
			样例：击靶实测时能尊重同学和裁判，遵守纪律，有良好的自律性	
		水平五	标准：击靶实测时能尊重同学和裁判，能起到榜样的作用	
			样例：击靶实测时能尊重同学和裁判，有良好的自律性，能起到榜样的作用	
	体育精神	水平一	标准：不情愿参加练习，应对击靶有抵触态度；遇到击打困难知难而退，中途中断	
			样例：不情愿参加练习，应对击靶有抵触态度；遇到击打困难知难而退，消极敷衍	
		水平二	标准：消极应对击靶练习，遇到击打困难知难而退，消极敷衍作业和任务	
			样例：击靶实测时能应对击靶练习；遇到击打困难知难而退，消极敷衍，表现出不稳定的状态	
		水平三	标准：能应对击靶练习，具有一定的挑战意识，能坚持应对困难；表现出的状态的稳定性不足	
			样例：实测时能应对击靶练习，能坚持应对困难；具有一定的挑战意识，表现出的状态的稳定性不足	

学科核心素养	维度	水平等级	评价标准和学生样例	备注
体育品德	体育精神	水平四	标准：能积极应对击靶练习；具有较高的挑战意识，敢于面对困难，不放弃，表现出稳定的状态	
			样例：实测时能积极应对击靶练习，具有较高的挑战意识；敢于面对困难，不放弃，表现出稳定的状态	
		水平五	标准：积极地应对击靶练习，面对困难依然敢拼敢打，敢于挑战自己，表现出全力以赴的状态	
			样例：实测时积极地应对击靶练习，面对困难时依然敢拼敢打，敢于挑战自己，超越自己，表现出全力以赴的状态	
	体育道德	水平一	标准：击打练习中不遵守规则，不听从裁判的安排	
			样例：无	
		水平二	标准：实测时自行其是，有违规现象，但能服从安排	
			样例：实测时自行其是，有违规现象，但能服从安排、遵守规则	
		水平三	标准：实测时能按照规则进行击靶练习，但有轻微违规行为	
			样例：实测时按照规则进行击靶练习，但有轻微违规行为	
		水平四	标准：实测时能按照规则进行击靶练习，无违规现象	
			样例：实测时能按照规则进行击靶练习，无违规现象	
		水平五	标准：实测时严格遵守规则进行击靶练习，无违规现象	
			样例：实测时严格遵守规则进行击靶练习，无违规现象	

注：学生样例为各水平中选择的一名学生的具体行为表现。

表 9-16　防身术核心素养测试 C 卷题目二各维度的评价标准和学生样例

学科核心素养	维度	水平等级	评价标准和学生样例	备注
运动能力	运动认知与技战术运用	水平一	标准：遭遇突袭时不能把握反击时机，不能做出反击动作；无打击反击意识，完全不能对攻击动作做出相应的防守反击，毫无防守反击的实效性	
			样例：遭遇突袭时不能把握反击时机，不能做出反击动作；无打击反击意识，完全不能对攻击动作做出相应的防守反击	
		水平二	标准：遭遇突袭时反击时机把握不准确，不能做出连续的防守反击动作，防身术运用不合理，对击打部位不能有效认知，防守反击的实效性较差	
			样例：遭遇突袭时反击时机把握不准确，不能做出连续的防守反击动作，且防守反击的实效性较差，防身术运用不合理	
		水平三	标准：遭遇突袭时能断断续续地做出防守反击动作，反击时机把握较准确，对击打部位能有效认知，但防守反击的实效性不明显	
			样例：遭遇突袭时能断断续续地做出防守反击动作，反击时机把握较准确，对击打部位有有效认知，但防守反击的实效性不明显	
		水平四	标准：遭遇突袭时能有效运用防身术，反击时机把握准确，能连贯地做出防守反击动作，对击打部位有准确的认知，防守反击的实效性明显	
			样例：遭遇突袭时能有效运用防身术，反击时机把握准确，且能连贯地做出防守反击动作，对击打部位有准确的认知，实效性明显	
		水平五	标准：遭遇突袭时能有效运用防守反击动作，反击时机把握精准，动作迅快连贯、一气呵成；部位击打动作精准，防守反击一招制胜	
			样例：遭遇突袭时有效运用防守反击动作，反击时机把握精准，动作迅快连贯、一气呵成；部位击打动作精准，一招制胜	

学科核心素养	维度	水平等级	评价标准和学生样例	备注
运动能力	体育展示与比赛	水平一	标准：被动参与实战演练，临场表现欲望极低，表现力弱	
			样例：被动参与实战演练，表现欲望极低	
		水平二	标准：能参与实战演练，表现力不强	
			样例：能参与实战演练，动作不够干净利落，较犹豫，表现力不强	
		水平三	标准：能参与实战演练，表现力较强	
			样例：能参与实战演练，表现欲望较强，有较好的展示度	
		水平四	标准：能积极参与实战演练，表现力强	
			样例：能积极参与实战演练，动作干净利落，表现欲望强	
		水平五	标准：积极参与实战演练，表现力极强	
			样例：积极参与实战演练，敢打敢拼，表现力极强	
健康行为	健康知识掌握与运用	水平一	标准：着装基本符合练习要求，但上衣或鞋子不符合练习要求；护具穿戴基本符合练习要求，但没有进行任何准备活动	
			样例：着装基本符合练习要求，但上衣不符合练习要求；护具穿戴符合练习要求，穿着合体，没有进行任何准备活动	
		水平二	标准：着装基本符合练习要求；护具穿戴基本符合练习要求；准备活动不全面，只进行了原地简单的准备活动	
			样例：着装基本符合练习要求（穿着运动装），但运动鞋与练习要求符合度不高；护具穿戴符合练习要求，穿着得体；只进行了原地简单的准备活动	
		水平三	标准：着装符合练习要求，着平底运动鞋；护具穿戴符合练习要求，得体；实战前进行了局部性的准备活动	
			样例：着装基本符合练习要求；护具穿戴基本符合练习要求；实战前只进行了局部性的准备活动	

学科核心素养	维度	水平等级	评价标准和学生样例	备注
健康行为	健康知识掌握与运用	水平四	标准：着装基本符合练习要求，穿着得体；护具穿戴完全符合练习要求，合体；实战前能进行较全面的准备活动	
			样例：着装完全符合练习要求；护具穿戴合体，符合练习要求；实战前能较全面地进行准备活动	
		水平五	标准：着装完全符合练习要求，非常合体；护具穿戴完全符合练习要求；实战前能进行全面的上下肢关节、韧带准备活动且充分	
			样例：着装完全符合练习要求，十分得体；护具穿戴十分得体，完全符合练习要求，能较全面地进行准备活动	
	情绪调控	水平一	标准：实战演练时精神不够饱满，注意力不够集中；面对实战攻击时，惊慌失措，反应迟缓，甚至毫无防守反击意识	
			样例：实战演练时精神较为饱满，但面对实战攻击惊慌失措，毫无防守反击意识	
		水平二	标准：实战演练时精神较为饱满，注意力相对集中；能根据进攻的变化做出一些防守反击动作，但反应迟缓	
			样例：实战演练时精神不够饱满，能做出一些防守反击动作，注意力相对集中，反应迟缓	
		水平三	标准：实战演练时精神饱满，注意力集中；能根据进攻的变化调整位移，并予以适时的反击，反应速度较快	
			样例：实战演练时精神较为饱满，对进攻能做出适当的防守反击，能集中注意力，反应较快	
		水平四	标准：实战演练时精神饱满，注意力集中；能根据进攻的变化迅速位移，调整步伐，并予以及时的反击，反应迅快	
			样例：实战演练时精神饱满，注意力集中；能根据进攻的变化迅速调整位移，并予以及时的反击，反应迅快	
		水平五	标准：实战演练时精神饱满，全神贯注；能根据进攻的变化迅速调整位移，并予以适时的反击，反应迅快，一气呵成	
			样例：实战演练时精神饱满，全神贯注；能根据进攻的变化迅速调整位移，并予以适时的反击，反应迅快	

学科核心素养	维度	水平等级	评价标准和学生样例	备注
体育品德	体育品格	水平一	标准：实战演练时不尊重同学和裁判，无视他人，缺乏自律性	实测时没有测得这一水平
			样例：实测无此	
		水平二	标准：实战演练时对裁判不够尊重，行动拖延	实测时没有测得这一水平
			样例：实测无此	
		水平三	标准：实战演练时能尊重同学和裁判，但自律性欠缺	
			样例：实战演练时能尊重同学和裁判，但自律性欠缺，需要同学和裁判的提示	
		水平四	标准：实战演练时能尊重同学和裁判，有良好的自律性	
			样例：实战演练时能尊重同学和裁判，遵守纪律，有良好的自律性	
		水平五	标准：实战演练时能尊重同学和裁判，能起到榜样的作用	
			样例：实战演练时能尊重同学和裁判，有良好的自律性，能起到榜样的作用	
	体育精神	水平一	标准：不情愿参加实战练习，遇到突袭不知所措；知难而退，采取消极敷衍的态度	
			样例：不情愿参加实战练习，遇到突袭不知所措；知难而退，懈怠应付	
		水平二	标准：消极应对实战练习，遇到突袭消极敷衍，表现出不稳定的状态	
			样例：消极应对实战练习，遇到突袭消极敷衍，表现出不稳定的状态	
		水平三	标准：积极应对实战练习，敢于面对袭击，具有一定的挑战意识，能想方设法做出防卫反应，但表现出的状态不稳定	
			样例：能应对实战练习，敢于面对袭击，也能努力做出相应的防卫动作，但表现出的状态的稳定性不足	

续表

学科核心素养	维度	水平等级	评价标准和学生样例	备注
体育品德	体育精神	水平四	标准：积极应对实战练习，面对突袭敢于决断，全力反击，表现出稳定的状态	
			样例：积极应对实战练习，面对突袭敢于决断，全力反击，表现出稳定的状态	
		水平五	标准：积极应对实战练习，面对突袭决策果断，依然敢拼敢打，表现出全力以赴的状态	
			样例：积极应对实战练习，面对突袭决策果断，依然敢拼敢打，表现出全力以赴的状态	
	体育道德	水平一	标准：实测时不遵守规则，不服从裁判的安排	实测时没有测得这一水平
			样例：实测无此	
		水平二	标准：实测时自行其是，有违规现象，但能服从安排、遵守规则	
			样例：实测时有自行其是、违规的现象，但能服从裁判的安排	
		水平三	标准：实测时按照规则进行实战演练，但有轻微违规现象	
			样例：实测时按照规则进行实战演练，但有轻微违规现象	
		水平四	标准：实测时能按照规则进行实战演练，无违规现象	
			样例：实测时能按照规则进行实战演练，无违规现象	
		水平五	标准：实测时严格遵守规则进行实战演练，击打点到为止，无违规现象	
			样例：实测时严格遵守规则进行实战演练，击打点到为止，无违规现象	

注：学生样例为各水平中选择的一名学生的具体行为表现。

第十章　新兴体育类运动的命题示例与分析

　　根据试题测评框架的具体要求，新兴体育类运动以花样跳绳模块为命题示例。跳绳是中华民族的传统体育游戏，是一项简单易行的全身运动。现代花样跳绳融汇了舞蹈、体操、武术、音乐等元素，其花样繁多，新颖别致，动感十足；既有个人展示，使跳绳者的个性得到淋漓尽致的发挥，也有巧妙的团队配合，凸显团队协作的力量；是一项集健身、娱乐、竞技、表演等多种功能于一体的体育运动。

　　花样跳绳模块共征集到 6 道实践测试题。总体来看，花样跳绳模块的命题质量较高，各题目之间的难易程度较为均衡，区分度不高。因此，本章以花样跳绳模块为载体，从花样和速度两方面各选取了一个试题作为样例，对学科核心素养进行全面测评。本章呈现试题的测评与结果运用，以期为体育教学实践提供一定的参考价值。

第一节　花样跳绳模块试题设计的思路

　　学业评价是教育活动中至关重要的一部分。花样跳绳模块的命题设计是基于学科核心素养的各个维度展开的，引领教师在所有的教学设计和教学实施过程中都关注各个学科核心素养的实现，促进学生学科核心素养的养成与发展。因此，在设计花样跳绳模块试题之初，我们首先要明确学科核心素养在花样跳绳模块中的具体表现，并根据花样跳绳模块的特点设置命题情境，从而确保测评实施的科学性、有针对性及可操作性。

一、学科核心素养在花样跳绳模块的具体化

　　学科核心素养是课程育人价值的集中体现，它在每一门课程的具体表现是不一样的。为此，我们要将花样跳绳模块特点与学科核心素养相结合，对花样跳绳模块的所学内容和教学过程进行挖掘，明确花样跳绳模块当中能促进学生终身发展和社会发展所需要的必备品格和关键能力，梳理花样跳绳模块学科核心素养的维度和具体表现，并以此设计具体的任务情境进行测评。花样跳绳模块内容的主体是花样跳绳专项运动技能知识学习和体能练习。学生在具体的学习过程中，需要掌握花样跳绳运动的基本知识、原理和规则；在各种比赛和创编情境下，运用所学的花样跳绳技能在个人体能支撑下完成比赛或表演；掌握安全防护与保健知识，学会常见运动损伤的处理及运动

疲劳的恢复方法；在速度比赛和创编表演中恪守安全第一的原则，面对不同难度的练习敢于拼搏、自尊自信、团结有礼，能够尊重别人、善于沟通等。花样跳绳模块学科核心素养的具体内涵应与三大学科核心素养相契合，涵盖花样跳绳模块所要发展的学生的核心观念与思维模式、关键能力、实践方式等，找出花样跳绳模块教学过程中学科核心素养不同维度的知识内容，设计学习板块和测试题型，最终通过花样跳绳模块学习促进学生学科核心素养的提升。

二、花样跳绳模块试题的设计思路

我们根据花样跳绳模块自身的特点，围绕运动能力、健康行为和体育品德三大学科核心素养的各维度设计试题。所设计的测评情境要适合模块特性，在展示、表演或比赛过程中体现学生利用所学花样跳绳内容解决问题的能力；保证所设计的内容对学科核心素养的维度是全覆盖的，并通过对学生综合素养的测评检验学科核心素养的内容是否可表达、可操作、可学习和可测评。

(一)命题内容设计

我们根据体育与健康学科核心素养每个维度的表现形式，结合课程标准中花样跳绳运动模块内容，提取花样跳绳模块学科核心素养的具体表现进行试题的设计(见表10-1)。根据花样跳绳模块花样繁多的特点，我们将运动认知与技战术运用分开表述。无论是教学还是测试，均应尽可能模拟真实的应用情境，并选择与之适应的测试内容对学科核心素养进行评估。我们首先通过完整的运动竞赛形式，从体能状况、运动认知与技战术运用、体育展示与比赛来评估运动能力；从竞赛过程中的突发事件和学生对于同伴、对手以及裁判的行为态度来评估情绪调控、体育品格、体育精神等；从自主准备活动、运动服装的穿戴、与同伴沟通交流等方面来考查学生的环境适应和健康知识掌握与运用。要特别说明的是，除了健康行为学科核心素养中的体育锻炼意识与习惯维度难以通过一次测试予以测评出来外，试题的命题应该尽可能覆盖其他学科核心素养的所有表现维度。不仅花样跳绳运动模块如此设计，其他运动项目也应遵循类似设计思路。

表 10-1　花样跳绳模块学科核心素养的具体表现

核心素养	维度	具体表现
运动能力	体能状况	体能储备对于测评任务的保障性和服务性
	运动认知	了解花样跳绳动作术语，动作之间的衔接连贯、协调
	技战术运用	花样跳绳动作的准确性、熟练度、连贯性，预判的准确性和移动的敏捷性
	体育展示与比赛	花样跳绳比赛中的参与度、创编能力与表现力

核心素养	维度	具体表现
健康行为	健康知识掌握与运用	服装、鞋子和绳具符合花样跳绳比赛要求；赛前能主动积极进行有效的常规和专项准备活动
	情绪调控	测评中的精神状态，面对突发事件的情绪调控能力
	环境适应	在比赛中与队员之间相互沟通、帮助、鼓励或指导
体育品德	体育品格	在比赛中能够文明参赛，如不干扰他人比赛，遵守比赛秩序，服从裁判的指挥，尊重裁判的判决，且能维持比赛的秩序
	体育精神	在比赛中表现出一定的自信，表现从容，动作自然；有较强的意志品质，面对多种不利因素，如能在连续失误或合作不理想的情况下表现出顽强拼搏的精神状态；若比赛时皮肤出现擦破或轻度受伤时，能坚持完成比赛
	体育道德	在比赛中遵守花样跳绳比赛规则，服从裁判的指挥，不故意拖延比赛时间，诚信自律，表现出公平竞争的意识和行为

(二)测试情境创设

花样跳绳是一项集竞技与娱乐表演为一体的体育运动。为此我们在试题的设计中拒绝单个运动知识的碎片化呈现，多以团队表演或团队竞赛的形式进行具体任务情境的设计，让学生在创设的各种情境中充分展现动作技术的运用能力和团队协作能力。根据花样跳绳模块的分类，我们将试题分为花样和速度两大类。花样类试题的设计包含设计编排、集体展示、体能测试三个方面；从能否选用合适的内容创编动作组合，团队协作展示流畅与否，绳具的摆放是否合理，能否控制好安全距离以及在合作过程中的行为态度等方面设计评估标准。速度类试题的设计主要从动作技术的运用程度、合作顺利程度、规定时间内跳绳个数以及规则的掌握程度等方面设计评估标准。两类试题相对独立，但都要求全面考查学生的学科核心素养及其达成度。根据教学内容的侧重点不同，各地区可以自由选择合适的题型进行测评，考查的维度不变。在运动能力的评分点中，花样类试题侧重体育展示，速度类试题侧重体能状况。

(三)考试环境设置

本测评内容涉及在具体情境中考查学生的应对表现能力，试题对学生严格保密。学生进入考试环境后才可知道试题。因此，为了确保对应情境的测评要求，应规范设计整个测试流程。一般按照正式比赛流程分为待考区、准备区和测试区。即学生只能从待考区进入准备区，再进入测试区，最后测评结束。整个测评过程中仅可顺向依次流转。待考区内进行分组（每组 6～10 名学生），分发并佩戴号码布，填写测试信息等。学生经检录后进入准备区，在准备区与测评人员进行信息核对和登记。由测评人员向学生宣读测试程序、要求，确认学生清楚考试要求后进入测试区。测评人员随机分配 2 名学生给 1 位裁判。之后裁判引领学生进入测试区。摄像机全程记录学生及裁判的行为表现。学生按试题要求和时间自行完成整个测试，如在测试区进行准备活动及利用所学的花样跳绳知识和技术讨论符合题意的展示内容或比赛顺序，应对比赛中的各种复杂情况，展示在技战术运用、遵守规则、意志品质、体育道德等方面的综合能力，完成比赛任务。每位裁判持续跟踪随机分配的 2 名学生，根据评分标准进行现场独立打分，得出最后得分，再对应相应的水平。如尚有不明确的表现状况，可事后根据录像再次确认。

（四）评价方式运用

花样跳绳模块的内容繁多，考查内容的选择可以多样化（见表 10-2），均应指向展示个人或集体在运用技战术、发挥体能、环境适应、情绪控制、团队协作等各方面的综合能力。技能、体能、对安全距离的控制、与同伴间的交流情况等是显性考查内容，如何有针对性地做好准备活动、运动中的自我保护意识等健康知识与运用方面是隐性考查内容。所以针对显性与隐性考查内容必须设计不同的方法进行考查。学生拿到试卷，实际上就已进入了测试状态。我们对准备活动、参与交流和讨论、练习与展示、情绪调控（如多次失误和合作不利时候的表现）、遵守规则等方面的行为表现进行测评。裁判除根据测试流程给予必要的指令外，如提示时间或环节等，其余均不得对学生进行任何提示与说明。学生的行为表现主要取决于平时学习过程中养成的意识和习惯。裁判借此对学生的运动能力、健康行为、体育品德三个方面进行水平划分，确定每个维度的得分点。当然，也不排除部分学生对测评持无所谓或投机迎合的态度。

表 10-2　花样跳绳模块的考查内容示例

学科核心素养	维度	考查内容
运动能力	体能状况	在比赛中表现出充沛的体力，能连续轻松过绳或摇绳，节奏和气息稳定，步伐或摇绳手法不零乱；能满足比赛的体能需要
	运动认知	根据队员的情况选择合适的方式进行比赛，如安排体能不那么好的去摇绳，将技术能力较强的安排在排头等；能选择适宜的绳具进行运动，能准确自测自数
	技战术运用	能与同伴协调，运用所学的技能顺利完成比赛，如出、入绳不怯绳，过绳迅速；甚至能调整跳绳时机以配合同伴，展示自己良好的跳绳技能
	体育展示与比赛	享受比赛，在挑战过程中表现出良好的状态和流畅的技术动作

学科核心素养	维度	考查内容
健康行为	健康知识掌握与运用	知道选择适宜的服装、鞋子进行跳绳，并且能自主完成准备活动；在挑战的间隙知道如何通过呼吸、补水等方法恢复体力
	情绪调控	在比赛期间，能采用多种方式调控自己的紧张情绪，并且在比赛过程中能用积极的方式帮助同伴克服不良情绪
	环境适应	在挑战赛过程中，队员间能相互合作交流，鼓舞士气，以良好的精神状态进行挑战赛
体育品德	体育品格	在准备阶段和展示阶段，能时刻注意自己的动作，尽量避免对他人的干扰；不破坏场地环境和卫生；展示开始时能用合适的行为向裁判表示尊重
	体育精神	敢于接受挑战任务，不心怵，不怯场，对挑战任务表现出足够的自信心，在场上行动利落
	体育道德	能根据要求把号码贴在规定的位置，根据题目要求完成挑战任务

第二节 花样跳绳模块的测评与结果运用

我们根据花样跳绳模块试题的设计思路，命制花样跳绳模块学科核心素养测评试卷，测评学生学科核心素养的发展水平。本节以普通高中体育与健康学科的花样跳绳测试 A 卷"元旦活动展演"为例，呈现了花样跳绳试题命制与解析、学科核心素养的测评结果以及评分标准的研制过程。

一、试题命制

(一)试题呈现

元旦活动展演

在元旦活动中，花样跳绳队的学生决定举办一场花样编排表演和三人协同跳比赛。学生 6～10 人一组，自行创编并配乐进行表演，比比看哪个队的编排和表演更精彩。

题目一：设计编排方案，小组内自主创编方案进行练习，并在实践中对编排方案做出调整和修改。要求根据固定音乐任意选取 10 个花样动作(包括但不限于双摇跳、正反摇绳跳、编花跳等动作)进行组合创编，可以设计不同节奏变化，可以利用几何图形设计队形，变换至少要有三次，可以适当加入绳操元素，以增加表演的观赏性。时间控制在 1 分半钟到 2 分钟。

题目二：花样动作创编配乐表演。

题目三：2分钟6～10人绕"8"字。

(二)试题分析

本试题属于综合、开放性实践试题。学生6～10人一组完成花样创编和表演，然后再完成合作速度跳绳。

测评内容一：题目一的合作创编时间为10分钟。组内成员可根据平时所学花样动作编排设计不同的动作组合、队形变换，也可以增加一些绳操、舞蹈元素，但时间不得超过20秒，也不可以使用除跳绳之外的道具。在此过程中，测评人员将全程观察学生的表现，就其在运动认知、环境适应、体育品格等方面的表现进行评分。

测评内容二：题目二的展演时间为2分钟以内。测评人员会从学生的运动技能、整体的编排设计、体育展示、情绪调控、体育精神等方面进行评分。

测评内容三：题目三的10人小组的2名摇绳者相对站立，各持一绳柄摇绳。4～8名跳绳者绕2名摇绳者以"8"字路线依次过绳，但每轮过绳的最后一名跳绳者要与对面的摇绳者进行角色互换，务必保证每一个人都能完成摇绳和跳绳。此题目不强调学生所跳个数，主要针对学生的体能状况、健康知识的掌握与运用、规则意识等方面进行评分。表10-3为花样跳绳测试A卷考查的学科核心素养。

表10-3　花样跳绳测试A卷考查的学科核心素养

考查的学科核心素养		题目一	题目二	题目三
运动能力	体能状况			✓
	运动认知与技战术运用	✓	✓	
	体育展示与比赛		✓	
健康行为	健康知识掌握与运用	✓		✓
	情绪调控		✓	
	环境适应	✓		
体育品德	体育品格	✓		
	体育精神		✓	
	体育道德			✓

(三)评分维度与预设标准

根据本试题的测评内容，测评过程中的行为表现是确定评分维度的重要依据。本试题通过学生在花样跳绳模块的合作创编、展演表现以及跳绳表现，对学生三大学科核心素养进行测评。评价标准要求必须针对学科核心素养不同维度的表现行为，聚焦于学生对知识技能的运用程度。评价标准紧密联系学科核心素养，表述清晰具体；评价标准的每个得分点都采用五级评分；测评结束后再根据制定的评分表对学科核心素养进行五级水平的评定。具体评分标准如下(见表 10-4 至表 10-6)。

表 10-4　花样跳绳测试 A 卷题目一的评分标准

学科核心素养	维度	水平等级	主要特征
运动能力 (40 分)	运动认知 (10 分)	水平一	对跳绳动作认知差，编排的动作没有欣赏价值，没有运用技战术
		水平二	简单运用动作技术组合，观赏性不强
		水平三	编排时能注意到娱乐和欣赏价值的体现，能运用到所学的技战术
		水平四	编排时有创意，在顺序或节奏上进行了技术动作的处理，队形变化有特点
		水平五	在顺序和节奏上对技术动作有明显改进，能很好地运用所学的技战术，利用好团队优势；开头、结尾还有造型
健康行为 (30 分)	环境适应 (10 分)	水平一	不主动参与讨论
		水平二	能提编排意见，但不被采纳
		水平三	在编排方面能提出一些合适的意见
		水平四	主动参与讨论，能提出编排意见，并被采纳；能根据队员情况提出合理建议
		水平五	主动与他人沟通交流，主导讨论方向，也能听取他人的意见；编排有与他人不一样或突出团队特色的地方
体育品德 (30 分)	体育品格 (10 分)	水平一	在合作过程中不尊重他人，对他人的意见不采纳
		水平二	在合作过程中，能尊重他人，听他人的意见，但不一定会调整
		水平三	在合作过程中懂得尊重他人，能听他人的意见，大部分时间坚持己见
		水平四	在合作过程中有不同意见时也能保持礼貌，友好协商，最大限度地与他人达成共识
		水平五	在尊重他人的基础上努力与他人达成共识

表 10-5　花样跳绳测试 A 卷题目二的评分标准

学科核心素养	维度	水平等级	主要特征
运动能力 （40分）	技战术运用 （10分）、 体育展示 与比赛 （10分）	水平一	动作姿势不协调，节奏比他人慢，表演不自信，失误多；动作完成不了甚至停下不做，总是看着他人
		水平二	动作姿势协调，偶尔需要看看他人，加快自己的动作以便于和他人达到动作的同步；表演缺乏表现力，失误多
		水平三	动作干净利落，姿势协调，同步性比较好，能跟上他人的节奏；表现出一定的自信，失误不多
		水平四	动作自然流畅，完成动作较轻松，节奏与他人同步；不怯场，有表现的欲望，失误少
		水平五	动作标准、优美、合拍，表现出较好的自信心；表演有感染力；还有余力关注他人，偶尔有失误
健康行为 （30分）	情绪调控 （10分）	水平一	在表演中比较紧张，注意力都放在了动作上，没有注意到自己的站位是否安全、合适
		水平二	在表演中有点紧张，能考虑到安全距离，调整自己的站位，但反应不快
		水平三	在表演中适度紧张，能考虑到安全距离，及时调整自己的站位
		水平四	在表演中不紧张，能与他人保持安全距离
		水平五	在表演中不仅能自己做好防护，也能提醒他人做好防护，调整全队的安全距离
体育品德 （30分）	体育精神 （10分）	水平一	在运动中不具备顽强拼搏精神，失误后不能坚持完成比赛，有放弃的打算
		水平二	在运动中具有顽强拼搏精神，能坚持完成比赛
		水平三	体力不足时仍能坚持完成
		水平四	具有强烈的顽强拼搏精神，发现他人体力不支时能出声鼓励
		水平五	在轻松完成比赛的基础上，能通过口令或提示他人追求更快的速度

表 10-6　花样跳绳测试 A 卷题目三的评分标准

学科核心素养	维度	水平等级	主要特征
运动能力 （40分）	体能状况 （10分）	水平一	跳绳时动作与摇绳节奏不匹配，体能较差，还没有完成到一半就气喘吁吁，失误次数多甚至停下来；摇绳时动作不协调，后半程手臂力量不足，跟不上他人的摇绳速度

学科核心素养	维度	水平等级	主要特征
运动能力 （40分）	体能状况 （10分）	水平二	跳绳时速度慢，体能明显不足，完成一半之后就气喘吁吁，失误次数多；摇绳时动作勉强能跟上他人的摇绳速度
		水平三	跳绳时动作与摇绳者的节奏匹配，完成四分之三后有气喘现象，失误较少；摇绳时动作协调，紧跟他人的节奏
		水平四	跳绳时动作比较规范，跑动迅速、积极，体能较好，失误少或没有失误；摇绳时能与他人协调配合，会给予他人提示
		水平五	跳绳动作能根据他人的摇绳情况进行调整，体能充沛，没有失误；摇绳时轻松、省力，会用口令调节摇、跳速度
健康行为 （30分）	健康知识掌握与应用 （10分）	水平一	运动前不做准备活动，不注意控制安全距离
		水平二	运动前做简单的准备活动，在运动中没有控制好安全距离
		水平三	运动前能认真做准备活动，在运动中能注意安全距离，但偶尔没有控制好
		水平四	运动前做充分的准备活动，在运动中能注意安全距离
		水平五	运动前提醒他人一起做准备活动，运动前或在运动中能提醒他人注意安全距离
体育品德 （30分）	体育道德 （10分）	水平一	规则意识差，需要他人提醒换角色
		水平二	有规则意识，但因紧张而出现抢跳行为
		水平三	有规则意识，能及时更换角色
		水平四	有较好的规则意识，在比赛中能提示他人遵守规则
		水平五	有强烈的规则意识，能根据他人的情况合理安排跳绳顺序

二、测试数据分析

花样跳绳测试 A 卷的学生各维度评分见表 10-7。本测评采用专家现场实测的方法开展。在测评过程中，专家根据每一名学生在花样跳绳模块中学科核心素养的具体行为表现进行判断与评分。因预设标准的制定尚无学生行为表现数据做参考，故暂由测评组对学科核心素养不同维度进行五个水平等级的预设。因此，在测评结束后，需要对实际测评数据进行整理与分析，并根据分析结果重新对评价标准、学科核心素养不同维度的五个水平等级进行修订和完善。

表 10-7　花样跳绳测试 A 卷的学生各维度评分

学生		运动能力（40分）				健康行为（30分）			体育品德（30分）		
序号	性别	体能状况（10分）	运动认知（10分）	技战术运用（10分）	体育展示与比赛（10分）	健康知识掌握与运用（10分）	情绪调控（10分）	环境适应（10分）	体育品格（10分）	体育精神（10分）	体育道德（10分）
		协调性、灵敏性、速度、耐力	跳绳基本动作术语、要领 / 跳绳动作编排的基本知识	动作技术完成程度 / 节奏控制	参与比赛的态度 / 表情、精神状态等	准备活动充分程度 / 运动中的安全防护等	克服紧张情绪 / 出现问题时的反应程度	融入讨论的程度	社会责任感的程度 / 集体荣誉感的强度	自信与抗挫折能力 / 拼搏精神	规则的掌握与运用
020477	男	6.3	6	6.7	6.7	7.3	7	6.3	5.7	6.3	5.3
020478	男	5	6	5	6	5.7	6	6	5.3	5.7	6
020479	男	6.3	6.3	6.3	7	7	8	6.7	6.3	6.7	6
020480	男	5.7	5.8	6.3	6.7	7.3	6.7	6.7	6.7	6	6
020485	女	8.3	9	8.3	8.7	9	9.3	8.3	8.7	8.7	8.7
020486	女	8.3	9	7.7	8.7	8.3	8	7.7	7.7	8.3	8.3
020487	女	7.3	8.3	7	7.3	8	7.7	7.3	7	8	8
020488	女	7	7.3	6.7	6.7	8	7.7	7.3	7	7	7.3
020332	男	5	6.3		6.3	7		6.3	6.3	6.3	6.3
020322	男	3.7	6	5	6.3	7	5.3	5.7	6.3	6.3	6.3
020319	女	7.3	7	9	8.7	8.3	7.7	7	7.3	8	8
020317	女	7	7.5	7.3	7.7	8.3	7	8	6.3	8	8
020320	女	8	9	8.3	9	9	9.7	9	9.3	9.3	9.3
020321	女	7.7	8	7.3	9	9	8.3	8.3	8.7	8.7	8.3
020324	女	5	7.3	6.7	6.7	7.3	5.7	7.3	6	7.3	7.3
020323	女	5.7	7	7.3	7	8	5.3	6.7	6	7.3	7.3

续表

学生		运动能力（40分）				健康行为（30分）			体育品德（30分）		
序号	性别	体能状况（10分）	运动认知（10分）	技战术运用（10分）	体育展示与比赛（10分）	健康知识掌握与运用（10分）	情绪调控（10分）	环境适应（10分）	体育品格（10分）	体育精神（10分）	体育道德（10分）
		协调性、灵敏性、速度、耐力	跳绳基本动作术语、要领；跳绳动作编排的基本知识	动作技术完成程度；节奏控制	参与比赛的态度；表情、精神状态等	准备活动充分程度；运动中的安全防护等	克服紧张情绪；出现问题时的反应程度	融入讨论的程度	社会责任感的程度；集体荣誉感的强度	自信与抗挫折能力；拼搏精神	规则的掌握与运用
020216	男	5	6.7	7.3	7.3	6.7	8	6	7	7.7	7.7
020218	男	8.7	8.3	7	9.3	8.7	9	8.7	9.7	9	8.7
020217	男	7	8.3	7.7	8	8.3	7.7	7.7	8.3	8	8.7
020219	男	8.3	8.3	8.7	8	8.3	9	8.3	9	9	9.3
020233	女	7.7	7.3	9	8.3	8	6.3	7.7	7	8	8
020227	女	9	9	8.3	8.7	9.3	9	9.3	9	9	8
020241	女	8.3	7.7	8	8.7	8.7	7.7	8.3	8.7	8	8
020231	女	8.7	8.3	8.3	8.7	9	8.7	8.3	8.7	8.7	9
020187	男	5	7.3	6.3	6.7	6.3	6	6.7	5	6.3	7
020189	男	7.3	7	7.3	6.7	7	7	7	8	7.3	7.7
020185	男	8.3	8.3	9	8	9.3	9	8.3	7.7	8.3	
020188	男	6.7	7.1	6.3	8.3	6	6.3	6.3	6	4.3	4.3
020186	女	8	8	7.7	8.3	8	6.3	8.7	8.7	8.3	8
020180	女	9	8.3	8.3	9	8.3	9.7	8.7	9	9.3	8.3
020181	女	8	7.3	7.7	8.7	7.3	7.3	7	8	8.3	8
020182	女	8.3	7.3	8	7.7	10	8	7.7	8	8	8.3

(一)明确评价等级

测评者根据实际测试结果，运用统计学的方法，根据正态分布结果获取了花样跳绳测试 A 卷学科核心素养五个水平等级所对应的分值区间(见表 10-8)。主要有以下目的：一是检验预设评价标准的水平划分是否准确；二是根据测评的结果对预设评价标准进行校对或修改，以得出更为准确的评价标准，便于对学生的学科核心素养进行综合性评定。例如，根据预先制定的评价标准，学生的体能状况是水平四；但评价标准根据正态理论进行计算调整后，其体能状况水平可能会变为水平五。

表 10-8　花样跳绳测试 A 卷的学生水平等级标准

水平等级	运动能力(40分)				健康行为(30分)			体育品德(30分)		
	体能状况(10分)	运动认知(10分)	技战术运用(10分)	体育展示与比赛(10分)	健康知识掌握与运用(10分)	情绪调控(10分)	环境适应(10分)	体育品格(10分)	体育精神(10分)	体育道德(10分)
水平一	$X<4.5$	$X<4.5$	$X<4.5$	$X<4.5$	$X<4.5$	$X<4.5$	$X<4.5$	$X<4.5$	$X<4.5$	$X<4.5$
水平二	$4.5\leqslant X<6$	$4.5\leqslant X<6$	$4.5\leqslant X<6$	$4.5\leqslant X<6$	$4.5\leqslant X<6$	$4.5\leqslant X<6$	$4.5\leqslant X<6$	$4.5\leqslant X<6$	$4.5\leqslant X<6$	$4.5\leqslant X<6$
水平三	$6\leqslant X<7.5$	$6\leqslant X<7.5$	$6\leqslant X<7.5$	$6\leqslant X<7.5$	$6\leqslant X<7.5$	$6\leqslant X<7.5$	$6\leqslant X<7.5$	$6\leqslant X<7.5$	$6\leqslant X<7.5$	$6\leqslant X<7.5$
水平四	$7.5\leqslant X<9$	$7.5\leqslant X<9$	$7.5\leqslant X<9$	$7.5\leqslant X<9$	$7.5\leqslant X<9$	$7.5\leqslant X<9$	$7.5\leqslant X<9$	$7.5\leqslant X<9$	$7.5\leqslant X<9$	$7.5\leqslant X<9$
水平五	$X\geqslant9$	$X\geqslant9$	$X\geqslant9$	$X\geqslant9$	$X\geqslant9$	$X\geqslant9$	$X\geqslant9$	$X\geqslant9$	$X\geqslant9$	$X\geqslant9$

注：X 为所测学生的实际成绩。

(二)核对各维度水平等级的行为描述

专家依据现场测评记录和测评视频，对学生在运动能力、健康行为、体育品德三个学科核心素养方面的行为表现进行描述。结合预设评价标准，专家对学生的学科核心素养水平等级进行重新评价，并根据新的评价标准对学生各维度水平进行描述。举例呈现如下(见表 10-9)。例如，技战术运用维度上描述呈现的是只掌握了较为单一的技术动作，不能流畅地衔接，队形变换较慢，不能及时到位。综合得分为 5 分，综合水平等级为水平二。

表 10-9　花样跳绳测试 A 卷的学生各维度水平描述

考号	运动能力（40分）				健康行为（30分）			体育品德（30分）		
	体能状况（10分）	运动认知（10分）	技战术应用（10分）	体育展示与比赛（10分）	健康知识掌握与运用（10分）	情绪调控（10分）	环境适应（10分）	体育品格（10分）	体育精神（10分）	体育道德（10分）
020478	体能下降明显，跑位不及时，卡绳次数较多	对花样跳绳的基本术语不是很了解，但能跟着他人一起练习，跳绳姿势正确	只掌握了较为单一的技术动作，不能流畅地衔接，队形变换较慢，不能及时到位	动作准确，完成度不高，卡绳次数较多，有移动意识，但动作较慢	能在跳过一两次后注意到在安全距离的情况下进行练习	抗干扰能力较差，容易受他人影响，失误后起绳慢	进入状态较慢，但能认真听他人讨论	对展示结果不关心，只听从安排，被安排的难度动作不太愿意做	展示动作较僵硬，失误后起绳慢，试图跟上大家的节奏，但因体能下降明显而不能完成	有一定的规则意识，能及时与他人更换角色
综合得分	5	6	5	6	6	5.7	6	5.7	5.3	6
水平等级	水平二	水平三	水平二	水平三	水平三	水平二	水平三	水平二	水平二	水平三

（三）提取各维度水平等级的行为表现特征

完成相应的水平调整后，专家针对同一水平等级的学生行为表现提取具体行为特征。根据特征提取修订评价标准，不同维度、不同水平等级的典型行为表现和得分区间情况见表 10-10。专家最终通过将测试获取的真实数据与命题预设的评价标准对比，为评价标准的调整与修订提供科学的依据。

表 10-10　花样跳绳测试 A 卷的学生行为表现特征提取

学科核心素养	维度	水平等级	行为表现	特征提取	修订后的标准
运动能力	体能状况	水平一	在跑动过程中不能及时到位，与前一位同学拉开了较大距离；空绳或跳入绳中的时机不对导致失误，或影响后面的同学入绳	体能下降明显，跑位不及时，卡绳次数多	体能下降明显，在跑动过程中后续无力，很难及时到位；动作跟不上他人的节奏，卡绳次数多
		水平二	跳绳时速度慢，体能明显不足，完成到一半之后就气喘吁吁，失误次数多；摇绳时动作勉强能跟上他人的摇绳速度	摇绳动作可忽略	体能有所下降，跑动的后半程速度明显跟不上他人的节奏；进绳时机不好，卡绳或过绳影响后面他人进绳
		水平三	跳绳时动作与摇绳者的节奏匹配，完成四分之三后有气喘现象，失误较少；摇绳时动作协调，紧跟他人的节奏	摇绳动作可忽略	有一定的体能，能跟上他人的步伐
		水平四	跳绳动作比较规范，跑动迅速、积极，体能较好，失误少或没有失误；摇绳时能与他人协调配合，会给以他人提示	摇绳动作可忽略	体能较好，会适当调节与他人的距离
		水平五	跳绳动作能根据他人的摇绳情况进行调整，体能充沛，没有失误；摇绳时轻松、省力，会用口令调节摇、跳速度	摇绳动作可忽略	体能充沛，能根据他人的情况把握跳绳节奏，做出合理调整

学科核心素养	维度	水平等级	行为表现	特征提取	修订后的标准
运动能力	运动认知	水平一	对跳绳动作认知差，编排的动作没有欣赏价值，没有运用技战术	专项认知差，没有编排组合概念	不了解花样跳绳动作的基本术语和动作要领，没有编排组合的概念
		水平二	简单运用动作技术组合，观赏性不强	专项认知不多，但简单的动作组合会做，较难的动作组合做不到	对花样跳绳的基本术语不是很了解，但动作掌握还可以，跳绳姿势正确，稍难的动作组合或节奏变换做不到
		水平三	编排时能注意到娱乐和欣赏价值的体现，能运用到所学的技战术	有一定的专项认知，能完成简单的节奏变换	了解花样跳绳动作的基本术语和动作要领，有动作组合编排的基本知识，会简单的动作组合和简单的节奏变换
		水平四	编排时有创意，在顺序或节奏上进行了技术动作的处理，队形变化有特点	专项认知较好，难度动作也能练习	了解花样跳绳动作的基本术语和动作要领，能完成大部分动作，经练习后难度动作也能完成，所提出的动作组合流畅、合理
		水平五	在顺序和节奏上对技术动作有明显改进，能很好地运用所学的技战术，利用好团队优势；开头、结尾还有造型	自身任务完成的情况下有余力指导他人	熟练掌握各种跳绳动作，动作组合有创新，能指导他人学习新的动作和组合
	技战术运用	水平一	动作姿势不协调，节奏比他人慢；动作完成不了甚至停下不做，总是看着他人	无	无修改

学科核心素养	维度	水平等级	行为表现	特征提取	修订后的标准
运动能力	技战术运用	水平二	动作姿势协调，偶尔需要看看他人，加快自己的动作以便于和他人达到动作的同步	能完成动作，但绳形不够饱满，队形变换不及时，失误3~4次	能完成动作，但绳形不够饱满，队形变换不及时，失误3~4次
		水平三	动作干净利落，姿势协调，同步性比较好，能跟上他人的节奏	完成动作轻松，绳形较饱满，队形变换及时，失误2~3次	完成动作轻松，绳形较饱满，队形变换及时，失误2~3次
		水平四	动作自然流畅，完成动作较轻松，节奏与大家同步	完成动作轻松，绳形饱满，队形变换及时，失误1次	完成动作轻松，绳形饱满，队形变换及时，失误1次
		水平五	动作标准、优美、合拍，还有余力关注他人	动作完成优美、合拍，能利用语言、动作引领他人，没有失误	动作完成优美、合拍，能利用语言、动作引领他人，没有失误
	体育展示与比赛	水平一	在表演过程中没有自信心，失误多	对技战术要领把握不好；设计编排的动作没有组合，每个动作完成4个8拍	对技战术要领把握不好，在表演过程中没有自信，失误多；设计编排的动作没有组合；每个动作完成4个8拍
		水平二	表演缺乏表现力，失误多	对技战术要领把握不好；设计编排的动作没有组合，每个动作完成2个8拍	对技战术要领把握不好，表演缺乏表现力，失误多；设计编排的动作没有组合，每个动作完成2个8拍

学科核心素养	维度	水平等级	行为表现	特征提取	修订后的标准
运动能力	体育展示与比赛	水平三	表现出一定的自信心，失误少	展示时中规中矩；设计编排的动作有简单的组合或每个动作完成1个8拍	能中规中矩地完成展示，表情严肃，失误不多；设计编排的动作有简单的组合或每个动作完成1个8拍
		水平四	不怯场，有表现的欲望，偶尔失误	主动参与展示，在表演过程中能微笑面对；设计编排有简单的动作组合或节奏的变化，每个动作4拍就换其他动作	能主动参与展示，对技战术要领把握较好，在表演过程中微笑面对评委，失误不多；设计编排有简单的动作组合或节奏的变化，每个动作完成2～4拍
		水平五	表现出较好的自信心，表演有感染力	享受整个展示过程和现场氛围；设计编排的动作有节奏变化和选择性的组合	积极参与展示，具有较强的表现能力，且享受整个展示过程和现场氛围；设计编排的动作有节奏变化和选择性的组合
健康行为	健康知识掌握与运用	水平一	运动前不做准备活动，不注意控制安全距离	无	运动前的准备不充分，在运动中的安全防护不当
		水平二	运动前做简单的准备活动，运动中没有控制好安全距离	有安全意识	运动前的准备不充分，在运动中有安全防护意识
		水平三	运动前能认真做准备活动，运动中能注意安全距离，但偶尔没有控制好	无	简单完成准备活动，在运动中能注意安全防护
		水平四	运动前做充分的准备活动，运动中能注意安全距离	无	准备活动比较充分，在运动中能注意安全防护

学科核心素养	维度	水平等级	行为表现	特征提取	修订后的标准
健康行为	健康知识掌握与运用	水平五	运动前提醒他人一起做准备活动，运动前或在运动中能提醒他人注意安全距离	无	准备活动全面、充分、针对性强，在运动中安全防护意识强
	情绪调控	水平一	在表演中比较紧张，注意力都放在了动作上，没有注意到自己的站位是否安全、合适	情绪不稳定，失误或出错时有明显的语言或行为表达不满	在展示中情绪不稳定，出现不明显的失控情况
		水平二	在表演中有点紧张，能考虑到安全距离，调整自己的站位，但反应不快	在展示中情绪容易受其他因素的影响	在展示中情绪容易受其他因素的影响
		水平三	在表演中适度紧张，能考虑到安全距离，及时调整自己的站位	在展示中情绪比较稳定，不容易受其他因素的影响	在展示中情绪比较稳定，不容易受其他因素的影响
		水平四	在表演中不紧张，能与他人保持安全距离	在展示中情绪比较稳定，出现问题时能及时调整心态	在展示中情绪比较稳定，出现问题时能及时调整心态
		水平五	在表演中不仅能自己做好防护，也能提醒他人做好防护，调整全队的安全距离	无	能很好地控制情绪，保持冷静，积极投入展示；还会有意识地利用自己的语言、情绪表现鼓舞全队
	环境适应	水平一	不主动参与讨论	注意力不集中，不主动参与讨论，缺乏与他人之间的合作	注意力不集中，不主动参与讨论，缺乏与他人之间的合作
		水平二	能提编排意见，但不被采纳	偶尔参与讨论编排设计，服从安排	偶尔参与讨论编排设计，服从安排

学科核心素养	维度	水平等级	行为表现	特征提取	修订后的标准
健康行为	环境适应	水平三	在编排方面能提出一些合适的意见	具有配合意识，参与讨论编排设计，服从安排	具有配合意识，参与讨论编排设计，服从安排
		水平四	主动参与讨论，能提出编排意见，并被采纳；能根据他人情况提出合理建议	具有较高的配合意识，讨论编排设计时能提出合理的意见	具有较高的配合意识，讨论编排设计时能提出合理的意见
		水平五	主动与他人沟通交流，主导讨论方向，也能听取他人的意见；编排有与他人不一样或突出团队特色的地方	无	无修改
体育品德	体育品格	水平一	在合作过程中不尊重他人，对他人的意见不采纳	没有礼仪意识，与他人的交流比较少，不主动承担责任	没有礼仪意识，与他人的交流比较少，不主动承担责任
		水平二	在合作过程中能尊重他人，听他人的意见，但不一定会调整	能跟随他人遵守花样跳绳运动的基本礼仪；对他人和对手不太关心	能跟随他人遵守花样跳绳运动的基本礼仪；对队员和对手不太关心
		水平三	在合作过程中懂得尊重他人，能听他人的意见；大部分时间坚持己见	了解花样跳绳运动的礼仪并遵守；能与他人友好交流，主动与他人一起练习	了解花样跳绳运动的礼仪并遵守；能与他人友好交流，主动与他人一起练习

续表

学科核心素养	维度	水平等级	行为表现	特征提取	修订后的标准
体育品德	体育品格	水平四	在合作过程中，有不同意见时能保持礼貌，友好协商，最大限度地与他人达成共识	能主动遵守花样跳绳运动的基本礼仪；对他人和对手的态度良好，尊重他人，认真听取他人的意见并尝试完成	能主动遵守花样跳绳运动的基本礼仪；对队员和对手的态度良好，尊重他人，认真听取他人的意见并尝试完成
		水平五	在尊重他人的基础上努力与他人达成共识	熟悉花样跳绳运动的各项礼仪，展示前后主动提醒大家敬礼；讨论中能顾全大局，通过自己的语言和动作鼓励他人	熟悉花样跳绳运动的各项礼仪，展示前后主动提醒大家敬礼；在讨论中能顾全大局，通过自己的语言和动作鼓励他人
	体育精神	水平一	在运动中不具备顽强拼搏精神，失误后不能坚持完成比赛，有放弃的打算	在展示中毫无自信心，怯场心理表现明显；缺乏斗志，失误后出现退却现象	在展示中毫无自信心，怯场心理表现明显；缺乏斗志，失误后出现退却现象
		水平二	在运动中具有顽强拼搏精神，能坚持完成比赛	在展示开始时有点怯场，1/3的时间不能跟上他人的节奏和步伐，但一直在努力；体力不支的情况下出现退却现象，经鼓励后能努力跟上他人的节奏	在展示开始时有点怯场，1/3的时间不能跟上他人的节奏和步伐，但一直在努力；在体力不支的情况下出现退却现象，经鼓励后能努力跟上他人的节奏

学科核心素养	维度	水平等级	行为表现	特征提取	修订后的标准
体育品德	体育精神	水平三	体力不足时仍能坚持完成	在展示中有一定的拼搏精神，体力不支的情况下有主动调整状态的行为	在展示中有一定的拼搏精神，体力不支的情况下有主动调整状态的行为
		水平四	具有强烈的顽强拼搏精神，发现他人体力不支时能出声鼓励	在展示中表现出自信心，基本不怯场，能跟上他人的节奏和步伐；在展示中比较顽强，具有一定的拼搏精神，体力不支的情况下也没有出现退却现象，而是努力跟上他人的节奏	在展示中表现出自信心，基本不怯场，能跟上他人的节奏和步伐；在展示中比较顽强，具有一定的拼搏精神；体力不支的情况下也没有出现退却现象，而是努力跟上他人的节奏
		水平五	在轻松完成比赛的基础上，能通过口令或提示他人追求更快的速度	在展示中表现出较强的自信心，能根据他人的情况果断地做出决策；在展示中能和他人彼此鼓励	在展示中表现出较强的自信心，能根据他人的情况果断地做出决策；在展示中能和他人彼此鼓励
	体育道德	水平一	规则意识差，需要他人提醒换角色	无	无修改
		水平二	有规则意识，但因紧张而出现抢跳行为	无	有规则意识，但有时仍需他人提醒更换角色
		水平三	有规则意识，能及时更换角色	无	无修改
		水平四	有较好的规则意识，在比赛中能提示他人遵守规则	无	无修改
		水平五	有强烈的规则意识，能根据他人的情况合理安排跳绳顺序	无	无修改

三、测试结果运用

专家通过测评数据分析构建了花样跳绳模块在运动能力、健康行为与体育品德三个方面学科核心素养各维度的评价标准和学生样例（见表 10-11）。每个维度对应五个水平，各水平均有明确清晰的评价标准。

表 10-11　花样跳绳测试 A 卷各维度的评价标准和学生样例

学科核心素养	维度	水平等级	评价标准和学生样例
运动能力	体能状况	水平一	标准：体能下降明显，在跑动过程中后续无力，很难及时到位；动作跟不上他人的节奏，卡绳次数多 样例：体能下降明显，跳不起、跑不动；速度跟不上他人的节奏，卡绳现象频发；移动慢，过绳动作不利索，总是比他人慢一两拍
		水平二	标准：体能有所下降，跑动的后半程速度明显跟不上他人的节奏；进绳时机不好，卡绳或过绳后影响后面他人进绳 样例：体能下降明显，跑动不及时；后半程跟不上他人的节奏，影响他人进绳；偶尔移动不及时，身体部位绊绳，影响他人进绳
		水平三	标准：有一定的体能，能跟上他人的步伐 样例：勉强能与大家保持相同的节奏，跑动不够及时，偶尔有绊绳现象
		水平四	标准：体能较好，会适当调节与他人的距离 样例：与他人保持动作和节奏的一致；跑动及时，过绳动作轻松
		水平五	标准：体能充沛，能根据他人的情况把握跳绳节奏，做出合理调整 样例：过绳动作利索，还能观察他人的过绳情况，调节整个队伍的跳绳节奏
	运动认知	水平一	标准：不了解花样跳绳动作的基本术语和动作要领，没有编排组合的概念 样例：对于他人所提到的动作名称不熟悉，但经他人展示后也会跳；跳绳姿势不正确，对于他人提到的稍难一点的动作不会做；不能将动作很好地组合起来，卡绳次数多；对于编排设计没有自己的想法，不提出意见

学科核心素养	维度	水平等级	评价标准和学生样例
运动能力	运动认知	水平二	标准：对花样跳绳的基本术语不是很了解，但动作掌握还可以；跳绳姿势正确，稍难的动作组合或节奏变换做不到 样例：对于跳绳的动作名称不是很熟悉，但是跟着他人做时技术动作熟练，能按要求将简单的动作组合完成，失误少
		水平三	标准：了解花样跳绳动作的基本术语和动作要领，有动作组合编排的基本知识，会简单的动作组合和简单的节奏变换 样例：对于跳绳技术动作熟练，能按要求将动作组合完成，失误少
		水平四	标准：了解花样跳绳动作的基本术语和动作要领，能完成大部分动作，经练习后难度动作也能完成，所提出的动作组合流畅、合理 样例：对于跳绳技术动作熟练，能按要求将动作组合完成，失误少
		水平五	标准：熟练掌握各种跳绳动作，动作组合有创新，能指导他人学习新的动作和组合 样例：能想到新的动作组合，编排设计有新意；会根据他人的特点指导编排合适的动作，以便在展示中体现个人价值
	技战术运用	水平一	标准：动作姿势不协调，节奏比他人慢；动作完成不了甚至停下不做，总是看着他人 样例：基本技术动作掌握不熟练，节奏比他人慢，失误次数多，起绳慢
		水平二	标准：能完成动作，但绳形不够饱满，队形变换不及时，失误3～4次 样例：动作准确，有一定完成度；卡绳不多，节奏与音乐大致合拍，有时比他人慢两三拍；变换队形有时无法及时到达准确位置
		水平三	标准：完成动作轻松，绳形较饱满，队形变换及时，失误2～3次 样例：动作准确，完成度高，卡绳少或能及时调整，节奏与音乐合拍，与他人一致，变换队形时能及时到位
		水平四	标准：完成动作轻松，绳形饱满，队形变换及时，失误1次 样例：动作准确，完成度高，卡绳少，节奏与音乐合拍，与他人一致，变换队形时能及时到位
		水平五	标准：动作完成优美、合拍，能利用语言、动作引领他人，没有失误 样例：自身动作准确有美感，能注意到他人的节奏，会使用口令等方式来提示他人，以达到同步效果

学科核心素养	维度	水平等级	评价标准和学生样例
运动能力	体育展示与展示	水平一	标准：对技战术要领把握不好，在表演过程中没有自信，失误多；设计编排的动作没有组合；每个动作完成 4 个 8 拍 样例：不主动参与展示，排队时总是往后靠，动作缩手缩脚，缺乏表现力，失误 6 次以上；每个动作完成 4 个 8 拍
		水平二	标准：对技战术要领把握不好，表演缺乏表现力，失误多；设计编排的动作没有组合，每个动作完成 2 个 8 拍 样例：不主动参与展示，排队时总是往后靠，动作缩手缩脚，缺乏表现力，失误 4～5 次；每个动作完成 2 个 8 拍
		水平三	标准：能中规中矩地完成展示，表情严肃，失误不多；设计编排的动作有简单的组合或每个动作完成 1 个 8 拍 样例：展示时能正常地发挥个人的技战术水平，表演过程中没有表情，失误 2～3 次；动作有简单的组合或每个动作完成 1 个 8 拍
		水平四	标准：能主动参与展示，对技战术要领把握较好，在表演过程中微笑面对评委，失误不多；设计编排有简单的动作组合或节奏的变化，每个动作完成 2～4 拍 样例：展示时能融入整个队伍，较好地发挥个人的技战术水平，失误 1～2 次；每个动作完成 2～4 拍
		水平五	标准：积极参与展示，具有较强的表现能力，且享受整个展示过程和现场氛围；设计编排的动作有节奏变化和选择性的组合 样例：积极主动参与展示，融入展示的过程，偶尔能有激动人心的表现，失误 1 次以内；动作有节奏变化和选择性的组合
健康行为	健康知识掌握与运用	水平一	标准：运动前的准备不充分，在运动中的安全防护不当 样例：没有进行准备活动；在运动中不太注意安全距离，绳会打到他人；佩戴眼镜、钥匙等物品参加运动，并在运动中掉落；感觉累了就坐在地上；补水时大口大口地喝
		水平二	标准：运动前的准备不充分，在运动中有安全防护意识 样例：展示前只简单进行了关节的准备活动；在运动中会注意安全距离，但有时绳还是会打到他人；佩戴眼镜、钥匙等物品参加运动，感觉不适后能主动放下

学科核心素养	维度	水平等级	评价标准和学生样例
健康行为	健康知识掌握与运用	水平三	标准：简单完成准备活动，在运动中能注意安全防护 样例：准备活动只进行了关节肌肉拉伸；起绳时能先看看左右、前后是否有他人，会适当拉开距离；运动前能主动将眼镜、钥匙等物品拿下放好；运动后能站一会儿后再坐下，补水时也不着急
		水平四	标准：准备活动比较充分，在运动中能注意安全防护 样例：准备活动包括慢跑热身、关节肌肉拉伸等环节；起绳时能先看看左右、前后是否有他人，主动拉开距离；运动前能主动将眼镜拿下放好，系好鞋带；运动后能站一会儿后再坐下，补水时也不着急
		水平五	标准：准备活动全面、充分、针对性强，在运动中安全防护意识强 样例：练习前有针对各处关节的专项准备活动；不仅能自己注意安全防护，如跳绳前先将鞋带系紧，还能提醒他人注意安全防护；运动后能注意适当放松后再坐下，补水时小口小口地喝
	情绪调控	水平一	标准：在展示中情绪不稳定，出现不明显的失控情况 样例：小声指责他人，在全队表现不佳时出现明显的懈怠情绪、起绳慢、看别处甚至站着不跳
		水平二	标准：在展示中情绪容易受其他因素的影响 样例：在展示中出现卡绳现象，起绳较慢，跟不上他人的节奏和动作；会受他人的失误影响，也能在他人的鼓励下表现得更好
		水平三	标准：在展示中情绪比较稳定，不容易受其他因素的影响 样例：在展示中情绪稳定，出现卡绳现象，能跟上他人的节奏和动作；对于他人的失误没有太多关注
		水平四	标准：在展示中情绪比较稳定，出现问题时能及时调整心态 样例：在展示中情绪稳定，积极投入，较少出现卡绳现象；对于他人的失误能不受影响，出言鼓励
		水平五	标准：能很好地控制情绪，保持冷静，积极投入展示；还会有意识地利用自己的语言、情绪表现鼓舞全队 样例：自己冷静、专注和投入，发现他人失误时能及时用口令或短促的语言对全队的情绪产生积极影响，在关键时刻能保持节奏不乱、动作清晰

续表

学科核心素养	维度	水平等级	评价标准和学生样例
健康行为	环境适应	水平一	标准：注意力不集中，不主动参与讨论，缺乏与他人之间的合作 样例：对编排不关心，站在一边不参与讨论；进入讨论状态慢，只听却不主动发言；出现问题时到处走动，等着他人讨论
		水平二	标准：偶尔参与讨论编排设计，服从安排 样例：偶尔参与讨论，没有自己的意见；能听从整队的角色安排，承担自己的职责
		水平三	标准：具有配合意识，参与讨论编排设计，服从安排 样例：能融入讨论，有时能提出自己的意见；能服从整队的角色安排，承担职责
		水平四	标准：具有较高的配合意识，讨论编排设计时能提出合理的意见 样例：主动融入讨论，能提出自己的意见并被采纳；能服从整队的角色安排，积极承担职责
		水平五	标准：主动与他人沟通交流，主导讨论方向，也能听取他人的意见；编排有与他人不一样或突出团队特色的地方 样例：与他人积极讨论，主导讨论方向；能按要求提出编排意见，带领全队完成任务
体育品德	体育品格	水平一	标准：没有礼仪意识，与他人的交流比较少，不主动承担责任 样例：对于讨论不积极、不参与；不会做的动作就放弃，说自己学不会；对于他人的失误出现情绪不满或不当的语言
		水平二	标准：能跟随他人遵守花样跳绳运动的基本礼仪；对队员和对手不太关心 样例：比赛前后跟随他人敬礼，态度较敷衍；对他人的失误表现得不耐烦
		水平三	标准：了解花样跳绳运动的礼仪并遵守，能与他人友好交流，主动与他人一起练习 样例：赛前或赛后会敬礼，他人失误或倒地以后能主动上前表示关心，没有出现不礼貌、不文明的行为
		水平四	标准：能主动遵守花样跳绳运动的基本礼仪；对队员和对手的态度良好，尊重他人，认真听取他人的意见并尝试完成 样例：赛前赛后主动敬礼，能与他人友好交流，尊重他人，认真听取他人的意见并尝试完成；主动与他人一起练习，他人失误或倒地以后能够主动上前表示关心

学科核心素养	维度	水平等级	评价标准和学生样例
体育品德	体育品格	水平五	标准：熟悉花样跳绳运动的各项礼仪，展示前后主动提醒大家敬礼；在讨论中能顾全大局，通过自己的语言和动作鼓励他人 样例：展示前后有主动向评委或裁判敬礼的动作；对他人有鼓励的语言和行为；在排练中能履行自己的责任，并为了集体表现而努力
	体育精神	水平一	标准：在展示中毫无自信心，怯场心理表现明显；缺乏斗志，失误后出现退却现象 样例：展示时毫无自信心，动作绵软没有力度；动作比他人慢，怯场心理表现明显；出现较多失误，多次失误后有站在那里看他人跳的想法或做法
		水平二	标准：在展示开始时有点怯场，1/3 的时间不能跟上他人的节奏和步伐，但一直在努力；在体力不支的情况下出现退却现象，经鼓励后能努力跟上他人的节奏 样例：在展示开始时有点紧张，但能在他人的鼓励下或跟随他人的节奏完成展示；出现失误现象不能马上调整自己的情绪和动作，按部就班地完成既定动作；体力不支时会有退缩现象，但一会儿又跟上了大家的步伐
		水平三	标准：在展示中有一定的拼搏精神，体力不支的情况下有主动调整状态的行为 样例：在展示中能跟随他人的节奏完成展示；出现失误现象能调整自己的情绪和动作，快速起绳；体力不支时会坚持
		水平四	标准：在展示中表现出自信心，基本不怯场，能跟上他人的节奏和步伐；在展示中比较顽强，具有一定的拼搏精神；体力不支的情况下也没有出现退却现象，而是努力跟上他人的节奏 样例：紧跟他人的节奏完成展示，出现失误现象能马上调整自己的情绪和动作，以配合全队步伐；体力不支时能坚持，通过呼吸及其他方式调整自己
		水平五	标准：在展示中表现出较强的自信心，能根据他人的情况果断地做出决策；在展示中能和他人彼此鼓励 样例：当他人出现失误后，能使用口令或动作示意他人调整步伐和速度，带领全队迅速完成任务；当他人体力不支时能及时鼓励

续表

学科核心素养	维度	水平等级	评价标准和学生样例
体育品德	体育道德	水平一	标准：规则意识差，需要他人提醒换角色 样例：不能清晰把握任务要点，需要他人提醒才能去更换角色；当他人失误时有不耐烦的情绪，甚至脱口指责
		水平二	标准：有规则意识，但有时仍需他人提醒更换角色 样例：知道任务要点，刚开始能主动更换角色，后期需要他人提醒才能去更换角色；当他人失误时有不耐烦的情绪
		水平三	标准：有规则意识，能及时更换角色 样例：知道任务要点，能主动更换角色；当他人失误时没有特别的情绪
		水平四	标准：有较好的规则意识，在比赛中能提示他人遵守规则 样例：对任务要求非常明确，能按要求提出合理的编排设计意见；能倾听他人的意见
		水平五	标准：有强烈的规则意识，能根据他人的情况合理安排跳绳顺序 样例：能主动根据规则要求进行练习和安排顺序，认真听取他人的意见并合理运用，在互动中有礼有节

注：学生样例为各水平中选择的一名学生的具体行为表现。

第十一章　学科评价的启示与展望

体育与健康学科核心素养测评作为一次崭新的面向学科核心素养的专门测试，在测评框架构思、试题设计以及数据分析等各个环节都力求采用契合学科核心素养评价理念的方式方法。此次测评工作不仅为学科核心素养的水平划分与描述提供了建议，也反映出学生在三大学科核心素养领域的不足，对学科评价和教学改革都具有重要的启示。

第一节　学科评价理念与方式的变革

一、学科评价理念的变革

(一)提倡"促进学生学习与发展的评价"的理念

长期以来，学界对评价概念的理解往往倾向于价值判断，认为评价是一个收集证据进而判断价值并据此进行决策的过程，主要是衡量学生学习是否符合预设目标要求的过程。体育与健康教学评价过程中常常存在关注评价的鉴定、选拔功能，相对弱化评价的诊断、激励和导向功能，甚至是将体育与健康测试及达标和体育与健康学习评价混淆，误解了体育与健康评价的本质等现象。[①] 显然这与评价的本质目的相背离。实际上，评价作为体育与健康教学活动的关键环节，其核心作用依旧在于改善教学过程，不能仅是作为教学环节的末端，停留在价值衡量或价值判定的位置。因此，就应当通过评价功能的正确定位与方法的有效整合，最终回归到提升教学效果、促进学生达成课程目标的本质目的上来。

本体育与健康学科核心素养测评的目的主要是探索指向体育与健康学科核心素养的测评方法，同时在测评过程中也发现了许多有关学生学习与发展的问题。比如，学生的健康行为水平仍有待提高，难以为学生的健康管理和健康理念构建提供有效的服务等。这些都是具体的试题测试中学生所表现出的实际信息。以体能模块试题中"减肥"和"提升有氧耐力"这两名学生关注的焦点问题为例，运用健康教育模块中所学的有关体质指数知识判断学生的体重是否合理；运用有关靶心率、运动持续时间、锻炼

---

① 李卫东：《中小学体育学习评价改革的"钟摆现象"分析》，载《体育学刊》，2014(2)。

频率等方面的知识判断学生的锻炼效果有何差异，并说出原因。体能是小学就接触的内容，学生本应当在理解和描述时都不应该出现问题。但测试结果显示，部分学生并未掌握该内容。

显然，此次测评结果就暴露出学生在体育与健康课程学习与理解中存在的一些关键问题，再次印证了以往多采用定量评价和结果性评价的单一评价，造成了学生对评价的理解仅限于体能或技能的达标和绩点高低，导致了学生一直学练体能，却难以运用和体能相关的知识与技能去解决实际当中的问题。[1] 而这些问题理应在教学与评价过程中被及时发现并予以解决。因此，这就要求我们必须反思以往的教学评价实践，确立"促进学生学习与发展的评价"的理念，绝不能仅仅为了给予学生一个分数或甄别与选拔而进行评价。

当前，促进学生学习与发展的评价主要有反思性评价和形成性评价两种。反思性评价是基于学生学习视角的评价。这种评价存在于学生学习的全过程，发生在学生学习的每一个步骤和环节之中。它可以帮助学生更好地理解自己，更好地掌控自己的行为。学生自然地进行自我反思并积极与同伴互动，从中获得更多的成长，其实质是一种学生自我发展的过程。反思性评价以学生为主体，主要有以下两个明显的特点：其一，主要方式为学生进行自我反思和同伴互评，也被称为反思式评价；其二，评价过程成为学生学习的重要组成部分，即"学"与"评"有机融合，完全嵌入学生学习的全过程，亦被称为融入学习的评价。

形成性评价也被称为过程性评价，旨在通过多种评价手段和方法，对学生学习过程中表现出的兴趣、态度、参与活动程度、学习与发展状态做出判断，对他们的学习尝试做出肯定，以提升他们的学习积极性，帮助教师改进教学。[2] 这种评价在体育教学过程中主要有以下特点：一方面是诊断与反馈。教师要进行有效教学，就需要一定的方法与手段了解学生的已有学习基础，确定学生的前概念，学生个体所特有的、有别于体育与健康学科核心素养的相异理解，以及学生在学习过程中可能会出现的模糊理解，以此找准学生的出发点，预设学生在学生过程中可能会出现的困难，进而为教学活动提供有效的信息反馈，确定并及时改进教学策略。另一方面是导向与激励。教师应从学生的需求出发，对学生不断激励与鞭策，激发学生体育与健康学习的动机，让学生形成良好的学习习惯，逐步确立适合自身发展的学习策略，帮助学生将所学知识加以抽象和提高，帮助学生学习和掌握体育与健康学科核心素养的实践方法，提高学生解决体育与健康实际问题的能力；还要注重培养学生对体育的热爱、兴趣和积极性。因此，教师在教学过程中就需要对"学"与"教"进行全面的检测与诊断，通过教学过程中学生的互动与观察，真正了解学生的学习表现，特别是学生的兴趣、态度和意

---

① 季浏：《新版义教课标：构建以核心素养为纲的体育与健康课程体系》，载《上海体育学院学报》，2022（6）。

② 曾健：《体育教学形成性评价实施方法研究》，载《中国教育学刊》，2015（1）。

愿，学习的方式方法和元认知水平，以及对学科核心素养的理解，从而明确学生的发展定位，帮助提升学生的学习效率和目标达成度。因此，在体育与健康教学过程中，教师要有效地运用形成性评价对学生进行学情诊断，从而提高学习与教学的质量。

显然，无论是反思性评价还是形成性评价，无不指向"学生主体"和"以评价促进学习过程"的评价观。发展学生的学科核心素养，更是一个系统而长期的工程。教师就需要转变以往的选拔性或终结性评价观，树立"促进学生学习与发展的评价"的理念，帮助学生更好地形成体育与健康学科核心素养。

(二)树立"以学科核心素养发展为本"的评价观

体育与健康学科核心素养包括运动能力、健康行为和体育品德三个方面。如何合理、有效地评价学生的体育与健康学科核心素养就成为推进学科核心素养有效实施与落地的关键问题。我国高中体育与健康学业质量考试存在主要针对体能、运动技术或体质测试等某一方面的评价展开，多侧重体能的达标水平、运动技能的掌握与熟练程度，强调确定性的考试模式和评分标准的问题，对于面向真实应用情境的现实问题较少涉及。关于考试评价方面的研究多侧重体育与健康中考或学业水平考试等评价取向、评价内容或方法方面，而与学生学科核心素养发展密切相关的课堂学习评价仍处于探索与尝试阶段。

培养学生的学科核心素养是高中体育与健康课程的出发点和落脚点。故评价教师的教育教学质量和学生的学习效果主要是衡量学生学科核心素养的发展水平。[①] 这就要求学校体育与健康教学和评价应扭转过去"重技术、轻能力，重知识、轻育人，重体育、轻健康"的倾向，将单纯评价知识和技术转变成考量学生学科核心素养发展水平的过程，树立学科核心素养评价观，关注学生在复杂的真实应用情境中如何发现问题、分析问题以及解决问题的思维过程，关注学生如何通过多种途径学会体育与健康学习和锻炼与获得体育与健康实践能力，综合考查学生运用学科知识、能力、行为以及价值观念等解决体育与健康实践当中复杂问题的学科核心素养水平。

二、学科评价方式的变革

体育与健康课程是一门非常强调实践性的课程。首先，本测评采用了纸笔测试和实践测试相结合的方式来开展。除了健康教育内容可以通过纸笔测试进行测评以外，更多的内容必须放在真实的任务情境中进行测试，重在测试学生体育与健康知识、技能的运用能力和内在品质。本测评针对体育与健康学科运动能力、健康行为和体育品德三大学科核心素养各维度进行了考查设计，每套试卷都能够覆盖学科核心素养的所有表现维度。其次，本测评进行了大胆的尝试与突破，针对必修选学的六类内容当中

---

① 季浏：《我国〈普通高中体育与健康课程标准(2017年版)〉解读》，载《体育科学》，2018(2)。

既定的运动项目，设置了命题情境，并且将不同运动项目当中学生的健康行为和体育品德由隐性表现转化为显性表现，提高了考试评价的可观测性和可操作性，有力地解决了体育与健康实践当中态度、情感及价值观难以测评的重点难题。最后，除了健康行为核心素养下的体育锻炼意识与习惯这一关键指标难以通过一次测试予以测评，需要结合学生的课内课外、校内校外等日常体育锻炼行为表现进行综合判定。因此，本测评发现，利用多种方式收集能够反映学生学科核心素养发展水平的信息十分重要。

"促进学生学习与发展的评价"的理念明确了在发展学生学科核心素养的目标导向下，学科评价需要通过多种方式相结合，全面获取学生的评价信息，包括观察评价、清单式评价、等级评价、口头测验、档案袋评价、比赛表现等。此外，对学科核心素养发展水平的判定和推断往往需要测评者整合不同来源的多重证据。在这一过程中，测评者应反复验证已有证据和其解释之间的关系，进而形成合理全面的判定。与此同时，测评者自身的知识、价值观及对学科核心素养的理解也会影响最终结论的生成。因此，多个评价主体在多个评价情境的参与和反馈就显得极为重要。一方面，利用个人与集体结合学校、家庭、社会多个体育与健康活动场域，提供了不同视角来理解和评判各种证据或资料，有助于形成更为全面的评价信息；另一方面，利用多种途径的评价反馈，有利于促进学生形成积极的体育与健康学习共同体。

第二节　对教学实践的启示

本体育与健康学科核心素养测评既是对指向高中体育与健康学科核心素养的测评方法的探索与积累，也是以往体育与健康单一技能教学向以学科核心素养为引领的综合育人观的转型，对于推动体育与健康教学实践具有重要的启示作用。

一、注重学生在真实应用性情境中的学习

本体育与健康学科核心素养测评的特点就是设计贴近生活、具有较强应用性的命题情境。每套试题都针对不同运动项目的实际要求，设计与之相对应的具体考核任务情境。例如，篮球运动通过创设运动比赛情境进行考核；防身术运动通过创设遇到歹徒时的防护与脱身情境进行考核；健美操与花样跳绳运动主要侧重对创编、展示或表演进行考核；跳远与蛙泳运动主要通过创设生活中解决问题的情境进行考核等。

在具体的任务情境中，考查学生利用已学知识分析问题和解决问题的能力，反映学生学科核心素养的发展水平。但从测评结果来看，学生综合应用知识的能力还有待于提高，包括如何在真实、应用性较强的情境中运用健康知识、调控情绪、适应环境，如何从给出的情境中提取信息进行作答，如何在相应的任务情境中表现出体育品德等。这些恰恰是以往的体育与健康教学所容易忽视的。从体育与健康教学的角度来看，就是需要重新审视运动技能与技术这一操作性的知识问题。当然这不是弱化运动

技能与技术的重要性，而是要重新发现运动技能和技术背后的价值，既关注学生通过学习掌握运动技能和技术，也关注学生学习背后的思维、逻辑和方法。这是因为发展学生的体育与健康学科核心素养不仅是发展学生的运动能力，还是发展学生的体育精神、体育道德、体育品格和健康行为。[1] 显然，要发展学生的体育与健康学科核心素养，就不能仅仅局限于运动技能与技术本身的内容学习，而要以运动技能为载体，创设多样化、系统化及具象化的体育与健康学习情境，让学生在不同的情境中运用学科核心素养，达成课程目标并促进学科核心素养的形成，从而提高学生解决实际问题的综合能力。

二、重视学习的自主性、开放性和交互性

要发展学生的学科核心素养，若依然一味沿用以往的讲解、示范、重复、练习这一传统以教为主的范式则很难达成目的。这是因为重教法、轻学法，忽视了学生的学习主体地位；压缩甚至取消了学生的思考、展示、体验、探究等关键能力活动；弱化了学生自主学习、合作学习，以及学会认知、学会学习、学会做事等的教育功能。这会使学生习惯于照搬、模仿或者依赖，抹杀了学生的积极性和创造性，使学生学习的主体性受到抑制，使同伴与教师的互动被淡化。[2] 显然，其结果必然并不理想，甚至不利于学生的发展。因此，本测评采用了一些开放性试题，举例如下。

我的最佳阵容

假如你是一名教练员，可以让你选择你认为世界上（包括历史上）较好或者你身边较好的五名篮球运动员组成你的球队的首发阵容，你会选择哪几名队员？请分析他们的身体条件、体能、技术和心理素质等方面的特点，安排球员的球场位置，并对本队的战术进行展望。

从测试结果来看，学生的成绩分布基本符合正态分布，说明学生对球员的阵容和球队的战术安排比较感兴趣，相关知识掌握情况也比较好。通过访谈发现，学生对于这道题目的兴趣浓厚，回答踊跃，而且能够比较准确、熟练地运用篮球专业术语。部分学生对于自己感兴趣的运动项目的基本知识的掌握、篮球技战术知识以及相关知识（特别是运动员的相关背景）的了解超过了设计者的预期。学生看到题目后会很快捕捉关键信息，并会根据自己的学习情境和相关知识进行解题。这样的题目让学生感到新颖有趣，能够促使他们真正深入学习和理解所学的运动项目。显然，发展学生的学科核心素养不能靠一味讲解、示范、重复、练习来固化学生的思维，养成学生被动学习的方式，而是要为学生营造自主参与的氛围，让学生在学习过程中积极地理解、体验和反思，让学生能够举一反三。

---

① 程传银：《发展学生体育学科核心素养的教学论解读》，载《沈阳体育学院学报》，2019(3)。
② 徐伟、姚蕾：《核心素养导向的体育教学新范式》，载《北京体育大学学报》，2020(7)。

转变传统的以教为中心的教学范式，强调以学为中心的教学范式已成为世界各国学科核心素养教学普遍认同的思路。在欧盟国家，实施学科核心素养教学时广泛采用的方式是在实践性任务中为学生提供互动性学习环境，促进学生合作与多领域学习，强调教师指导下学生学习过程的自我管理。新西兰要求学科核心素养教学必须有学生的主动参与，充分发挥学生的主体作用，包括监督个人目标、管理时间、反应反思、交流分享、获取信息、考虑解决问题的方法等。[①] 学科核心素养的形成不是依赖单纯的课堂教学，而是依赖学生参与其中的教学活动；不是依赖记忆与理解，而是依赖感悟与思维；应该是日积月累的、自己思考的经验的积累。因此，学科核心素养引领下的体育与健康教学要更加强调学生的自主管理和学习的互动性，创设开放性的学习任务，尊重学生学习过程的个人感悟和经验积累。

三、引导学生关注结构化的知识与技能学习

本测评主要以结构化的知识与技能进行命题内容设计，应当引导学生关注知识的完整性、结构性和关联性，重视学生知识与技能的综合运用能力。下面以跳远模块的试题为例进行介绍。该试题属于封闭式实践测试题，模拟个体在运动竞赛中的情境，让个体通过技能状况、临场表现等努力赢得比赛的胜利。该试题力求覆盖体能状况、运动认知与技战术运用、体育展示与比赛、健康知识掌握与运用、情绪调控、环境适应、体育品格、体育精神、体育道德九个维度。

某校高二(6)班预定在本周末进行蹲踞式跳远团体挑战赛，要求每组各5人(男女不限)，根据前8名的得分情况确定双方的胜负。请参加本次挑战赛的同学提前做好准备，以展示良好的技能水平和精神风貌，并根据所学的跳远知识和技能解决比赛中遇到的各种问题，展示出个人在运用技战术、发挥体能、环境适应、情绪控制、团队协作等方面的综合能力，与团队成员协作，赢得最后的比赛胜利。

测评内容一：学生根据所学的蹲踞式跳远知识和技能，通过组间比赛的形式，充分运用个人技术和能力，展示自己的蹲踞式跳远水平。

测评内容二：学生通过观察等进行相互间的提醒、指导，促进同伴更好地发挥，在比赛中严格遵守规则，灵活运用所掌握的知识和技能解决可能出现的问题。

通过测评内容一，我们可以观察学生准备活动、助跑踏跳、预决赛的体能衰减程度等诸多表现评定学生的体能水平。学生的全程助跑跳远动作各技术环节的衔接程度、个人的精神风貌等方面能很好地反映运动认知与技战术运用、比赛与展示等运动能力方面的情况。通过测评内容二，我们可以看出学生控制情绪、理解规则、文明参赛等健康行为、体育品德方面的情况。

[①] Christopher Downey, Jenny Byrne, & Ana Souza, "Researching the Competence-Based Curriculum: Preface to a Case Study of Four Urban Secondary Schools," *The Curriculum Journal*, 2013(3), pp. 321-334.

实际上，在以往的体育与健康教学实践当中，有些教师多选择孤立零散的体育知识作为教学内容，让学生进行知识符号记忆和动作结构模仿，造成学生只能孤立、零散、碎片化地进行知识存储。然而，孤立地选择单个技术或者将单个战术作为教学内容，并不能达到让学生学好一项体育运动的目的。每一项体育运动的体能、技战术及规则之间都是相互联系的，如果将它们碎片化地进行教学，实际上割裂了它们之间的知识联结，不利于学生完整地掌握一项体育运动。[①] 此外，除了运动能力的不同内容之间需要结构化，健康行为与体育品德同样需要与之形成合理的整体联结。学生既要关注作为载体的运动技能的学练，还要关注在学练过程中如何通过技能学练提高健康意识，养成锻炼习惯，预防运动损伤，适应不同环境的学练等，如何在学练或比赛过程中形成相应的体育品德。因此，这就要求教师在教学过程中及时引导学生关注结构化的知识与技能学习，结合多样化、应用性的情境，让学生体验在不同的情境中运用多种知识和技能去解决问题，促进学生学科核心素养的全面发展。

第三节　学科评价的展望

自 21 世纪核心素养提出以来，怎样将核心素养落实到每一名学生的发展中一直是世界各国研究者关注的焦点问题，如何评价核心素养自然成为当前所面临的核心议题。欧盟"教育与培训 2010 计划"的 2010 年进展报告、欧律狄刻网络联盟关于基础教育领域核心素养现状的报告以及"重新思考教育"计划的专题报告均涉及对核心素养的评价。这些报告针对核心素养评价提出以下建议：将核心素养的评价纳入主流，把核心素养转换为可观察的外显表现，丰富和拓展总结性评价，重视形成性评价，探索信息技术在评价中的应用。[②] 美国 21 世纪技能评估联盟的研究结果指出，信息与通信技术所支持的电子评价将使新的维度和多种素养的测量成为可能，支持合作解决问题、创造性实践和交流等实践素养和人际素养的评估，还可以评估高阶思维。[③] 显然，电子评价方式极大提升了测试管理的效率，亦是欧盟国家在评价领域所推进和延伸的关键内容。从第一代使用计算机管理系统的标准化测试，到第二代以第一代为基础调整评价学生能力的难度，第三代与教学活动相整合的持续评价与报告，发展到当前以第三代为基础的第四代，涉及更多的是学生核心素养。综合而言，以上电子评价方式进阶的过程反映出核心素养评价从统一标准化，向更加适宜学生、更加贴合学生发展全过程、更加全面收集学生发展信息的迭代与升级。因此，如何在不同源头、主体及各种环境的不同情境和任务中更加全面、准确、具体地获取学生核心素养发展信

[①] 罗伟柱、邓星华：《体育深度教学：体育学科核心素养培育的应然进路》，载《体育学刊》，2020(2)。

[②] 刘新阳、裴新宁：《教育变革期的政策机遇与挑战——欧盟"核心素养"的实施与评价》，载《全球教育展望》，2014(4)。

[③] Griffin P., Mcgaw B., & Care E., *Assessment and Teaching of 21st Century Skills*, Springer Publishing, 2012, pp. 31-32.

息就成为核心素养评价的关键。同时他人和自我评价也被认为是促进学生学会学习的重要策略。

　　体育与健康学科虽然已经提出了学科核心素养，但是现实生活中需要体育与健康学科所要解决和面临的问题不能局限于当前的学科核心素养，必须从学生当前乃至未来发展更加宽广的视角去看待体育学科独特的育人价值，更需要在学生学科核心素养发展的背景下思考体育与健康学科评价的基本问题。要评价学生综合运用体育与健康知识与技能解决实际问题的能力，评价内容要从知识向能力过渡，那么如何通过评价促进课堂教学的深刻变革？体育与健康学科能否促进学生更多学科核心素养的生成？要实现评价主体多元、评价内容多维、评价方式多样，如何合理、有效、准确地获取评价信息？这些都是体育与健康学科在未来需要不断努力探索的问题。